C/C++ 확장 차세대 병렬 프로그래밍

Cilk Plus

프리렉

C/C++ 확장 차세대 병렬 프로그래밍

Cilk Plus

발행일 2012년 8월 25일 초판

지은이 정영훈, 최규달
발행인 최홍석

책임편집 안동현
편집 강신원
표지 디자인 이대범
내지 디자인 김혜정

발행처 주식회사 프리렉
출판등록 2000년 3월 7일   제 13-634호
주소 경기도 부천시 원미구 상동 532-12 나루빌딩 401호
전화 032-326-7282(代)
팩스 032-326-5866
홈페이지 www.freelec.co.kr
ISBN 978-89-6540-031-8

C/C++ 확장
차세대 병렬 프로그래밍

Cilk Plus

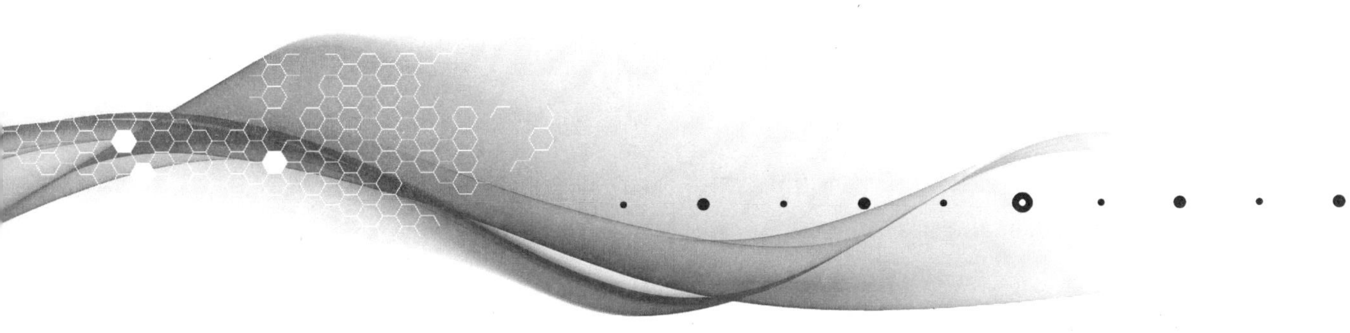

프리렉

서문

　　멀티 코어 CPU는 날이 갈수록 발전하고 있지만, 그에 비해 소프트웨어는 아직 병렬 프로그램으로 전환되는 과정에 있습니다. 앞으로 멀티 코어 CPU 시대에서는 병렬 프로그램이 기본이 될 것입니다. 하지만 프로그래머가 병렬 프로그램을 배우려고 해도 병렬 프로그램이 가지는 특성 때문에 누군가의 도움 없이 배우기에는 어려움이 많습니다. 이런 이유에서 프로그램 개발자들이 혼자서라도 쉽게 병렬 프로그램을 시작할 수 있도록 돕고자 이 책을 집필하였습니다.

　　Cilk Plus는 병렬 프로그래밍 언어 가운데서 상당히 쉬운 편입니다. 기본적인 프로그램 문법만 알고 있다면 Cilk Plus를 이용하여 멀티 스레딩 기법을 활용할 수 있습니다. 그래서 병렬 프로그램을 접하지 않았던 프로그래머라도 쉽게 익히고, 실무에 사용할 수 있습니다. 병렬 프로그램이 낯설고 어색하게 느껴지는 프로그래머들에게 Cilk Plus가 조금이라도 도움이 되어 병렬 프로그램의 기초를 다지고, 자신이 개발한 프로그램이 멀티 코어 CPU 환경에서도 최고의 성능을 발휘하게 되길 바랍니다.

　　이 책은 저의 첫 번째 책으로 많은 분의 도움으로 집필을 마칠 수 있었습니다. 책을 쓸 수 있게 도와준 저의 선생님이자 친구인 영훈이와 책의 완성도를 높이도록 힘써주신 프리렉 담당자분들, 저를 프로그램의 세계로 이끌어준 형님, 집필에만 전념할 수 있도록 도와준 사랑하는 아내 미정이에게 감사의 마음을 전합니다.

저자 최규달

정영훈

SIMD, OpenMP, CUDA 병렬프로그래밍의 저자이며, 멀티 코어 CPU의 성능을 100% 발휘할 수 있도록 해주는 병렬, 분산 컴퓨팅 방법과 도구에 관심이 많다.

[저서]

- OpenMP 병렬 프로그래밍
- CUDA 병렬 프로그래밍
- SIMD 병렬 프로그래밍

최규달

모바일 프로그램을 개발했고, 현재는 병렬 컴퓨팅을 활용하여 영상 처리를 가속하는 업무를 담당하고 있다. 최근에는 컴퓨터 비전을 통한 User Interaction과 증강 현실에 관심이 많다.

추천사

2005년 최초의 듀얼 코어 CPU가 출시된 이후, 성능 향상을 위해 PC, Server, Mobile Handheld Devices 등 많은 분야에서 하드웨어 병렬 처리 기술이 사용되고 있으며 이러한 하드웨어 구성의 성능을 최적화하려면 애플리케이션 소프트웨어의 병렬 프로그래밍이 필수입니다. 따라서 개발자들에게 병렬 처리 기법은 반드시 필요한 요소 기술입니다. 하드웨어에서 지원하는 명령어(Instruction)와 병렬화 프로그램이 어떻게 연관이 있는지를 설명해주는 체계적인 자료가 절대적으로 부족한 현실에서 이 책은 개발자들이 병렬화에 대한 개념을 확립하고, 많은 예제를 통해 실무에 쉽게 적용할 수 있도록 해주는 유용한 책이라고 생각합니다.

인텔 코리아 기술부 삼성 총괄
이민구 상무

이 책은 다음과 같이 구성되어 있습니다.

Part 1:   Cilk Plus 병렬 프로그래밍 개요 (1장 ~ 3장)
Part 2:   Cilk Plus의 사용 (4장 ~ 9장)
Part 3:   Cilk Plus의 활용 (10장 ~ 11장)
Part 4:   병렬 프로그램의 디버그 (12장 ~ 13장)

Part 1   Cilk Plus 병렬 프로그래밍 개요

1장에서는 CPU의 변화를 통해 병렬 프로그램을 해야만 하는 이유를 설명하고 있습니다. 2장에서는 Cilk Plus의 설치와 간단한 사용법을 설명하고 있으며, 3장에서는 Cilk Plus가 가진 특성 및 동작 원리를 설명합니다.

Part 2   Cilk Plus의 사용

4장에서 9장까지는 Cilk Plus의 키워드와 리듀서, 배열 표기법을 설명합니다. 4장에서는 spawn의 개념과 cilk_spawn 키워드의 사용법을 설명하고, 5장에서는 for 문을 병렬 처리로 바꾸는 cilk_for 키워드를 설명합니다. 6장에서는 동기화 객체인 cilk_sync를 다루고, 7장은 여러 개의 스레드에서 공유되는 변수를 제어하는 리듀서를 설명합니다. 8장에서는 백터화 기법인 배열 표기법을 다루고, 9장에서는 Cilk Plus의 상태를 확인할 수 있는 런타임 함수를 설명합니다.

Part 3 Cilk Plus의 활용

10장과 11장에서는 Cilk Plus를 활용한 프로그램의 최적화와 활용 예제에 대해서 설명합니다. cilk_spawn과 cilk_for를 이용하여 프로그램을 최적화하는 방법과 간단한 이미지 프로세싱을 이용하여 Cilk Plus의 성능을 알아봅니다.

Part 4 병렬 프로그램의 디버그

12장에서는 병렬 프로그램에서 다양하게 나타날 수 있는 버그의 유형과 해결 방법에 대해서 설명합니다. 13장에서는 디버깅 도구를 이용하여 좀 더 쉽게 디버그하는 방법과 성능 향상을 위해 튜닝하는 방법을 설명합니다.

차례
CONTENTS

병렬 프로그래밍 개요

이번 장에서는 컴퓨터 공학의 발전 흐름을 통해서 병렬 처리 프로그래밍을 개발해야 하는 이유와 필요성에 대해서 설명한다. 그리고 CPU의 발달에 따른 프로그래밍 개발 방법과 많은 병렬 처리 프로그래밍 중에서도 Cilk Plus를 선택해야 하는 이유에 대해서 설명한다.

01 병렬지향으로

일반적인 프로그램 개념에서 특정 항목에 의미를 두면 '~지향'이라는 말을 쓰게 된다. 대표적으로 C는 절차지향, C++은 객체지향이라고 부른다. 현재 프로그래머들에게 객체지향의 개념은 누구나 알고 있는 기초 지식이지만, 1980년 초에 비얀 스트로스트룹(Bjarne Stroustrup)이 C++을 만들었을 때는 객체지향이 누구나 아는 기초 지식이 아니었다. 당시의 객체지향은 획기적이었으나 쉽게 배울 수는 없었다.

현재의 멀티 코어 시대에서는 병렬 처리의 중요성이 강조되고 있다. 더욱 빠른 프로그램 처리에 대한 요구와 싱글 코어 처리 속도의 한계 등으로 멀티 코어를 활용한 병렬 처리가 더욱 중요해졌다. 객체지향이 프로그래머의 기본적인 지식이듯이, 병렬지향 또한 기본 지식이 된 것이다.

그럼 병렬지향이란 무슨 의미일까?

병렬지향은 프로그램이 해야 할 작업(데이터)을 나누어서 여러 개의 스레드에 할당하여 처리하는 것이다. 기존의 멀티 스레드 방식이 여러 개의 스레드를 생성하는 데 중심을 두고 있었다면, 최근 들어서는 작업을 각 스레드에 분배하는 것에 더 집중하고 있다. 이렇게 작업 분배를 중심으로 한 병렬 처리를 태스크 병렬화라고 하며, Cilk Plus는 태스크 병렬화를 가장 효율적으로 지원하도록 설계되어 만들어졌다.

02 병렬 처리와 병행 처리

프로그램을 개발하다 보면 여러 개의 스레드를 사용할 때가 있다. 이럴 때 프로그래머는 프로그램이 병렬로 동작한다고 생각할 수 있다. 하지만 아쉽게도 여러 개의 스레드를 이용했다고 병렬 처리가 되는 것은 아니다. 대부분은 병렬 처리가 아니라 병행 처리에 해당하게 된다. 그렇다면 병행 처리와 병렬 처리는 어떻게 다른지 알아보자.

병행 처리는 하나의 프로그램에서 UI, 알고리즘, 파일 입출력 등과 같이 각기 다른 기능을 멀티 스레드를 이용하여 동시에 처리하는 것이다. CreateThread, pThread와 같은 방식은 네이티브 스레드 방식으로 병행 처리를 목적으로 만들어진 것이다. 네이티브 스레드 방식은 병렬 처리 전용 기술이 아니므로 낮은 수준에서의 병렬 처리만 가능하고, 디버깅에 시간이 오래 걸리고 유지 보수가 상당히 어렵다. 그리고 CPU 코어의 개수가 증가할 때마다(매니 코어로 이어지는 것을 의미) 프로그램을 변경해야 하기 때문에 효율성이 떨어지는 문제가 생긴다.

병렬 처리는 듀얼 코어 이상의 매니 코어 상태에서 Cilk Plus, OpenMP, TBB 등의 병렬 처리 전용 기술을 이용하여 효율적으로 처리하는 것을 의미한다. 이런 기술을 이용하여 병렬 처리를 구현하게 되면 CPU 코어의 개수에 따라서 프로그램을 변경할 필요가 없으며, 스레드의 작업 분배 문제도 신경을 쓸 필요가 없어진다.

03 공짜 점심의 시대와 싱글 코어 시대의 쇠퇴

공짜 점심의 시대란 순차 프로그램을 개발하면서 하드웨어(CPU)의 성능이 좋아짐에 따라 프로그램의 성능까지 좋아지는 것을 의미한다. 90년대부터 2004년까지 CPU 제조사들은 CPU의 클록 속도(Clock Rate: CPU가 명령어 하나를 수행하는 데 걸리는 속도)를 빠르게 하려고 경쟁해 왔다. 클록 속도를 2배 늘리면 연산에 100초 소요되는 것이 50초로 줄어든다. 프로그래머들은 아무런 노력 없이 프로그램의 속도를 증가시킬 수 있다. 그래서 많은 이들이 더 빠른 PC를 원했고, 프로그래머들은 CPU의 속도가 무한히 증가할 것이라 믿고 더 어렵고, 더 많은 연산을 하는 프로그램을 개발해 왔다.

하지만 이제 더는 소프트웨어 프로그래머의 '하드웨어 무임승차'는 없다고 말할 수 있다. 그 이유는 CPU의 클록 속도를 2배 증가시키려면 통상 전력이 8배 상승하게 되고, CPU의 속도를 증가시킬 때 발생하는 발열 때문에 PC가 자주 다운되는 현상이 발생하여 CPU 제조사들이 이를 감당하기 어려워져서 더는 클록 속도를 증가시키지 않도록 결정하였기 때문이다. 2004년을 기준으로 CPU 제조사들은 전력 사용 증가와 발열 문제를 이유로 클록 속도 경쟁을 포기하기로 하였다. 그 대안으로 코어의 개수를 늘려 한 번에 처리할 수 있는 데이터의 양을 늘리는 대책을 내놓았는데, 우리가 일반적으로 이야기하는 듀얼 코어, 쿼드 코어가 코어의 개수가 늘어난 CPU의 대표적인 예이다.

하지만 아쉽게도 코어의 개수가 아무리 늘어난다 하더라도 기존 프로그램을 멀티 코어에 맞게 수정하지 않는 이상 속도는 증가하지 않는다. 그리고 CPU의 제조사들이 CPU의 속도 경쟁을 포기했기 때문에 클록의 속도 향상이 프로그램의 속도를 향상해 주지 않게 되었다. 'Exception C++'의 저자 허브 셔터는 이런 현상을 보고 '공짜 점심의 시대는 끝났다.'라는 유명한 말을 했다.

이제는 휴대전화기(스마트폰)조차 듀얼 코어 CPU를 가진 시대가 되었다. 하물며 PC가 멀티 코어를 버리고 클록 속도를 높여 싱글 코어 시대로 돌아갈까? 절대로 그럴 일은 없을 것이다. 앞서 CPU 제조사들이 클록 속도를 높이는 경쟁을 포기하고 멀티 코어를 개발한다고 이야기한 바가 있다. CPU 클록을 2배 늘리려면 전력이 8배가 필요하지만, 코어를 2개 늘리면 전력은 코어의 증가만큼만 증가하기 때문에 전력 문제를 피할 수가 있다.

하지만 코어의 개수를 아무리 늘려도 클록 속도는 증가하지 않는다. 다시 말하면 코어 수의 증가는 처리하는 데이터의 양이 늘어날 뿐이지 데이터를 처리하는 속도가 빨라지진 않는다. 따라서 멀티 코어 환경에서는 기존의 싱글 코어 프로그램은 아무런 혜택도 받을 수 없게 된 것이다.

CPU 제조사들은 한 번에 여러 개의 데이터를 처리할 수 있는 두 가지 대표적인 정책을 내놓았는데, 그 중 하나의 정책이 SIMD이다. SIMD는 명령어 수준의 데이터 병렬화로, 한 번의 명령으로 4 ~ 16개의 데이터를 한 번에 처리하는 것이다. 인텔은 1995년에는 64bit를 동시에 처리하는 MMX, 2000년에는 128bit를 동시에 처리하는 SSE 기술을 출시하였고, 2011년에는 256bit를 한 번에 처리하는 AVX도 출시하였다. 하지만 아쉽게도 SIMD 확장 기술은 멀티 코어를 활용한 것이 아니므로 CPU의 사양에 따라 프로그램도 변경되어야 하는 단점이 있다.

또 다른 하나의 정책은 MIMD이다. MIMD는 여러 개의 CPU 코어를 사용하여 각각의 데이터 처리를 독립적으로 수행하는 것을 의미한다. 즉 멀티 코어를 활용한 스레드 프로그래밍을 말한다. 대표적으로 Cilk Plus가 여기에 속한다. MIMD 기술은 CPU 제조사가 변경되지 않는 이상 코어가 계속 증가하더라도 프로그램을 변경할 필요없이 속도가 증가하는 이익을 얻을 수 있다. 이제는 SSE를 이용하든, Cilk Plus를 이용하든 프로그래머가 병렬 프로그래밍으로 개발해야만 하는 시대가 된 것이다.

04 병렬 처리 구분과 병렬 프로그램 시대

앞에서 SIMD, MIMD라는 용어를 언급했는데, 이는 스탠퍼드 대학의 플린 교수가 프로그램 처리의 동시성을 기준으로 컴퓨터 시스템을 분류한 것이다. 이러한 병렬 처리 구분은 프로세서들이 처리하는 명령어와 데이터 스트림(stream)의 수에 따라 네 가지로 나누어진다.

SISD(Single Instruction stream Single Data stream) – 단일 명령 단일 처리

제어 장치와 프로세서를 각각 하나씩 갖는 구조이며, 한 번에 한 개씩 명령어와 데이터를 처리하는 단일 프로세서 시스템이다. SISD는 각 데이터를 처리할 때 매번 명령어를 읽어야 하기 때문에 효율이 떨어진다. 따라서 파이프라이닝과 같이 동시에 처리하여 성능을 향상시키는 것이 일반적이다.

SIMD(Single Instruction stream Multiple Data stream) – 단일 명령 다중 처리

여러 개의 프로세서로 구성되어 있으며, 프로세서들의 동작은 모두 하나의 제어 장치에 의해 제어된다. 모든 프로세서는 제어 장치로부터 같은 명령어를 받지만, 명령어 실행 과정에서 서로 다른 데이터들을 사용한다. 즉, 하나의 명령어로 여러 개의 값을 동시에 계산하는 방식이다. 특히 이미지나 오디오 파일을 처리하는 응용 프로그램에서 효율적으로 사용된다. 인텔의 MMX, 스트리밍 SIMD 확장(SSE)과 AMD의 3D나우! 등이 이를 적용했다.

MISD(Multiple Instruction stream Single Data stream) – 다중 명령 단일 처리

여러 개의 제어 장치와 프로세서를 갖는 구조이며, 각 프로세서는 서로 다른 명령어들을 실행하지만, 데이터는 하나의 스트림을 처리한다. 하나의 데이터에 대해 여러 명령어를 수행하는 구조로 프로세서들이 파이프라인으로 연결되어서 한 프로세서가 처리한 결과를 다음 프로세서로 보내는 방식이다. 실제로는 거의 사용되지 않는다.

MIMD(Multiple Instruction stream Multiple Data stream) – 다중 명령 다중 처리

여러 개의 프로세서가 서로 다른 명령어와 데이터를 처리하는 구조이며, 여러 개의 프로세서가 각기 다른 프로그램과 데이터를 수행한다. 대부분의 다중 프로세서 시스템과 다중 컴퓨터 시스템이 이 분류에 속한다. 우리가 배울 Cilk Plus가 MIMD의 대표적인 방식이라 할 수 있다.

앞에서 이야기했듯이 공짜 점심의 시대는 끝이 났고 이제 병렬 프로그램의 시대가 도래했다.

순차적 프로그램은 하나의 스레드로 시작하여 하나의 스레드로 끝이 난다. 이러면 듀얼 코어 CPU에서는 1/2의 성능만, 쿼드 코어 CPU에서는 1/4의 성능만 사용한다. 병렬 처리의 요점은 코어 하나에 스레드 하나를 실행하는 것이다. 이렇게 하면 듀얼 코어에서는 2배의 성능이, 쿼드 코어에서는 4배의 성능이 향상된다. 병렬 처리 기술은 여러 가지가 종류가 있으며, 그중에서 Cilk Plus는 더 쉽게 CPU의 코어 수만큼 스레드를 생성할 수 있도록 도와준다. 그래서 Cilk Plus를 이용하여 병렬 프로그래밍을 하면 코어 수가 증가하는 만큼 프로그램의 속도도 증가하는 효과를 누릴 수 있다.

Cilk Plus가 병렬 프로그램을 쉽게 개발할 수 있도록 도와주지만, 병렬 프로그램 그 자체가 순차적 프로그램과 개념적으로 많이 다르고 버그의 유형도 달라서 병렬 프로그램에 익숙해지려면 많은 노력이 필요하다.

05 병렬 프로그램의 어려운 점

순차적 프로그램에서는 하나의 스레드로 모든 업무를 처리했기 때문에 작업 배분에 대해서는 프로그래머가 신경을 쓰지 않아도 되었다. 하지만 병렬 처리 프로그램에서는 여러 개의 스레드 개념이 생겼기 때문에 작업 배분에 신경 써야 한다. 병렬 처리 프로그램은 순차적 프로그램과 그 시작부터 다르다. 따라서 병렬 처리 프로그램을 개발하려면 여러 가지 어려운 점이 있다.

컴파일러 변경

병렬 처리를 하려면 기존에 사용하던 컴파일러를 변경해야 한다. 병렬 처리 프로그램은 CPU 제조사에서 지원해주는 컴파일러를 사용해야 한다. 기존에 작성된 프로그램의 컴파일러를 변경하면 컴파일 시에 많은 에러가 발생할 수 있으며, 이러한 에러를 고치려면 많은 시간과 노력이 필요하다.

병렬 처리 프로그램 교육

병렬 처리에 관련된 새로운 언어와 도구 사용법을 익혀야 한다. 순차적 프로그램에 익숙해진 개발자라면 병렬 처리에 대한 개념이 익숙해질 때까지 반복 학습의 시간이 필요하다. 모든 프로그래머가 그러하듯이 교육의 필요성은 느끼겠지만, 업무가 많아서 따로 시간을 내어 교육을 받거나 공부하기는 꽤 어려울 것이다.

디버깅의 어려움

병렬 처리에서는 여러 개의 스레드 중 어떤 스레드가 먼저 실행되고, 어떤 스레드가 먼저 종료되는지 알기가 어렵다. 이 때문에 경쟁 상태와 동기화 문제 등과 같이 순차적 프로그램에서는 나타나지도 않던 버그들이 발생하게 된다. 이런 버그에 익숙하지 않기 때문에 디버깅에 익숙해질 때까지 시간이 필요하다.

유지 보수의 문제

병렬 처리 프로그램은 순차적 프로그램보다 가독성이 떨어지기 때문에 프로그램이 진행되는 과정을 파악하기 어렵다. 이 때문에 유지 보수에 어려움이 있고, 프로그램을 인수인계할 때도 어려운 점이 있다.

06 암달의 법칙

싱글 코어 CPU에서 작업 시간 1이 걸리는 일은 쿼드 코어 CPU에서는 작업시간이 1/4로 줄어야 하지만 이것은 현실적으로 불가능하다. 그 이유는 코어 간의 스케줄링, 통신 등과 같은 상황이 발생하게 되고, 프로그램 구현 방법에 따라 성능이 달라지기 때문이다. 암달의 법칙은 1967년에 한 콘퍼런스에서 IBM의 진 암달(Gene Amdahl)이 이야기한 것으로, 이 공식은 시스템 일부분(f)에 S만큼 속도 향상이 있더라도 변화가 없는 나머지($1-f$)로 인하여 전체 시스템의 속도 향상은 한계가 있다는 것을 알려준다.

S = 1 / ((1 − f) + f / n)

n : 코어의 개수

f : 동시에 처리할 수 있는 작업의 비율(병렬화 부분)

1 − f : 동시에 처리할 수 없는 작업의 비율(비병렬화 부분)

(1 − f) + f / n : n 개의 코어가 동시에 처리할 때 걸리는 시간

S : 성능 개선의 효과

코어의 개수와 성능 개선에 따른 배율이 같으면 가장 이상적이다. 하지만 그림 1-1과 같이 암달의 법칙에 의하면 이런 결과는 볼 수 없다.

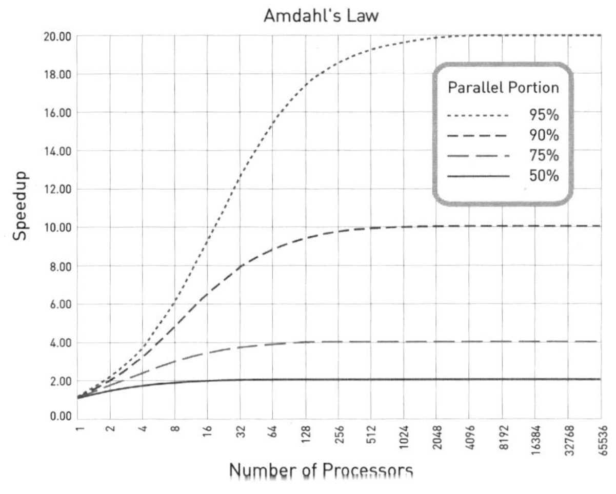

그림 1-1 암달의 법칙

8개의 코어(n)를 가진 CPU에서 병렬 처리할 수 있는 부분이 50%(f)라고 가정한다면 암달의 법칙은 다음과 같이 적용할 수 있다.

S = 1/((1 − 0.5) + 0.5 / 8) = 1.77

싱글 코어 CPU일 때보다 1.77배 정도만 빨라진다. 코어를 100까지 늘린다고 해도 1.98배 밖에 빨라지지 않는다. 멀티 코어를 활용한 병렬 처리로 어떤 효과를 얻을 수 있는지 의문이 생길 수 있다. 멀티 코어를 이용한 병렬 프로그램의 성능은 병렬화 영역의 크기에 따라서 다르다. 그림 1-1 암달의 법칙 그래프에서 보면 8개의 코어를 똑같이 사용하였지만, 병렬화 영역이 50%인 프로그램과 90%인 프로그램은 속도의 차이가 발생한다.

8개의 코어(n)를 가진 CPU에서 병렬 처리할 수 있는 부분이 90%(f)라면 암달의 법칙은 다음과 같다.

$$S = 1/((1 - 0.9) + 0.9 / 8) = 4.7$$

8개의 코어를 가진 CPU에서 프로그램이 90%까지 병렬화가 이루어졌다면 5배에 가까운 성능 개선 효과를 볼 수 있다. 그리고 SIMD와 MIMD를 동시에 적용할 때 그 효과는 기대 이상으로 나타나게 된다. 암달의 법칙은 병렬 처리의 한계보다는 많은 영역의 병렬화로 효율성을 높이는 것에 의미를 둘 수 있다.

07 인텔 PBB 병렬 프로그램

CPU 제조사 중에서 가장 대표적인 인텔은 다양한 병렬 프로그램을 지원하는 소프트웨어(Composer)를 제공한다. 인텔 컴포저에는 컴파일러, 인텔 IPP 및 인텔 PBB가 포함된다. 이 중에서 인텔 PBB는 프로그래머가 병렬화를 다양하게 활용할 수 있게 해주는 새로운 병렬 도구이며, 현재와 미래의 병렬 프로그래밍 요구에 알맞는 많은 기능을 지원하고 있다. 인텔이 병렬화를 지원하는 것으로 보아 인텔 CPU가 멀티 코어 방식으로 진화하는 것을 알 수 있다. 그림 1-2는 인텔 PBB(Parallel Building Blocks)에 포함된 세 가지 병렬 도구를 소개하고 있다.

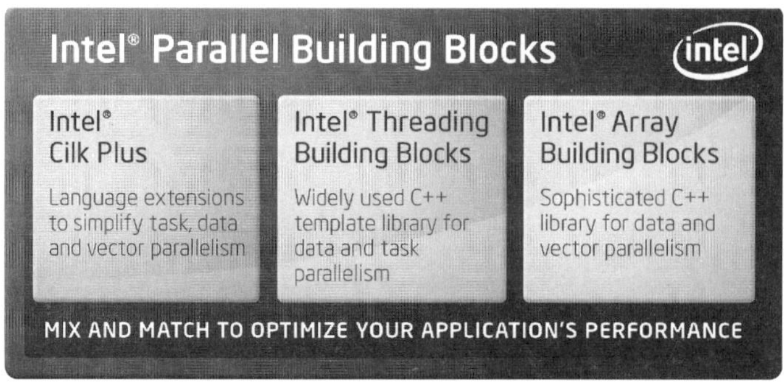

그림 1-2 인텔 PBB(Parallel Building Blocks)

인텔 Cilk Plus

Cilk Plus는 배열 표기법과 고급 루프형, 데이터 병렬화, 태스크 벡터화, 고급 벡터화 기능을 결합하여 더욱 우수한 기능을 제공한다. Cilk Plus는 TBB와 ArBB의 기능이 합쳐져 간단한 루프와 데이터 및 태스크 병렬화 등을 활용하는 강력한 기능을 제공한다. Cilk Plus는 C/C++ 프로그래머가 응용 프로그램을 개발하는 데 생산성을 높여준다.

인텔 TBB(Intel Threading Buliding Blocks)

일반 병렬화를 이용하는 데 사용할 수 있는 C++ 템플릿 라이브러리 솔루션이다. 여기에는 확장 가능한 메모리 할당과 로드 밸런싱, 효율적인 태스크 스케줄링, 스레드 안정형 파이프라인 및 농시 컨테이너, 상위 병렬 알고리즘 및 다양한 동기화 프리미티브가 포함된다.

인텔 ArBB (Intel Array BuildingBlocks)

일반 응용 프로그래머가 쉽고 자유롭게 일반화된 병렬 프로그램을 개발할 수 있는 솔루션을 제공하며, 관리하기 쉬운 단일 응용 프로그램 사양에서 확장하거나 이식할 수 있다. 계산 집약적인 데이터 병렬 알고리즘을 작성하는 프로그래머를 위한 것이다.

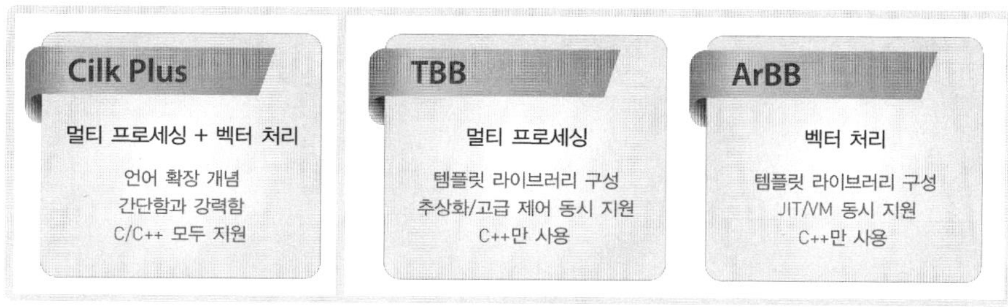

그림 1-3 PPB 정보 요약

08 인텔 Cilk Plus의 역사와 배경

Cilk Plus는 인텔 C++ 컴파일러의 2011 버전 이후에 추가된 새로운 기능이다. 인텔 Parallel Studio에는 병렬 프로그램 전용 언어의 확장 개념인 Cilk Plus가 추가되어 있다. Cilk Plus에는 태스크 표기(Task Notation)에 의한 병렬화와 배열 표기(Array Notation)에 의한 벡터화 기능이 포함되어 있다.

Cilk Plus의 기원은 1994년에 미국 매사추세츠 공과대학(MIT)에서 C 언어 전용의 병렬화 언어로 Cilk를 개발한 것으로 시작된다. 초창기의 Clik는 고성능 컴퓨터(High Performance Computing)를 대상으로 한정적인 사용을 위해서 개발되었다. 2006년에 라이서슨 교수가 Cilk Arts라는 벤처 기업을 창업한 후, 다양한 기능을 추가하여 Cilk++를 상용화하였다. 2009년 8월에 Cilk Arts는 인텔에 합병되었고, 인텔에 의해서 Cilk의 사양이 변경되고, 명칭도 Clik Plus로 변경되었다. 그리고 Cilk Plus는 인텔 Parallel Studio에 추가되었다. 2010년 9월 인텔에 의해서 윈도우 용으로 정식 배포되었고, 11월에는 리눅스와 Mac OS 용으로 배포되었다.

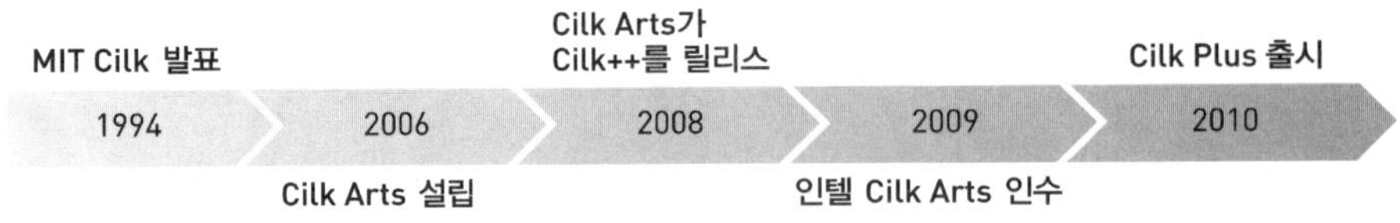

그림 1-4 Cilk의 역사

09 너무나 쉬운 Cilk Plus

Cilk Plus의 장점은 현재 출시된 병렬화 도구 중에서 가장 쉽다는 것이다. 프로그램을 배우면서 쉽다는 말보다 좋은 것은 없다. 처음 프로그램을 배울 때나 모르는 사람을 가르칠 때를 생각해 보면 이 장점이 얼마나 대단한지 느낄 수 있다. Cilk Plus가 쉬우므로 다음과 같은 장점이 있다.

- 기존 프로그램을 쉽게 병렬 처리 프로그램으로 변경할 수 있다

Cilk Plus는 세 가지의 명령어만을 가지고 기존의 프로그램을 병렬화할 수 있다. 이 때문에 프로그램을 병렬화하기 위해서 새롭게 설계해야 하는 부분이 없어서 알고리즘 개발에만 집중할 수 있다.

- 개발자 간의 공유가 쉽다

어렵게 구현한 코드는 인수인계나 유지 보수가 어렵고, 코드를 구현한 프로그래머에게 많은 부담이 따를 수밖에 없다. 프로젝트에서 병렬화가 쉬우면 코드를 이해하기 쉬우므로 프로그래머 간의 공유 역시 쉽다. 그리고 문제가 발생했을 때 코드를 구현한 프로그래머가 없어도 문제를 해결할 수 있다.

- 많은 부분을 병렬화할 수 있다

하나의 프로그램에서 많은 부분을 병렬화할수록 속도가 올라간다. 병렬 처리 언어가 어렵다면 많은 부분을 병렬화하기 어렵고, 비용도 많이 발생한다. 하지만 Cilk Plus를 사용하면 적은 비용으로도 많은 부분을 병렬화할 수 있다.

02

Cilk Plus 준비하기

이번 장에서는 병렬 프로그래밍 전용의 컴파일러와 디버거, 각종 라이브러리를 제공하는 인텔 Parallel Studio의 평가판을 내려받는 법과 인텔 Parallel Studio에 포함된 Cilk Plus 를 Visual Studio 2010에서 실행하는 방법에 대해서 설명한다.

01 Cilk Plus 프로그래밍을 시작하기 전에

윈도우와 리눅스, Mac OS X 등의 운영체제(OS)에서 인텔 Cilk Plus를 이용한 병렬 프로 그램을 개발하려면 이를 지원하는 컴파일러가 필요하다. 각 운영체제에서 이용 가능한 IA-32 및 Intel 62에 대응하는 컴파일러는 다음과 같다.

> **윈도우** 인텔 C++ Composer 2011 이후 버전
>
> **리눅스** 인텔 C++ Composer XE 2011 이후 버전
>
> **Mac OS** 인텔 C++ Composer XE 2011 이후 버전

인텔 C++ 컴포저는 Parallel Studio 2011(윈도우 전용)에 포함된 Parallel Composer 2011과 Parallel Studio XE 2011(윈도우, 리눅스)에 포함된 Parallel Composer XE 2011에서 제공한다. 인텔에서는 2010년 9월 이후부터는 컴파일러(Compiler)라는 이름 대신 컴포저(Composer)라는 이름으로 변경하였다.

02 인텔 Parallel Studio 평가판 설치하기

Cilk Plus를 사용하려면 인텔 컴파일러(컴포저)가 설치되어 있어야 한다. 만약 인텔 컴파일러가 설치되지 않았다면 인텔 컴파일러를 설치하거나, 인텔의 프로그램 개발 도구인 인텔 Parallel Studio를 설치해야 한다. 이 책에서는 인텔 Parallel Studio를 설치하여 실행하고 있다. 인텔 Parallel Studio를 설치하는 법을 알아보자.

2.1 인텔 Parallel Studio 내려받기

Parallel Studio XE 2011 평가판을 내려받아 보자. Intel Software Evaluation Center에 방문한 다음 'Intel Parallel Studio 2011 for Windows*' 링크를 누른다.

LINK http://software.intel.com/en-us/articles/intel-software-evaluation-center/

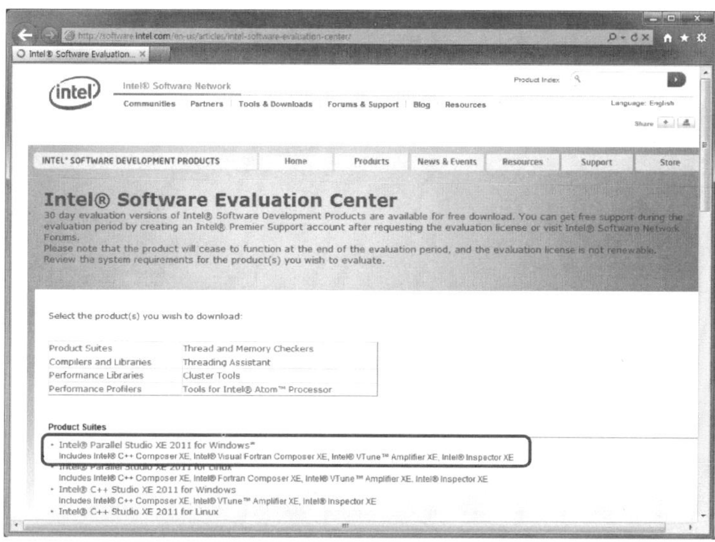

이메일 등 개인 정보와 설문을 입력한 다음 〈보내기〉를 누른다.

가입 완료와 함께 등록한 이메일로 평가판을 내려받을 수 있는 링크를 보내준다.

등록한 메일로 받은 인텔 Parallel Studio 평가판 다운로드 링크를 누르고 첨부된 라이선스 파일(.lic)을 저장한다. 그리고 인텔에서 보내준 메일 중에서 다운로드 링크가 잘못 연결될 수 있기 때문에 두 개의 링크를 모두 선택해 본다.

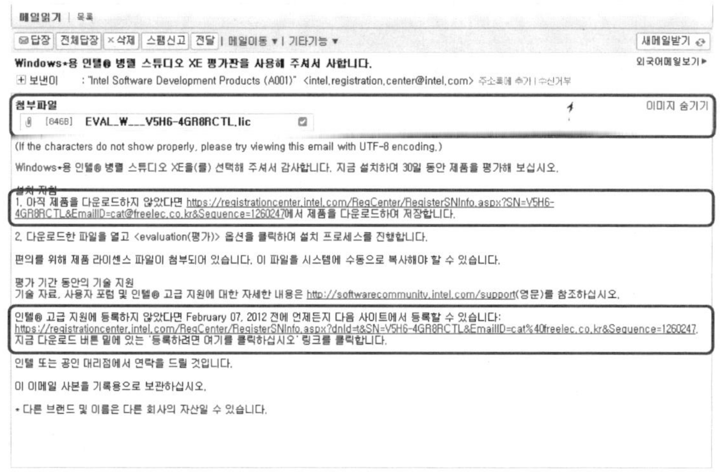

해당하는 페이지에서 원하는 제품과 파일을 선택하고 전달 방법을 지정한 다음 〈지금 다운로드〉를 누른다.

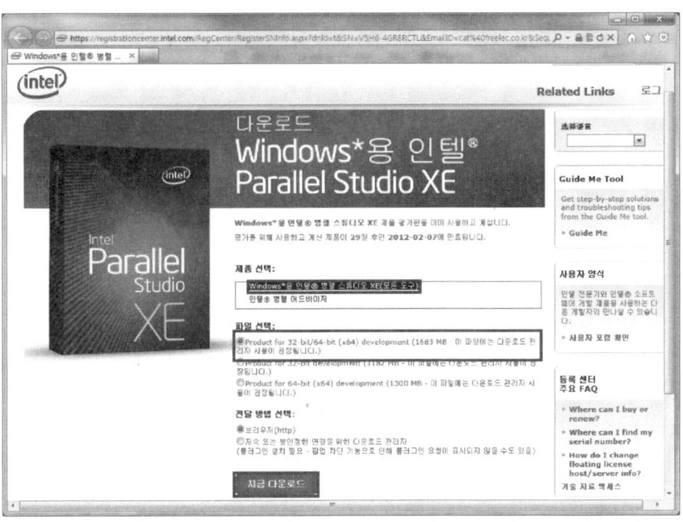

〈다른 이름으로 저장〉을 선택한 다음 내려받을 위치를 선택하여 평가판을 저장한다.

2.2 인텔 Parallel Studio 설치하기

내려받은 파일을 실행하여 인텔 Parallel Studio 설치를 시작한다.

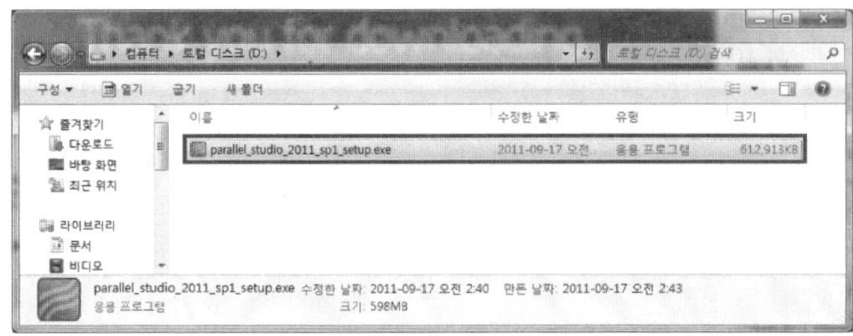

압축을 풀 경로를 지정(기본값 권장)한 후 〈Extract〉를 누른다.

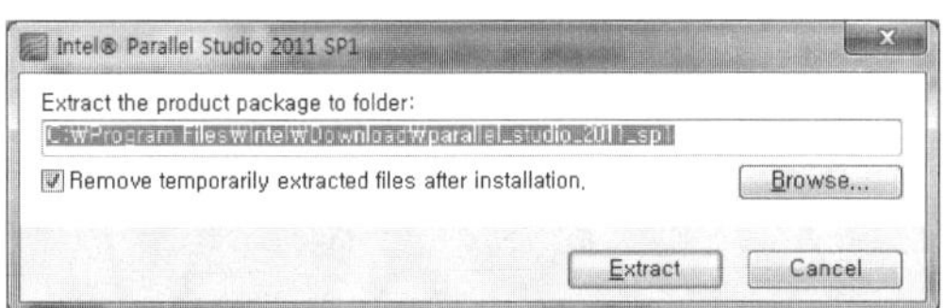

설치 시작 화면에서 〈다음〉을 누른다.

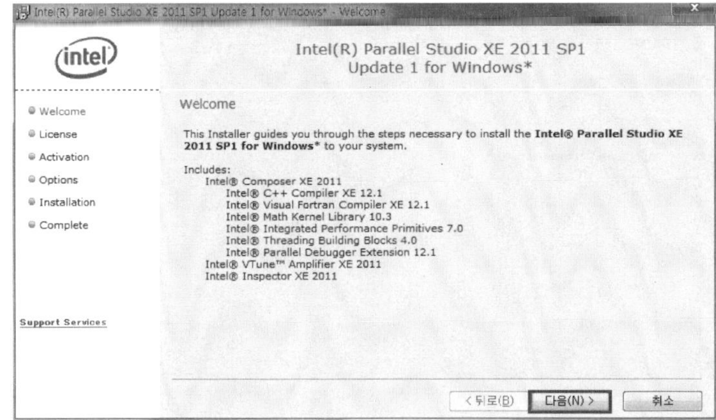

라이선스에 동의한 후 〈다음〉을 누른다.

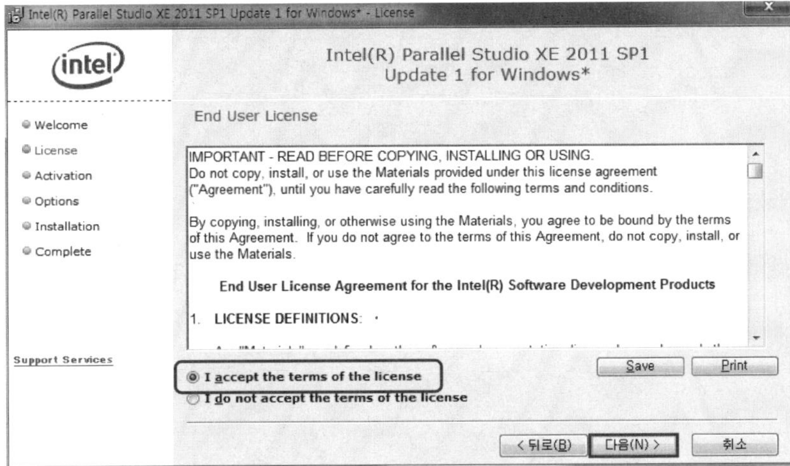

Activation 선택 대화 상자에서는 'Choose alternative activation'을 선택한다.

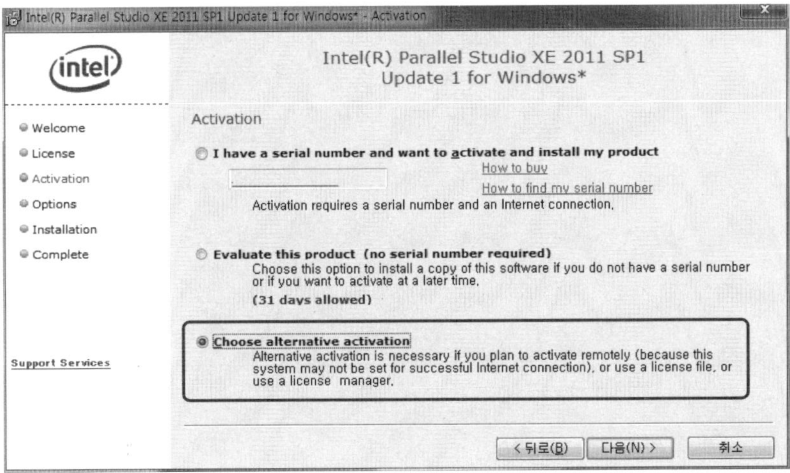

이메일로 받은 라이선스 파일을 이용할 것이므로 'Use a license file'을 선택한다.

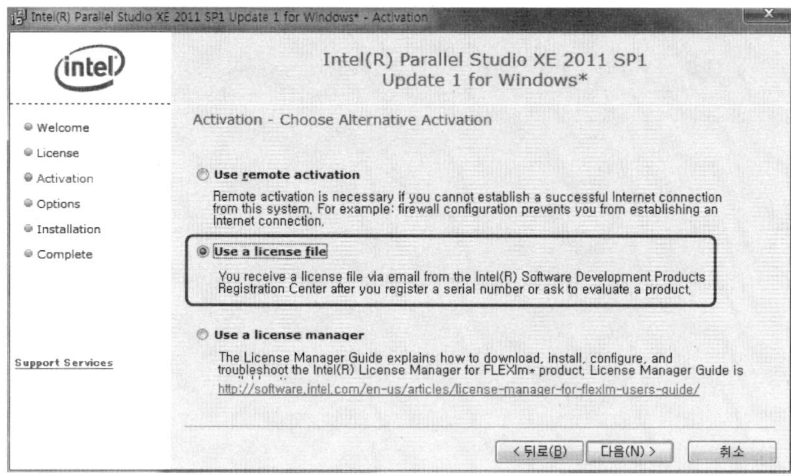

이메일로 받은 라이선스 파일 경로를 지정한다.

설치 유형을 선택하는 대화 상자에서 'Full installation(recommended)'를 선택한 후 〈다음〉을 누른다.

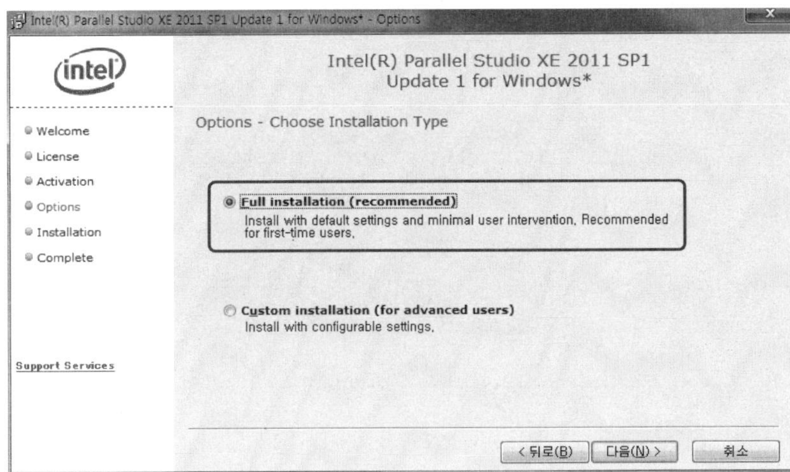

설치 요약 정보를 확인하고 〈Install〉을 누른다.

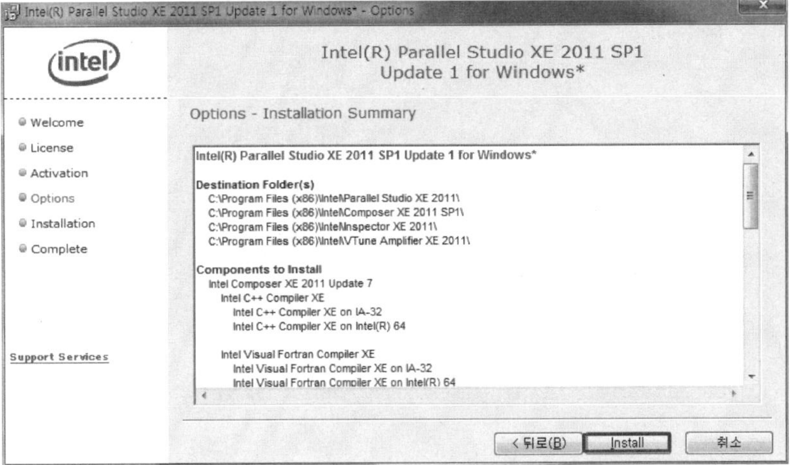

모든 준비가 끝났다면 설치를 시작한다.

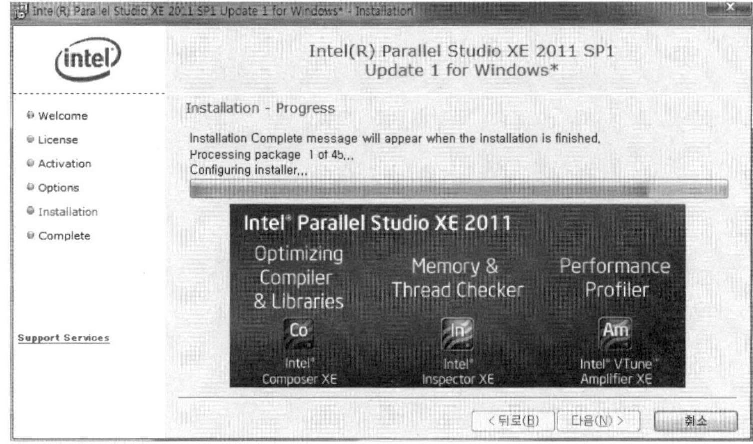

Install 중인 화면

설치 과정이 끝나면 〈마침〉을 누른다.

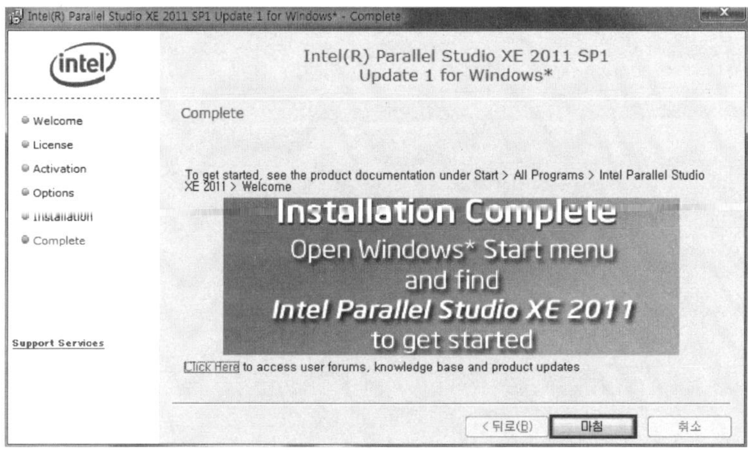

이로써 인텔 Parallel Studio 2011 평가판 설치가 완료되었다.

☐☐ Visual Studio 2010에 설정하기

이제 Visual Studio 2010에서 인텔 Parallel Studio 2011을 설정하는 방법에 대해서 알아
보자.

3.1 Visual Studio 2010 프로젝트 생성하기

Visual Studio 2010에서 **[파일]** → [새로 만들기] → [프로젝트]를 선택하여 새로운 프로젝
트를 생성한다.

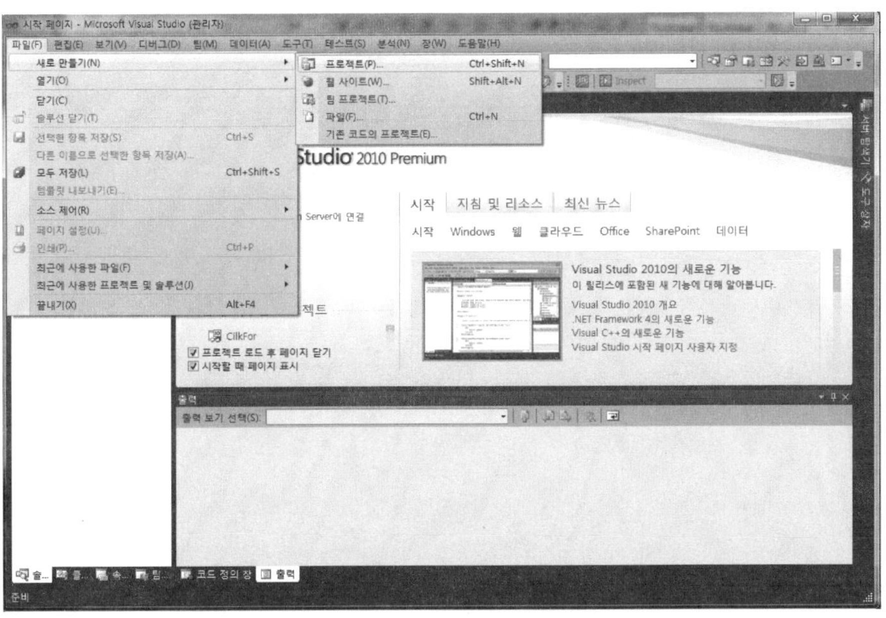

Win32 콘솔 응용 프로그램을 선택하고 프로젝트 이름은 'HelloWorldCilk'로 작성한다.

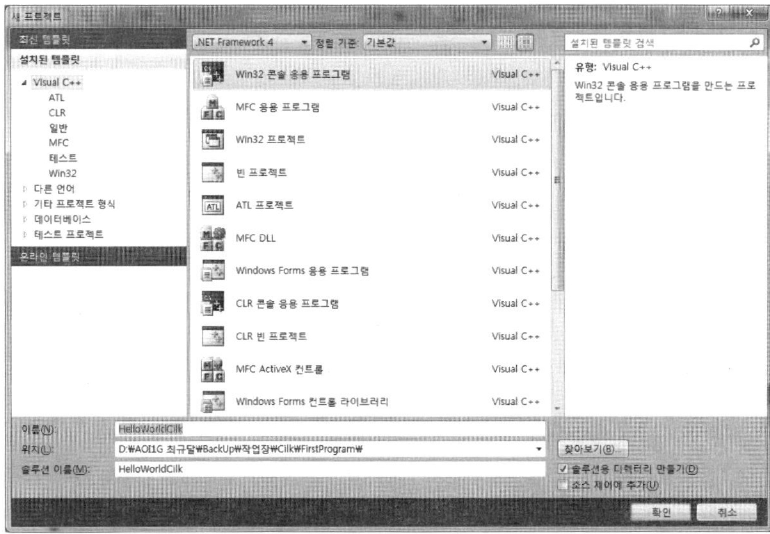

대화 상자 창에서 〈마침〉을 선택하여 새 프로젝트 생성을 완료한다(〈다음〉을 선택해서 프로젝트의 옵션을 설정할 수도 있다).

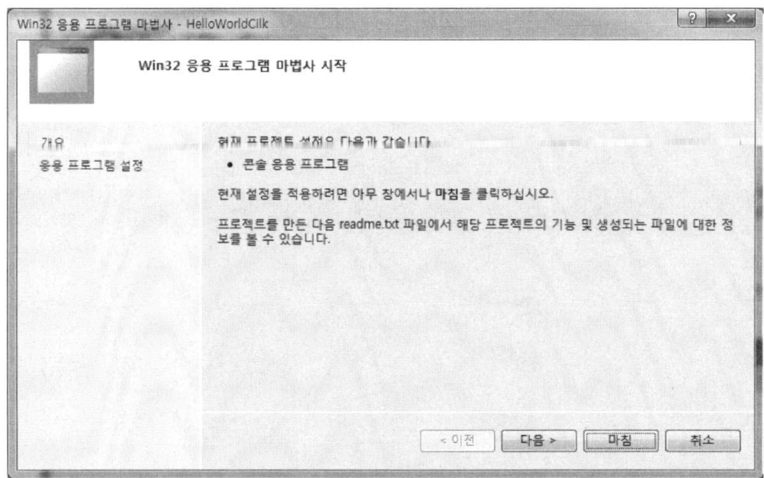

생성된 프로젝트에 printf("HelloWorldCilk\r\n"); 코드를 작성한다.

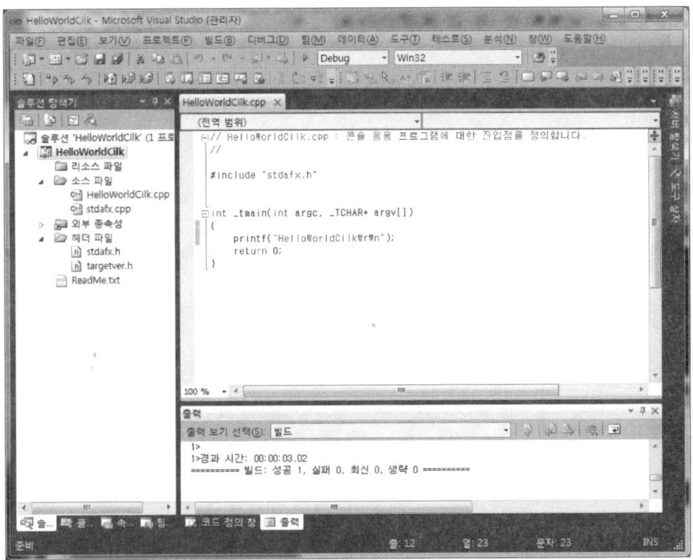

일반 C 코드로 작성한 싱글 스레드의 실행을 확인한다.

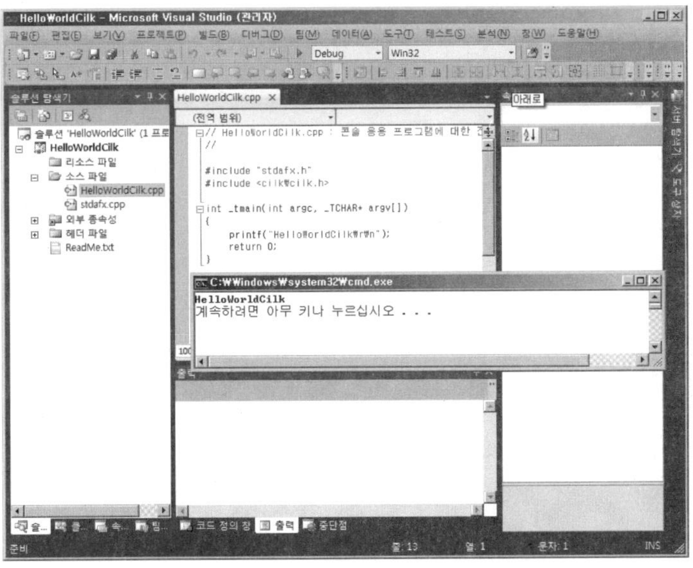

3.2 인텔 Parallel Studio 2011 설정하기

Cilk Plus를 사용하기 위해서 프로젝트의 속성을 설정한다.

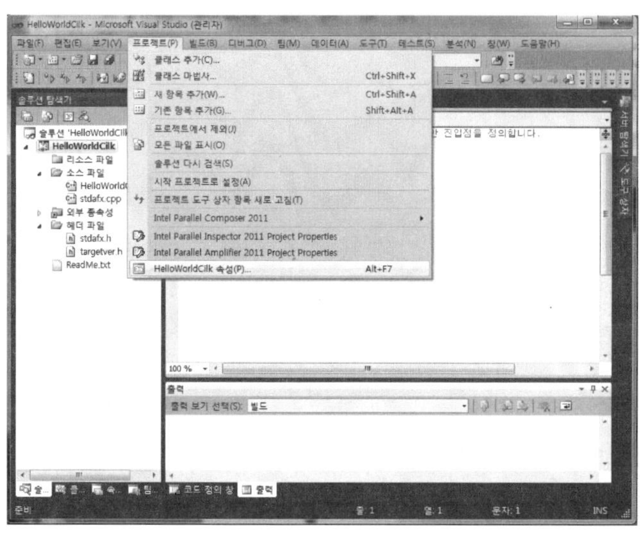

속성 창에서 [**구성 속성**] → [일반] → [플랫폼 도구 집합]에서 [Intel Parallel Composer 2011]로 선택한다.

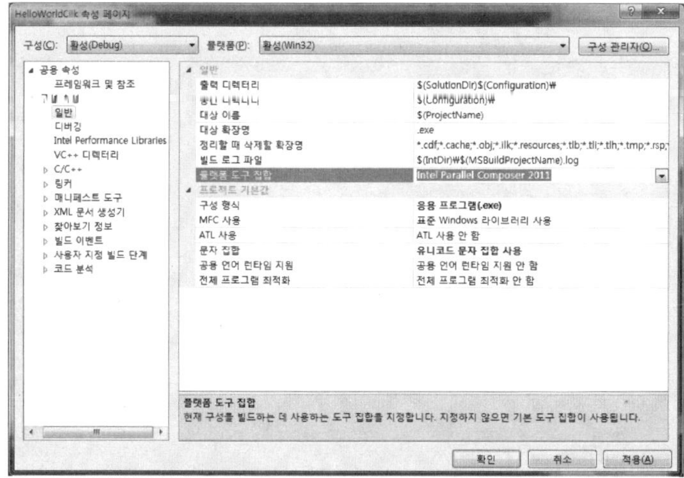

[**프로젝트**]에서 [Intel Parallel Composer XE 2011] → [Use Intel C++]을 선택한다.

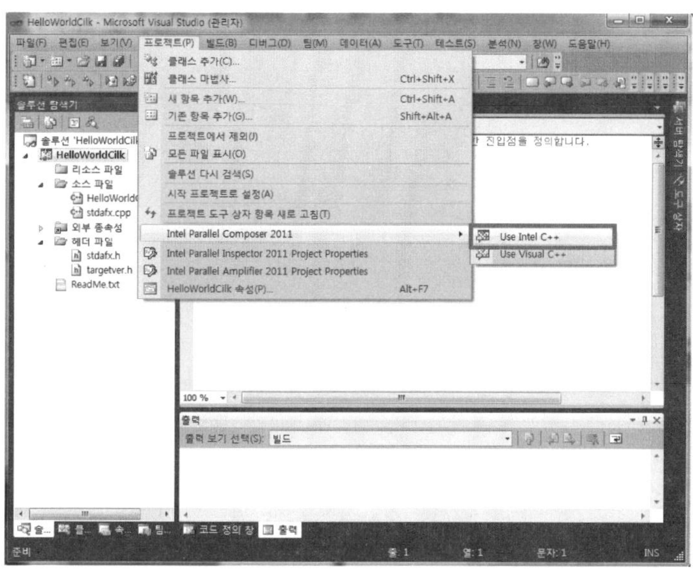

Intel C++이 적용되었다고 팝업 창이 뜨면 〈확인〉을 누른다.

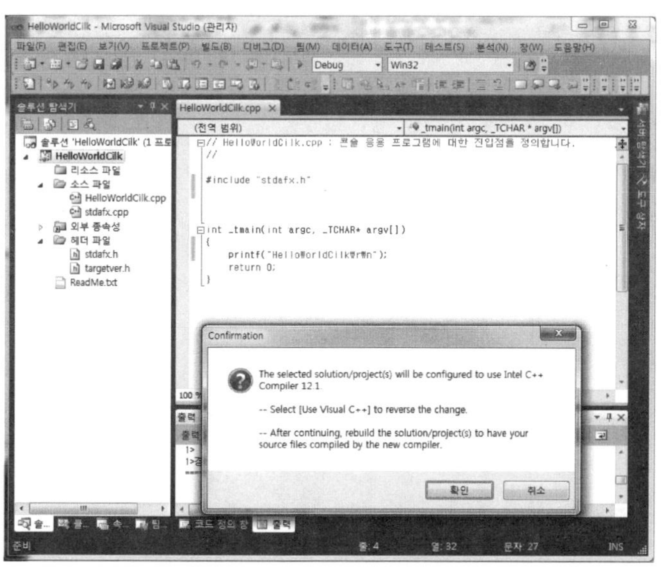

Cilk Plus의 기본 헤더 파일인 〈cilk\cilk.h〉를 포함한다.

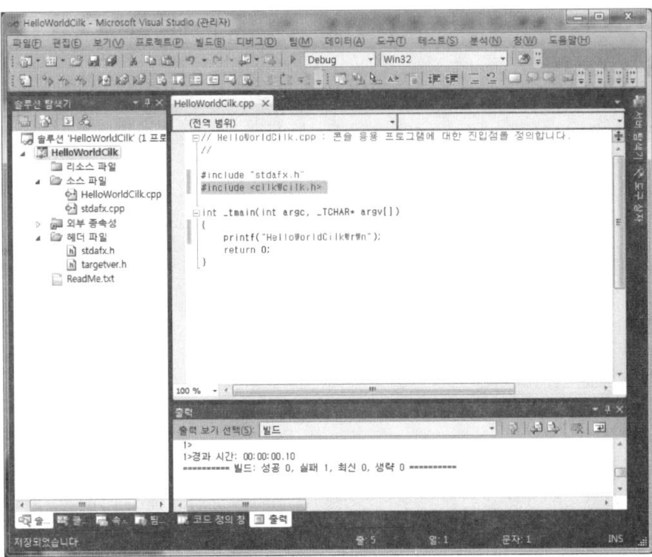

printf( ) 함수에 cilk_spawn 키워드를 붙여서 넣는다.

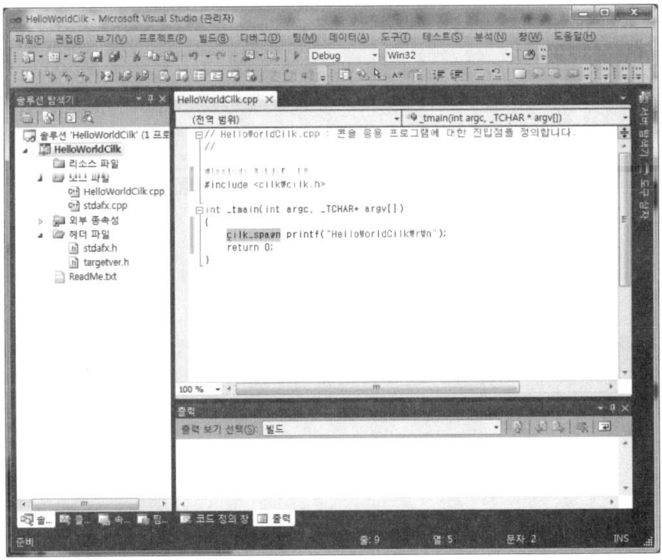

cilk_spawn 키워드를 사용해도 에러가 발생하지 않는다.

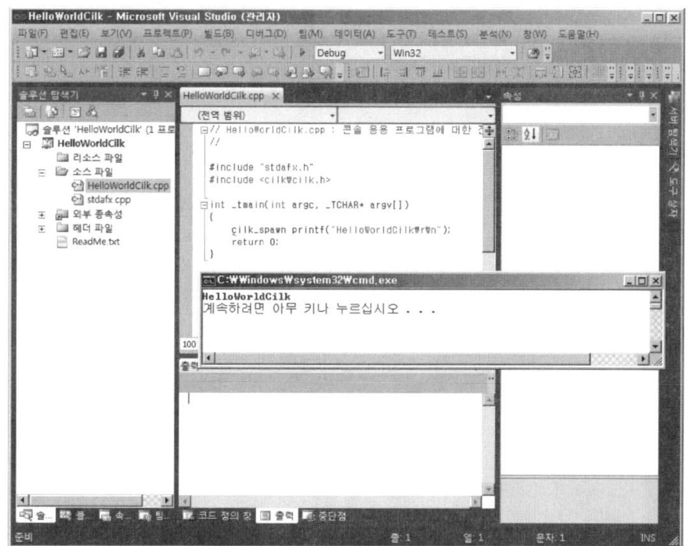

이제 Cilk Plus를 사용할 준비가 끝났다.

04 Cilk Plus 버전 확인

설치된 컴파일러가 Cilk Plus를 지원하는지 확인하려면 __cilk 매크로를 이용한다. 실제 __cilk 매크로는 Cilk Plus의 버전을 나타내며, Cilk Plus를 지원하지 않으면 정의되어 있지 않다. 이 매크로를 이용하여 컴파일러의 지원 여부를 확인해 보자. 오래된 버전의 인텔 컴파일러나 타사의 컴파일러를 사용하고 있다면 Cilk Plus의 버전이 표시되지 않을 것이다.

예제 2-1 Cilk Plus 버전 확인

```c
#include <stdio.h>

int _tmain(int argc, _TCHAR* argv[ ])
{
#if defined __cilk
    printf("Cilk Version %d\r\n", __cilk);
#else
    printf("Cilk Plus를 지원하지 않음");
#endif
    return 0;
}
```

예제 2-1을 실행하면 Cilk version이 200인 것을 확인할 수 있다. 이는 version 2.0을 의미한다. 이후에 Cilk Plus의 기능이 업데이트된다면 버전이 변경될 수 있다.

실행 결과

```
C:\Windows\system32\cmd.exe
Cilk Version 200
계속하려면 아무 키나 누르십시오 . . .
```

05 Cilk Plus의 간편성

Cilk Plus를 사용하면 병렬 처리 코드를 손쉽게 작성할 수 있다. 윈도우와 리눅스에서 사용하던 복잡한 부가 기능을 개선하였고, OpenMP의 많은 지시어를 추상화하였다. 실제 예제 코드를 병렬화하여 각각의 운영체제 환경에서 멀티 스레드로 변경하였을 때의 차이점을 살펴보자.

예제 2-2 순차적 Hello World 코드

```c
#include <stdio.h>

int _tmain(int argc, _TCHAR* argv[ ])
{
    for(int i =0; i < 4; i++)
        printf("%d Hello World!!\n",i);
    return 0;
}
```

예제 2-2를 윈도우 환경에서 멀티 스레드 코드로 변경해 보자.

예제 2-3 윈도우 병렬 Hello World

```c
#include <stdio.h>
#include "windows.h"

const int THREAD_COUNT = 4;

DWORD WINAPI PrintWinHelloWord(LPVOID arg)
{
    printf("Hello World!!\n");
    return 0;
}

int _tmain(int argc, _TCHAR* argv[ ])
{
    HANDLE hThreadArray[THREAD_COUNT];
    int i = 0;

    // 4개의 스레드를 생성한다.
    for(i = 0; i < THREAD_COUNT; i++)
    {
        hThreadArray[i] = CreateThread(NULL,0,PrintWinHelloWord,NULL,0,NULL);
    }

    // 4개의 스레드가 끝나기를 기다린다.
```

```
    WaitForMultipleObjects(THREAD_COUNT, hThreadArray, TRUE, INFINITE);

    return 0;
}
```

코드를 변경한 부분이 많아서 예제 2-2보다 길어졌다. 멀티 스레드로 구현하려고 부가적
으로 추가한 작업이 많다. 윈도우 환경에서 멀티 스레드로 실행하는 프로그램을 작성하려
면 함수 단위로 코드를 분리해야 한다. 함수를 분리한 후에는 스레드를 관리하기 위해서 4
개의 핸들을 가진 배열을 만들어야 한다. 그리고 스레드를 생성하기 위해 윈도우 함수인
CreateThread( ) 함수를 호출해야 한다. 모든 스레드가 완료될 때까지 메인 함수가 종료되
지 않게 하려고 WaitForMultipleObjects( ) 함수를 호출하여 모든 스레드가 완료되길 기다
린다.

예제 2-4 리눅스 병렬 Hello World

```
#include "stdio.h"
#include "pthread.h"

const int THREAD_COUNT = 4;

int PrintLuxHelloWord(void* arg)
{
    printf("Hello World!!\n");
    return 0;
}

int main( )
{
    pthread_t hThreadArray[THREAD_COUNT];
    int i = 0;

    // 4개의 스레드를 생성한다.
    for(i = 0; i < THREAD_COUNT; i++)
```

```
    {
        pthread_create(&hThreadArray[i],NULL,&PrintLuxHelloWord,NULL);
    }

    // 4개의 스레드가 끝나기를 기다린다.
    for(i = 0; i < THREAD_COUNT; i++)
    {
        pthread_join(&hThreadArray[i],NULL);
    }
    return 0;
}
```

리눅스 스레드 프로그램도 윈도우 스레드 프로그램처럼 코드의 양이 많아졌다. 윈도우 프로그램이던, 리눅스 프로그램이던 병렬화하려면 부가적인 작업이 많다. 리눅스 프로그램도 윈도우 프로그램과 비슷하게 스레드 객체를 생성하고 스레드 객체의 종료를 기다린다. 이제는 Cilk Plus를 이용하여 프로그램을 실행해 보자.

예제 2-5 cilk_for를 이용한 병렬 처리 Hello World

```
#include <cilk\cilk.h>
#include <cilk\cilk_api.h>

int _tmain(int argc, _TCHAR* argv[ ])
{
    cilk_for(int i = 0; i < 4; i++)
    {
    printf("%d번 스레드가 %d번 Hello World!! 출력\r\n",
            __cilkrts_get_worker_number( ), i);
    }
    return 0;
}
```

Cilk Plus는 for 문을 cilk_for 문으로 수정하면 병렬 처리 동작한다.

실행 결과

```
C:\Windows\system32\cmd.exe
0번 스레드가 0번 Hellow World!! 출력
0번 스레드가 1번 Hellow World!! 출력
1번 스레드가 2번 Hellow World!! 출력
1번 스레드가 3번 Hellow World!! 출력
계속하려면 아무 키나 누르십시오 . . .
```

실행 결과는 cilk_for로 실행하여 Hello World를 출력한 결과이다. 병렬 처리 동작을 확인하기 위해 스레드 번호와 현재 처리한 printf( ) 함수가 몇 번째인지를 표시하였다.

Cilk Plus에는 cilk_for이외의 병렬 키워드가 또 있다. 바로 cilk_spawn 키워드이다. cilk_for는 for 문을 병렬화하는 키워드이고, cilk_spawn은 함수 단위를 병렬화하는 키워드이다.

예제 2-6 cilk_spawn을 이용한 병렬 처리 Hello World

```c
#include <cilk\cilk.h>
#include <cilk\cilk_api.h>

int _tmain(int argc, _TCHAR* argv[ ])
{
    for(int i = 0; i < 4; i++)
    {
        cilk_spawn printf("%d번 스레드가 %d번 Hello World!!
        출력\r\n",__cilkrts_get_worker_number( ), i);
    }
    return 0;
}
```

printf( ) 함수를 4개의 스레드를 이용하여 병렬 처리하였다.

실행 결과

```
C:\Windows\system32\cmd.exe
0번 스레드가 0번 Hellow World!! 출력
3번 스레드가 1번 Hellow World!! 출력
2번 스레드가 2번 Hellow World!! 출력
1번 스레드가 3번 Hellow World!! 출력
계속하려면 아무 키나 누르십시오 . . .
```

cilk_spawn을 이용해도 cilk_for와 같은 병렬 처리 동작을 확인할 수 있다. cilk_for와 차이점은 cilk_spawn은 스레드 번호는 순차적이지 않지만 i 변숫값은 순차적이고, cilk_for는 스레드 번호는 순차적이지만 i 변숫값은 순차적이지 않다. 이는 Cilk Plus의 런타임 스케줄러가 cilk_for 키워드를 인식하게 되면 작업할 분량을 먼저 나누고 나서 스레드에 각각 작업을 할당하게 되지만, cilk_spawn 키워드는 키워드가 인식될 때마다 비어 있는 스레드에 작업을 배분하기 때문이다. cilk_spawn 및 cilk_for는 각 장에서 자세히 다루도록 하겠다.

Cilk Plus를 이용하면 순차적 프로그램으로 작성된 코드를 손쉽게 변경할 수 있고, 새로운 프로젝트를 시작할 때도 병렬 처리를 쉽게 적용할 수 있다. 하지만 Cilk Plus는 동적 스케줄링 방식을 선택하고 있기 때문에 정적 스케줄링보다는 오버헤드를 가질 수밖에 없다. 그리고 Cilk Plus를 사용하려면 인텔 제품을 구매하여 설치해야 한다. 인텔 컴포저의 가격은 50만 원대이며, 이 책에서 사용하는 인텔 parallel studio는 100만 원대이다. 최근에 GCC 4.7에 추가되었기 때문에 무료로 이용할 수도 있다.

Cilk Plus를 OpenMP의 병렬 프로그램과도 비교해 보자.

예제 2-7 OpenMP 병렬 Hello World

```
#include <omp.h>


int _tmain(int argc, _TCHAR* argv[ ])
{
```

```
#pragma omp parallel num_threads(4)
  {
      printf("Hello World!!\n");
  }
  return 0;
}
```

OpenMP를 사용하면 기존의 다른 병렬 처리 코드보다 훨씬 간단해진다. 하지만 지시어가 많고, 문법 자체가 기존의 C/C++과 조금 달라서 낯설게 느껴지는 부담감이 있다. 그리고 OpenMP를 제대로 활용하려면 알아야 하는 개념들도 많다.

OpenMP를 실행하기 위한 옵션

Visual Studio 2010에서 OpenMP를 실행하려면 **[Project]** → [구성요소] → [C/C++] → [언어]에서 [OpenMP 지원]을 [예(/openmp)]로 선택해야 한다.

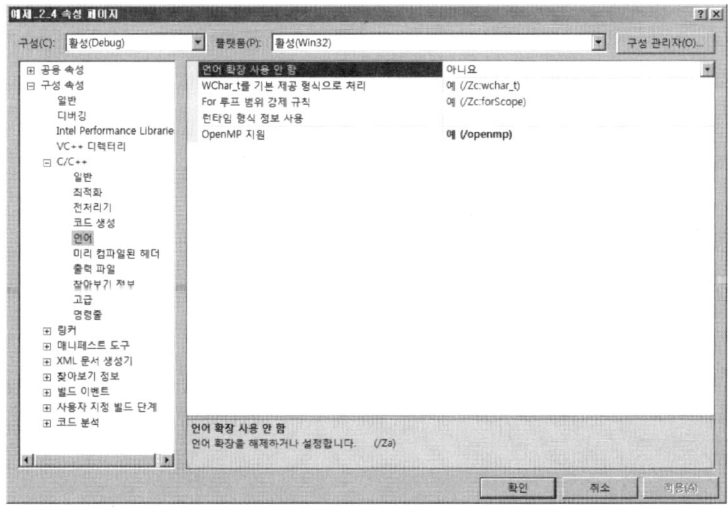

그리고 인텔 Parallel Studio를 설치하고 Visual Studio 2010에서 인텔 컴파일러(Intel Composer 2011에서 Use Intel C++)를 이용하도록 설정했다면 **[Project]** → [구성요소] → [C/C++] → [Language Intel C++]에서 [OpenMP Support]를 [Generate Parallel Code(/Qopenmp)]로 선택해야 한다.

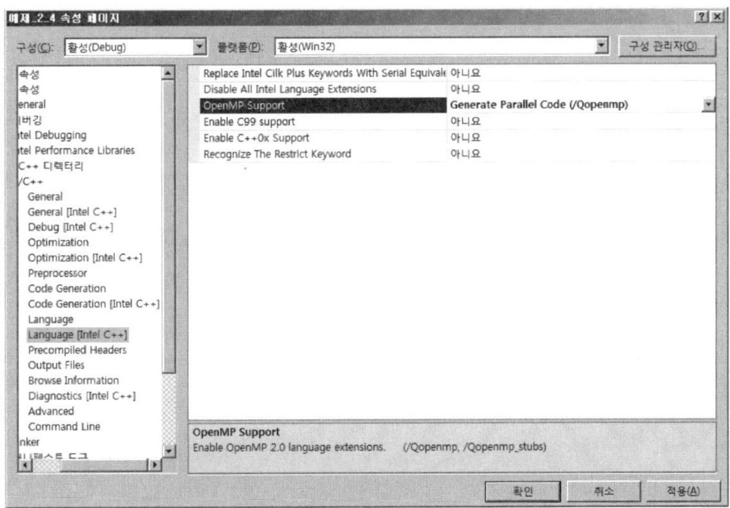

Cilk Plus 개요 및 동작 원리

Cilk Plus는 C, C++ 언어 확장으로 멀티 코어 프로세서에서 프로그램의 성능을 향상시킬 수 있는 빠르고 쉽고 안정적인 방법을 제공한다. 이번 장에서는 Cilk Plus를 이용한 프로그래밍의 특징을 알아본다. 멀티 스레딩을 구현하는 많은 방법이 있지만, 그중에서도 Cilk Plus가 가지는 의미와 효율성에 대해서 알아보자.

01 Cilk Plus의 4개 구조

Cilk Plus가 지원하는 4개의 구조는 Cilk Plus에 의한 병렬화, 프라그마, C/C++ 언어로의 배열 표기, 요소 함수가 있다.

Cilk Plus를 이용한 병렬화

Cilk Plus는 C/C++ 언어에 병렬 처리 프로그램을 지원한다. Cilk Plus는 세 가지의 키워드만을 가지고 여러 개의 코어를 효율적으로 다룰 수 있다. Cilk Plus에서 가장 중요한 세 가지 키워드는 _Cilk_spawn, _Cilk_sync, _Cilk_for이다.

- **Cilk_spawn** 특정 함수 앞에 이 키워드를 붙이면 함수는 자식 함수가 되고 프로그램 실행 시에 병렬로 실행된다.

- **Cilk_sync** _Cilk_spawn으로 지정된 자식 함수의 종료를 기다린다.

- **Cilk_for** C/C++로 작성된 코드의 for 문을 병렬 실행 for 문으로 변경한다.

프라그마(pragma)

전처리기로서 컴파일하기 이전에 명령어 처리해 주는 것으로 Cilk grainsize 프라그마와 SIMD 프라그마가 있다.

- **Cilk grainsize** cilk_for 문의 작업 분할 크기(grainsize)를 설정한다. 작업 분할 크기에 대해서는 '5장 cilk_for 키워드'에서 자세히 설명한다.

- **SIMD 프라그마** SIMD 명령어(SSE 명령)를 이용해 하나의 명령으로 여러 개의 데이터를 연산하는 벡터 처리를 지원한다.

배열 표기법(Array Notation)

배열 표기법은 Fortran 90에서 지원한 배열 표기 방식을 C/C++에서 사용할 수 있도록 한 것이다. C/C++ 언어에 배열 표기법을 사용하면 더욱 많은 경우에 데이터를 벡터 처리할 수 있다. 배열 표기법은 배열 단위의 데이터를 한 번에 연산해야 할 때 사용할 수 있다. C/C++에서 전체 배열을 초기화하는 루프 구문을 작성한다면 다음과 같이 작성한다.

```
for(int i = 0; i < MAX; <i++) //배열 전체에 0을 대입
  A[i] = 0;
```

배열 표기법은 다음과 같이 작성한다.

```
A[:] = 0;  //배열 전체에 0을 대입( [:]은 배열 전체를 나타냄)
```

요소 함수

요소 함수는 데이터 병렬 알고리즘을 표현하기 위한 하나의 언어이다. 요소 함수는 벡터 처리를 위한 '원소 함수'를 작성하는 데 사용되며, _declspec(vector) 구문을 함수 앞에 붙이면 된다.

SIMD 프라그마, 배열 표기법, 요소 함수는 프로그램 소스를 통해서 컴파일러가 병렬화와 벡터화를 더욱 쉽게 처리할 수 있도록 도와주는 보조 기능이다. 프로그램의 성능을 최대한 높이려면 Cilk Plus로 병렬 동작하는 스레드가 SIMD 명령을 이용해 데이터를 벡터 처리해야 한다. 다행히 인텔 컴파일러는 자동 병렬화를 지원하기 때문에 SIMD 프라그마를 사용하지 않아도 벡터화로 동작한다. 하지만 자동 병렬화가 무조건 동작하는 것이 아니므로 특정 조건에서는 SIMD 프라그마나 요소 함수를 이용하여 벡터화를 명시해 줄 필요가 있다.

02 Cilk Plus의 특징

Cilk Plus를 배우려면 세 가지 키워드만 기억하면 된다. 사용법이 비교적 간단한 OpenMP도 병렬 제어나 동기화를 처리하는 키워드(지시어)는 10가지 이상이다. 다음 표는 Cilk Plus와 OpenMP의 주요 키워드를 비교한 것으로 차이가 크게 나는 것을 알 수 있다. 키워드가 많으면 그만큼 알아야 할 것이 많다. Cilk Plus는 세 가지의 키워드(_Cilk_spawn, _Cilk_sync, _Cilk_for)와 데이터 경합을 제어할 수 있는 리듀서(reducer)라는 하이퍼 오브젝트로만 구성되어 있다.

Cilk Plus와 OpenMP 키워드 비교

	키워드	설명
Cilk Plus	cilk_for	for 루프를 태스크에 분할
	cilk_spawn	함수를 스폰해서 병렬 실행
	cilk_sync	태스크 실행을 동기화
OpenMP	parallel	병렬 영역 설정
	for	for 루프를 워크셰어로 분할
	section	지정된 섹션을 병렬로 실행
	task	코드 영역을 태스크로 실행
	taskwait	태스크 영역의 종료를 대기
	single	코드 영역을 하나의 스레드로 실행
	cirtical	지정된 영역에서는 하나의 스레드만 실행
	master	마스터 스레드만 실행
	barrier	전체 스레드 실행을 동기화
	ordered	스레드의 순차 실행(시리얼화)

이번 절에서는 Cilk Plus의 세 가지 키워드와 리듀서에 대해서 알아본다. Cilk Plus 프로그램을 사용하려면 꼭 알아야만 하는 부분이다.

2.1 Cilk Plus의 키워드

Cilk Plus에 의해서 병렬 처리 프로그램을 개발할 때 가장 기본은 _Cilk_spawn과 _Cilk_for, _Cilk_sync 키워드를 사용하는 것이다. 이 세 가지 키워드를 이용하여 프로그램의 병렬 처리 실행과 병렬 처리 조작, 동기화를 제어할 수 있다. cilk/cilk.h 헤더 파일에는 _Cilk_spawn과 _Cilk_for, _Cilk_sync 세 가지 키워드가 cilk_spawn과 cilk_for, cilk_sync로 각각 매크로(define)되어 있고, 이 매크로된 키워드를 사용하는 것을 더 권장하고 있다.

그 이유는 다음과 같이 매크로로 되어 있으면 기능을 확장하거나 사양을 변경할 때 더 유리하기 때문이다.

```
#ifndef cilk_spawn
#define cilk_spawn _Cilk_spawn
#define cilk_sync _Cilk_sync
#define cilk_for _Cilk_for
#endif
```

하지만 어느 쪽을 사용하더라도 크게 문제가 되지는 않는다. 그리고 실제로 Cilk Plus에 관련된 여러 문서나 자료에서 이를 혼용하고 있다.

2.2 cilk_spawn 키워드

"알을 낳다."라는 의미의 spawn이라는 단어가 낯설게 느껴질 수도 있다. Cilk Plus에서 왜 이런 용어를 사용하는지 궁금할 수 있다. Cilk Plus에서는 spawn을 스레드에 작업을 배분해 주는 개념으로 사용하고, parallel의 개념을 대신하여 사용한다.

cilk_spawn은 cilk_spawn으로 설정된 함수를 호출한 함수(호출원)와 병렬 동작하도록 Cilk Plus 런타임 시스템에 명령한다. 스폰된 함수는 자식(child) 함수라 부르고, cilk_spawn을 실행한 함수는 부모(parents) 함수라고 부른다.

```
funcParents( )      //부모 함수
{
   cilk_spawn funcChild( );    //자식 함수
}
```

funcParents( ) 함수는 부모 함수이고, funcChild( ) 함수는 자식 함수이다. 자식 함수 funcChild( )는 부모 함수 funcParents( )와 병렬로 동작한다. 함수가 실행 중에 cilk_spawn 키워드를 발견하게 되면 해당하는 키워드로 지정된 함수를 병렬 실행한다.

다음은 cilk_spawn의 세 가지 형식이다.

```
type var = cilk_spawn func(args) //var 선언과 동시에 자식 함수 func( )의 결과를 반환한다.
var = cilk_spawn func(args)      //자식 함수 func( )의 결과를 반환한다.
cilk_spawn func(args)            //자식 함수 func( )는 void를 반환한다(반환값이 없다).
```

var 변수는 스폰된 함수에 의해서 반환되는 값이다. var 변수는 함수로부터 받은 결과이며, 리시버(receiver)라고 부른다. 당연히 반환값이 없다면 리시버는 설정할 수 없다. var 변수는 cilk_sync가 호출된 후에 유효한 결과가 된다.

args 인자는 스폰된 함수의 인자이다. 이 인자는 함수가 스폰되기 전에 결정되어야 하므로 인자가 참조 변수가 되거나 포인터 변수가 될 때 주의해야 한다. 병렬 실행하는 동안 다른 스레드가 인자를 변경하면 그 결과는 예측할 수 없게 된다. 이런 현상은 데이터 경합(Data Race)의 전형적인 예이다.

함수 포인터나 멤버 함수 포인터도 스폰할 수 있다.

```
val = cilk_spawn(object.*pointer)(args);
```

하지만 다음과 같은 코드는 지원하지 않는다.

```
parents_ func( cilk_spawn child_func( ));      //에러 발생
```

자식 함수 child_func( )는 스폰되어서 병렬 처리로 실행되기 때문에 자식 함수의 반환값을 부모 함수의 인자로 전달할 수 없다. 즉, 부모 함수 parents_func( )는 순차 영역에서 실행되고 자식 함수 child_func( )는 병렬로 실행되기 때문에 부모 함수에 전달되어야 하는 인자가 유효하지 않아 Cilk Plus 런타임에 의해서 에러로 처리된다.

앞의 코드는 다음과 같이 수정되어야 한다.

```
int val =0;
val = cilk_spawn child_func( );
cilk_sync;
parents_func(val);
```

만약 parents_ func( ) 함수와 child_func( ) 함수를 모두 스폰하도록 하고 싶다면 lambda를 이용해야 한다. 솔루션 **[속성]** → [C/C++] → Language[Intel C++] → [Enable C++ 0x Support] → [예 (Qstd=c++0x)]를 선택 한다(lambda: C++의 신규격으로 [C++0X]로 표준화될 예정인 C++언어의 확장). 속성을 설정한 후에 프로그램을 다음과 같이 수정하면 된다.

```
cilk_spawn [&] { child_func( func( ) ); } ( );
```

하지만 앞의 표현은 다음의 코드와는 다르다.

```
cilk_spawn child_func( func( ) );
```

cilk_spawn child_func(func( )) 코드의 실행 과정은 다음과 같다. 먼저 일반 함수 func( )가 순차적으로 실행을 마친 다음, 그 반환값을 자식 함수 child_func( )의 인잣값으로 전달한다. 자식 함수 child_func( )는 스폰되면서 별도의 스레드에서 병렬 처리로 실행된다.

cilk_spawn [&] { child_func(func( )); } ( ) 코드에서 자식 함수 child_func( )와 자식 함수 func( )는 모두 병렬 처리로 실행된다. 하지만 자식 함수 func( )가 병렬 실행된 후에 자식 함수 child_func( )가 병렬 실행되는 것이지 두 함수가 서로 다른 스레드에서 동시에 병렬 실행되는 것은 아니다.

cilk_spawn 키워드가 있는 코드도 컴파일러의 옵션을 사용하여 순차적 프로그램으로 컴파일할 수 있다. 이것은 병렬 프로그램을 디버깅할 때 유용하게 사용된다. 순차 실행 옵션에 대해서는 '4장 cilk_spawn 키워드'에서 상세히 살펴보자.

2.3 cilk_sync 키워드

cilk_sync는 스폰되어 병렬로 동작하는 스레드들의 모든 함수가 종료될 때까지 cilk_sync로 지정된 위치에서 기다리라는 것을 지시한다. 모든 자식 함수의 실행이 끝나면 부모 함수는 다음 코드를 진행하게 된다.

```
cilk_spawn child_func( ); //자식 함수 child_func( )가 병렬로 실행된다.
parents_func( );          //자식 함수 child_func( )가 끝나기를 기다리지 않고
                          //부모 함수 parents_func( )를 실행한다.
cilk_sync; //자식 함수 child_func( )와 부모 함수 parents_func( )가 끝나기를 기다린다.
```

cilk_sync는 다른 부모 함수에서 스폰된 자식 함수에는 영향을 주지 않는다. 부모 함수 자신이 스폰한 자식 함수만을 동기화한다. cilk_sync는 프로그래머가 지정하지 않아도 암묵적으로 동작하는 영역이 있다. Cilk Plus는 프로그램의 자원과 부작용, 데이터 경합 등의 이유로 cilk_sync가 암묵적으로 동작하도록 하였다. 이에 대해서는 '6장 cilk_sync 키워드'에서 자세히 설명한다.

2.4 cilk_for 키워드

cilk_for는 병렬 처리 프로그램에서 자주 사용하는 기술로 for 문 내부를 자동으로 병렬 처리한다. for 문을 쉽게 병렬 처리할 수 있는 키워드이다. 다음은 cilk_for의 문법 구조이다.

```
cilk_for( 초기화[제어 변수]  ;  조건식[제어 변수 : 종료 변수]  ;  가산식(increment)[제어 변수]  )
{
    루프 본체
}
```

cilk_for는 다음과 같은 조건을 지켜야 한다.

1. 초기화는 루프 제어 변수 1개를 정의하고 초기화해야 한다. 만약 기본 생성자를 갖는 변수형이라면 초깃값은 필요 없다. 초기화에서 여러 개의 변수를 정의하면 컴파일 에러가 발생한다. 초기화된 변수는 **제어 변수**라 부른다.

2. 조건식은 종료 변수와 제어 변수를 비교한다. 비교 연산자는 〈, 〈=. !=, 〉=, 〉만 사용할 수 있다. 종료 변수와 제어 변수는 비교 연산자 좌우 어디에든 둘 수 있지만, 종료 변수의 값은 루프 중에 변경하면 안 된다. **&&, ||** 연산자를 사용하면 컴파일 에러가 발생한다.

3. 가산식은 제어 변수를 증가시키거나 감소시킨다. 사용할 수 있는 연산자는 **+=, -=, ++, --**이다. 제어 변수는 루프 중에 변경하면 안 된다.

4. cilk_for 문 내에서는 cilk_for, cilk_sync의 사용이나 __try, __except, __inally, __leave의 예외 처리도 금지하고 있다. 이 경우 에러는 발생하지 않지만, 프로그램을 실행할 때 문제가 발생할 가능성이 매우 크다.

다음 표는 cilk_for 키워드의 잘못된 사용법을 정리한 것이다.

구 분	올바른 사용	잘못된 사용
제어 변수	`cilk_for( i = 0; i < 10; i++)`	`cilk_for( i = 0, j = 0; i < 10; i++);`

종료 변수	`cilk_for( i = 0; i < j; i++)`
	`{`
	`    ......`
	`}`
	`j = 9;`
		`cilk_for( i = 0; i < j; i++)`
		`{`
		`    if( i > 8)`
		`    j = 9;    //오류 발생`
		`}`

제어 변수	`cilk_for( i = 0; i < j; i++)`
	`{`
	`    ......`
	`}`
		`cilk_for( i = 0; i < 10; i++);`
		`{`
		`    if( ptr == NULL)`
		`    i++;    //오류 발생`
		`}`

예외 처리	`cilk_for`에서는 예외 처리를 하지 않음	`cilk_for( int i = 0; i < 100; i++)`
		`{`
		`    try{······}`
		`    catch(int exp){······}`
		`}`

다음은 일반적으로 cilk_for 키워드를 사용하는 방법이다.

```
cilk_for( int i = begin; i <= end; i++)   //C++
    child_func(i);

cilk_for( T::iterator i(vec.begin( )); i != vec.end( ); ++i)    //STL
    child_func(i);
```

C 언어의 제어 변수는 선언과 초기화를 cilk_for 문 전에 작성할 수 있다.

```
int i = 0;
cilk_for( i = begin; i < end; i += 2)
    child_func(i);
```

루프를 병렬로 실행하려면 제어 변수를 루프 내에서 절대로 변경해서는 안 된다. 또한, 데이터 경합이 발생할 수 있는 전역 변수는 피해야 한다.

2.5 그 외의 키워드

혹시 Cilk++를 먼저 공부한 프로그래머가 있다면 Cilk Plus에서는 왜 cilk_main( ), cilk_run( ), cilk::context 3개의 키워드를 설명하지 않았는지 궁금할 것이다. 해당하는 키워드들은 이제는 Cilk Plus에서 사용하지 않는다.

Cilk Plus가 CilkArts사에서 개발되었을 당시는 Cilk++로 출시되었다. 인텔에서 CilkArts사를 인수해서 Cilk Plus를 Parallel Studio에 포함하여 출시하면서 성능을 향상시키고 사용을 편리하게 하려고 없앤 키워드가 몇 개 있다. 이때 사라진 키워드가 이 3개 키워드이다.

cilk_main( ) 함수는 Cilk++를 시작하는 것을 의미한다. C/C++의 main( )과 같은 함수이다. Cilk++에서는 main( ) 함수 대신 cilk_main( ) 함수를 사용했지만, Cilk Plus에서는 main( ) 함수를 그대로 사용한다. Cilk++에서 작성된 함수를 동작시키려면 cilk_run( ) 함수를 사용해야 했지만, Cilk Plus에서는 cilk_run( ) 함수를 사용하지 않고 함수만 호출하면 된다. Cilk++에서는 런타임 함수를 사용하려면 cilk::context 객체를 이용해야 했지만, Cilk Plus에서는 런타임 함수만 호출하면 된다.

2.6 Cilk Plus의 병렬 처리

Cilk Plus로 병렬 처리를 구현하는 방법은 두 가지가 있다. 첫째로 for 루프를 태스크로 나누는 방법이 있다. 기존의 for 문을 cilk_for 문으로 변경하는 것이다.

cilk_for 사용

```
for(int i = 0; i < MAX; i++)  ⟶  cilk_for(int i = 0; i < MAX; i++)
```

둘째는 함수를 스레드로 실행하는 방법이다. 함수를 호출하여 스레드로 실행하고 싶다면 함수명 앞에 cilk_spawn을 붙여 자식 함수로 만들면 된다. 스폰된 자식 함수는 스레드로 실행된다.

cilk_spawn 사용

```
func( n - 1 );          cilk_spawn func( n - 1 );
func( n - 2 );          func( n - 2 );
```

cilk_spawn func(n − 1) 함수는 스레드에 스폰되고 다음 행인 func(n − 2) 함수와 동시에 실행된다. OpenMP의 task 지시어와 비슷하지만, 내부적인 구현이 달라서 성능에 차이가 발생한다.

Cilk Plus의 병렬 처리 흐름

Cilk Plus의 병렬 처리는 **분할 통치(Divide and Conquer)** 알고리즘을 이용하는데, 분할 통치는 데이터를 스레드에 나눠서 할당하고, 각 스레드가 독립해서 문제를 처리한 후에 결과를 결합하는 알고리즘이다. 재귀 함수는 분할 통치 알고리즘에 자주 이용하며 높은 성능 향상을 가져온다. 간단한 코드를 이용하여 Cilk Plus의 병렬 처리 흐름을 알아보자.

예제 3-1 Cilk Plus의 병렬 처리 흐름

```
func_1( );
cilk_spawn func_2( );
func_3( );
cilk_for(int i =0; i<1000; i++)
    func_4(i);
func_5( );
cilk_sync;
func_6( );
```

그림 3-1은 예제 3-1의 흐름을 나타내고 있다. 일반 함수 Func_1( )은 순차 실행되고, 자식 함수 Func_2( )는 일반 함수 Func_1( )이 종료된 후에 일반 병렬로 실행된다. 일반 함수 Func_3( )과 스폰된 자식 함수 Func_2( )는 동시에 실행된다. 일반 함수 Func_3( )이 종료된 후에 cilk_for가 호출된다. cilk_for가 완료되면 암묵적 cilk_sync가 호출된다. 이 암묵적 cilk_sync는 자식 함수 Func_2( )에 영향을 미치지 않고 cilk_for 키워드에만 영향을 준다.

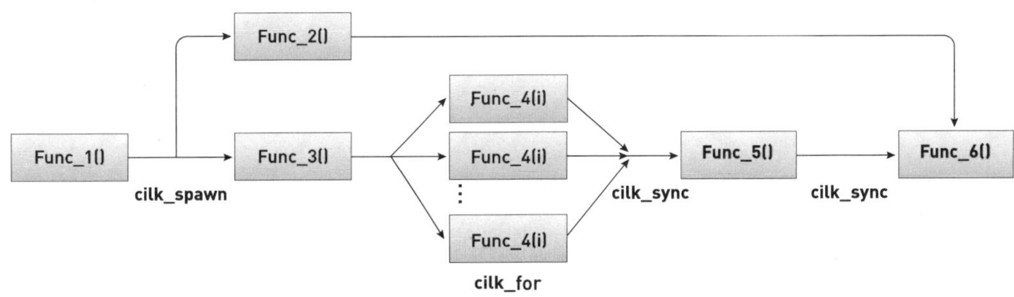

그림 3-1 Cilk Plus 병렬 처리 흐름

2.7 리듀서

병렬 처리 프로그램에서 주의할 것 중 하나가 변수의 공유 방법이나 배타 제어이다. 배타 제어는 여러 개의 프로그램이 같은 변수나 파일에 동시에 접근하려 할 때에 먼저 접근한 프로그램의 처리가 끝날 때까지 다른 프로그램의 접근을 금지하는 것을 의미한다. 여러 개의 스레드에서 공유되는 변수는 알맞은 배타 제어가 필요하다. 만약 공유하는 변수에 대해서 적절한 배타 제어를 하지 않으면 성능 저하나 오류를 일으키는 원인이 된다.

Cilk Plus에서 여러 개의 스레드가 변수를 안전하게 공유하는 방법이 리듀서(reducer)이다. 일반적인 변수를 대신해서 리듀서 변수를 사용하면 병렬 처리 시에 정합성이 보장된다. 리듀서의 특징은 다음과 같다.

- 리듀서 변수는 데이터 경합이 발생하지 않아서 전역 변수나 공유 변수와 달리 안전하게 접근할 수 있다.

- 록(Lock)을 사용하지 않기 때문에 성능에 영향을 주지 않는다. 록을 사용하여 전역 변수를 보호하면 록의 충돌(병렬성의 손실)이 발생할 수 있다.

- 리듀서를 올바르게 사용하면 순차적 프로그램과 결과가 같다.

- 리듀서는 코어의 개수나 스레드의 스케줄에 의존하지 않는다.

- 리듀서는 최소한의 오버헤드로 효율적으로 동작한다.

- 리듀서는 프로그램의 병렬 제어 구조와 상관없이 사용할 수 있다.

- 제공되는 리듀서 이외에 프로그래머가 새로운 리듀서를 만들 수 있다.

리듀서는 뮤텍스(mutex)나 세마포어(semaphore)와 같은 록을 사용하지 않아서 데드 록을 피할 수 있으므로 효율적인 설계를 할 수 있다. 다만, 리듀서 변수는 종류에 따라서 사용 용도가 다르다. 예를 들어 cilk::reducer_opadd나 CILK_C_REDUCER_OPADD로 작성한 리듀서는 더하거나 빼는 용도로만 사용할 수 있고, cilk::reducer_max나 CILK_C_REDUCER_MAX는 최댓값을 찾는 용도로만 사용할 수 있다.

리듀서는 스레드마다 데이터를 보관하는 변수를 가지고 있다. 따라서 여러 개의 스레드에서 변수에 안전하게 접근할 수 있게 한다. 각 스레드는 변숫값을 유지하고 있다가 스레드가 종료되는 시점에 집계해서 돌려준다. 그리고 Cilk Plus의 스케줄러는 같은 리듀서에 동시에 접근하지 않도록 한다. 그래서 병렬로 실행하든, 순차적으로 실행하든 같은 값을 돌려주도록 보장한다. 다만, 부동 소수점 연산에서는 순차적 처리와 결괏값이 다를 수 있는데, 이는 오류가 아니며 병렬 처리의 결과가 더 정확하다.

보통 리듀서를 사용하면 성능이 떨어지지 않지만 리듀서 배열과 같은 큰 용량의 리듀서를 사용하면 리듀서 할당에 의한 오버헤드가 발생할 수도 있고, 리듀서를 이용하여 파일 읽기와 쓰기를 실행하면 스레드마다 자주 파일에 접근하여 오버헤드가 발생할 수 있다.

예제 3-2 리듀서 사용

```c
#include <stdio.h>
#include <cilk\cilk.h>
```

```
#include <cilk\reducer_opadd.h>

cilk::reducer_opadd<int> g_nSum;

void plus_2( )
{
   g_nSum += 2;
}


int _tmain(int argc, _TCHAR* argv[ ])
{
   g_nSum += 1;
   cilk_spawn plus_2( );   //함수를 병렬 실행
   g_nSum +=1;
   cilk_sync;       //plus_2( ) 함수의 완료를 기다린다.
   printf(" g_nSum = %d \n", g_nSum.get_value( ));     //g_nSum의 값을 확인한다.

   return 0;
}
```

예제 3-2는 리듀서 사용 예를 보여 준다. 리듀서는 C++의 템플릿 클래스 형태로 구현되어 있기 때문에, 일반 변수를 대신하여 클래스의 객체(리듀서)로 사용할 수 있다. 리듀서를 사용하려면 #include 〈cilk\reducer_opadd.h〉를 포함해야 한다. 예제 3-2에서는 여러 개의 스레드에서 변수를 안전하게 더하려고 cilk::reducer_opadd〈int〉 리듀서를 사용하였다. 그리고 리듀서의 값을 확인하기 위해서 get_value( ) 함수를 이용했다.

참고로 C 언어에서 리듀서를 이용하려면 매크로를 사용해야 한다. cilk::reducer_opadd〈int〉 는 CILK_C_REDUCER_OPADD(g_nSum,int,0)과 같이 사용하고 g_nSum+=1은 REDUCER_VIEW(g_nSum)+=1로 변경한다. 그리고 g_nSum.get_value( )는 REDUCER_VIEW(g_nSum)으로 변경한다. 리듀서에 대해서는 '7장 리듀서'에서 상세히 다룬다.

03 Cilk Plus의 병렬 모형

Cilk Plus의 병렬 모형은 포크-조인(Fork-Join)형 스레드 모델로 불리며 OpenMP와 매우 닮았다. 메인 프로세스는 1개의 메인 스레드로 진행되지만, 병렬 구간(cilk_spawn이나 cilk_for 키워드를 사용한 영역)에 이르게 되면 스케줄러가 작업 스레드를 생성(Fork)해서 데이터를 스레드에 할당한다. 병렬 구간을 지나게 되면 여러 개의 작업 스레드를 종료하고 메인 스레드로 돌아오게(Join) 된다.

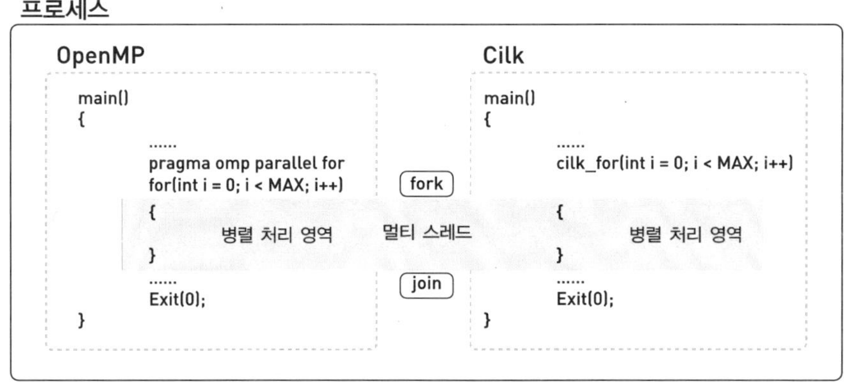

그림 3-2 OpenMP와 Cilk Plus의 병렬 처리 프로세스

Cilk Plus와 OpenMP는 같은 포크-조인형의 스레드 모델을 이용하고 있어서 겉으로는 스레드가 똑같이 동작하는 것처럼 보인다. 하지만 앞에서도 언급했듯이 Cilk Plus와 OpenMP는 내부 동작이 다르므로, 사용하는 방식에 따라서 성능의 차이가 발생할 수 있다.

OpneMP의 스레드 처리

OpenMP는 parallel for 지시어가 시작되는 위치에서 스레드가 생성(fork)되어 루프 반복이 병렬로 처리된다. 병렬 루프가 시작되는 시점에서 컴파일러는 루프의 마지막을 나타내는 MAX(그림 3-2)값을 균등하게 스레드에 나눈다. 쿼드 코어 CPU에서 MAX가 100이라고 가정하면 0~24, 24~49, 50~74, 75~99로 각각의 스레드에 정확하게 분배된다. 이러면 계산량에 차이가 없어서 모든 스레드가 같은 시간에 작업을 마치게 된다.

하지만 데이터의 양이 커져 스레드 간에 처리하는 계산량이 달라지면 데이터를 빨리 처리한 스레드는 쉬게 된다(유휴 스레드 발생). 이런 문제를 해결하려면 OpenMP는 schedule 지시어를 사용하여 스레드의 작업을 지시해야 한다. 즉, 프로그래머가 스레드를 제어하지 않으면 최적의 성능을 얻기 어렵다.

Cilk Plus의 스레드 처리

Cilk Plus에서는 cilk_for 키워드를 사용하여 for 루프가 병렬로 처리된다. OpenMP와는 달리 Cilk Plus는 런타임 스케줄러를 포함하고 있어, 이 런타임 스케줄러가 for 루프를 정확하게 분할하여 스폰한다. 그리고 분할된 데이터는 스케줄러에 의해서 각각의 스레드에 할당된다.

또한, 데이터의 양이 커져 계산량이 달라지면 데이터는 각각의 스레드에 정확하게 분배되는 것이 아니라 런타임 스케줄러에 의해서 최적의 작업 상태로 분배된다. for 루프를 병렬 루프로 변경할 때 OpenMP는 반복 스케줄을 프로그래머가 설정해야 하지만 Cilk Plus는 이런 작업도 추상화시켜 프로그래머가 신경 써야 할 부분을 최소화하였다.

04 Cilk Plus의 콘셉트

Cilk Plus의 콘셉트는 전통적인 순차적(serial) 프로그램과 작별하고 새로운 병렬 프로그램의 시대에 적응하는 것이다. Cilk Plus의 주요 개념을 이해하면 더 높은 성능을 낼 수 있다. Cilk Plus의 주요 개념은 다른 병렬 처리 프로그램에서도 정말 중요한 부분으로 적용된다.

4.1 스트랜드와 노트

순차(serial)적 프로그램은 클래스 계층에 의해서 구성되었다. 병렬 처리 프로그램은 순차적 프로그램에 또 다른 layer를 추가하여 구성된다. Cilk Plus의 병렬 처리 성능을 이해하고 분석하려면 순차적으로 실행되는 코드 영역과 병렬로 처리되는 코드 영역을 정확하게 구별해야 한다.

스트랜드(Strands)

스트랜드(Strands)는 프로그램의 순차적 영역을 나타내는 말이다. 엄밀한 의미로 '어떠한 병렬 처리도 없이 순수한 순차적인 명령의 순서'라고 한다. 일반적으로 순차 프로그램은 각각의 짧은 스트랜드가 연속해서 모여 하나의 큰 스트랜드를 구성하고, 병렬 처리 프로그램은 스트랜드가 동시에 실행되어 큰 스트랜드를 구성한다.

노트(Knot)

노트(Knot)는 3개 또는 그 이상의 스트랜드가 모인 지점을 말한다. 병렬 처리를 실행하려 하거나 병렬 처리가 이루어졌던 영역을 말한다. Cilk Plus 프로그램은 스폰 노트(spawn knot)와 싱크 노트(sync knot)의 두 종류의 노트를 가진다.

다음의 코드와 그림은 4개의 스트랜드(1, 2, 3, 4)와 스폰 노트(A), 싱크 노트(B)에 대해서 나타낸다.

```
do_func_1( );            //스트랜드 1 실행
_Cilk_spawn func_3( );   //노트 A로 스트랜드 3을 스폰
do_func_2( );            //스트랜드 2 실행
_Cilk_sync;              //노트 B로 동기
Do_func_4( );            //스트랜드 4 실행
```

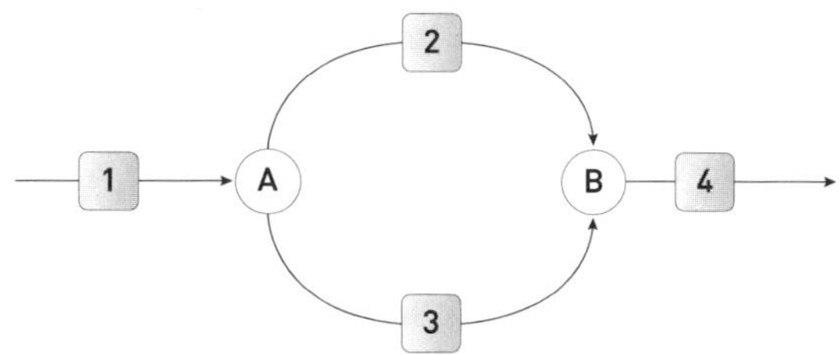

그림 3-3 일반적 병렬 처리 구조 (DAG)

그림3-3은 스트랜드 2와 3을 병렬 처리한다. 스트랜드는 직선이나 곡선 화살표로 표현하고, 노트(병렬 처리)는 동그라미로 둘러쌓인 A와 B로 표현한다. 스트랜드(순차적 처리)/노트(병렬 처리) 다이어그램은 DAG(Directed Acyclic Graph)로 표현되며, DAG는 순환이 일어나지 않는 실행의 연결이다.

Cilk Plus 프로그램에서 스폰 노트(spawn knot)는 정확하게 1개의 스트랜드를 입력받고 2개의 스트랜드를 출력한다. 싱크 노트(sync knot)는 2개 이상의 스트랜드를 입력받고 정확하게 1개의 스트랜드를 출력한다.

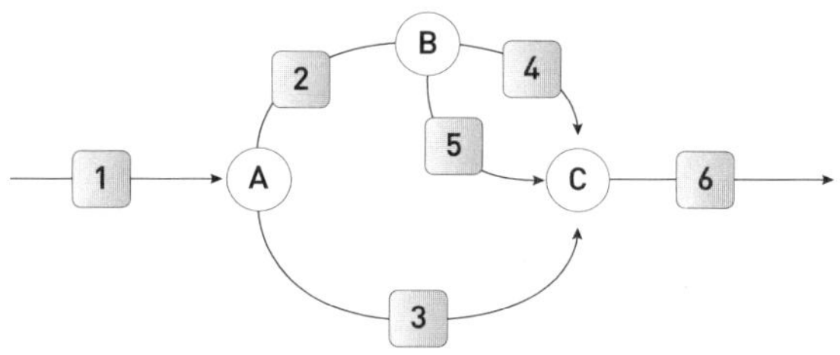

그림 3-4 병렬 처리 진행 (DAG)

그림 3-4는 두 개의 스폰 노트(A, B)과 한 개의 싱크 노트(C)를 나타낸다. 이 프로그램은 스트랜드 2와 3은 병렬 처리로 실행되고, 스트랜드 3이 병렬 처리되는 동안 스트랜드 4와 5가 병렬 처리되는 DAG이다.

DAG는 Cilk Plus 프로그램의 순차적/병렬적 실행 구조를 표현하는 데 종종 사용된다. 같은 Cilk Plus 프로그램이라 하더라도 입력(spawn/sync)이 다르면 다른 모양의 DAG로 변경될 수 있다. 그리고 DAG 작성은 프로그램을 동작시키는 시스템 코어의 개수에 의존하지 않는다. DAG는 싱글 코어에서 실행되는 Cilk Plus 프로그램도 작성될 수 있다.

DAG는 보통 여러 개의 작업 사이에서 우선순위를 표현하는 데 사용된다. cilk_spawn과 cilk_sync로 프로그램의 DAG를 그릴 수 있으며, 각 스트랜드의 작업 시간을 안다면 DAG를 통해서 시간이 가장 오래 걸리는 경로를 알 수 있다. 이런 계산법을 통해서 프로그램의 가장 이상적인 병렬성을 측정할 수 있다. 하지만 병렬 처리로 실행되어도 프로그램은 메모리나 입출력 병목 등의 이유로 이상적인 병렬성을 얻을 수는 없다.

4.2 워크와 스팬

Cilk Plus 프로그램의 순차적/병렬적 실행 구조를 이해하려면 병렬 처리의 실행과 확장성을 분석하는 것부터 시작해야 한다. 다음 그림은 좀 더 복잡한 Cilk Plus로 작성된 프로그램의 DAG이다.

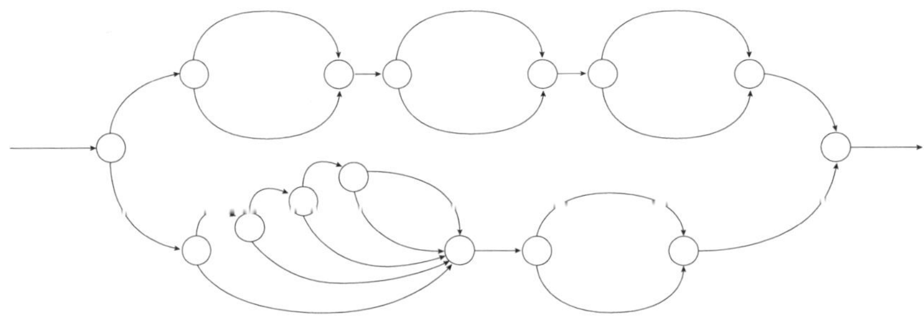

그림 3-5 복잡한 구조 (DAG)

그림 3-5의 DAG는 Cilk Plus로 작성된 병렬 처리 구조를 나타낸다. 이 DAG의 프로그램을 분석하려고 각각 스트랜드의 실행에 필요한 시간(milliseconds: 이하 ms)을 라벨로 붙

여 그림 3-6으로 표현하였다.

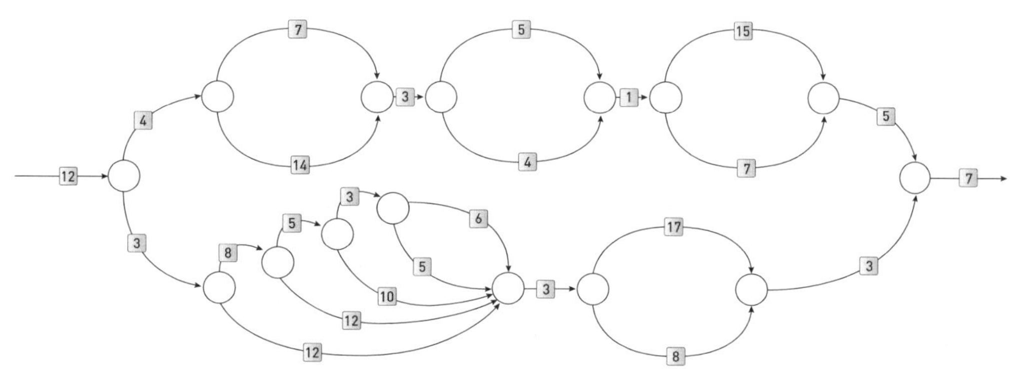

그림 3-6 시간 표시 (DAG)

그림 3-6은 스트랜드에 임의로 시간을 표시하였지만, 실제 프로그램을 DAG로 표현하려면 각 스트랜드마다 시간을 측정해서 표시해야 한다.

워크(work)

워크는 운영체제에 의해서 실행되는 스레드를 뜻하는 워커(worker)와는 전혀 다른 뜻이다. 워크는 프로그램 시작에서 종료까지 소비되는 모든 시간의 총합을 의미한다. 그림 3-6에서는 모든 스트랜드에 표시된 시간의 총합이 워크이다. 그림 3-6 DAG에서는 25개 스트랜드의 총 작업 시간은 181ms이고, 이 프로그램을 싱글 코어 CPU에서 실행하면 총 181ms가 소요된다.

스팬(span)

스팬은 프로그램 시작 시점에서 종료 시점까지 가장 오래 걸리는 시간을 의미하며, 보통 'critical path length'라고 불린다. 그림 3-6의 스팬은 68ms이다. 그림 3-7에서 확인할 수 있다.

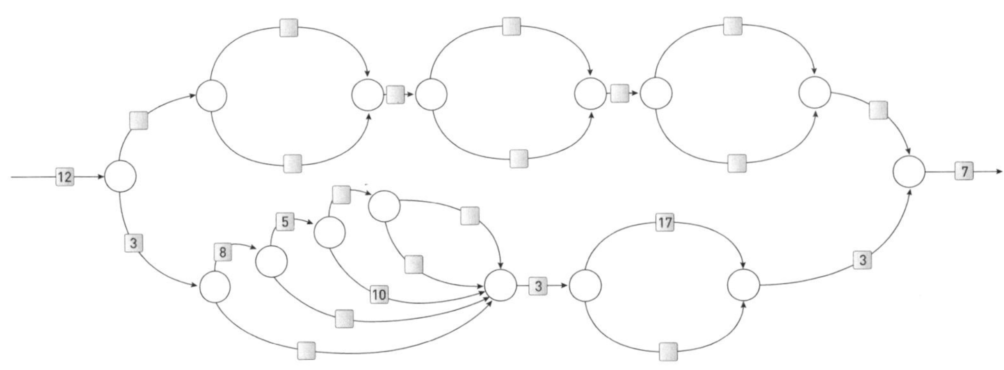

그림 3-7 가장 오래 걸리는 시간 표시 (DAG)

스케줄의 오버헤드와 같은 제약이 없는 이상적인 환경에서 프로세서 수에 제한이 없다면 이 프로그램의 실행 시간은 68ms이다. 멀티 코어 환경에서 고속화와 확장성을 예측해야 할 때 워크와 스팬은 유용하게 사용된다.

4.3 고속화와 병렬화

다음에 표현하는 공식은 고속화와 병렬화를 측정하기 위해서 사용하며, 쉽고 간단하게 표현할 수 있다.

고속화와 병렬화를 표현하는 공식

P는 코어(프로세서)의 개수.

T(P)는 P 개의 코어(프로세서)에서 프로그램의 실행 시간.

T(1)은 워크. 즉, 싱글 코어에서 프로그램의 실행 시간.

T(∞)는 스팬. 즉, 무한 개의 코어에서 프로그램의 실행 시간.

듀얼 코어(프로세서) CPU는 프로그램의 실행 시간이 T(1)/2 이하로는 절대로 될 수 없다. 예를 들어 싱글 코어 CPU에서 프로그램 총 시간이 100이라고 가정하면, 듀얼 코어 CPU에서 프로그램 실행 시간은 100/2 이하로는 절대로 나올 수 없다. 일반적으로 워크는 다음과 같은 법칙이 적용된다.

> T(P) >= T(1)/P   (즉, **프로그램 실행 시간 >= 워크/코어의 개수**)

이와 유사하게 P 개의 코어로 실행한 프로그램의 시간은 무한대 개수의 코어로 실행한 시간 이하로는 될 수 없다. 일반적으로 스팬은 다음과 같은 법칙이 들어맞는다.

> T(P) >= T(∞)   (즉, **프로그램 실행 시간 >= 스팬**)

고속화(speedup)와 병렬화(parallelism)

듀얼 코어 CPU에서 프로그램의 실행 속도가 2배 빨라졌다면 고속화는 2이다. 즉, P 개의 코어에서 고속화는 다음과 같다.

> T(1)/T(P)   (**워크/실행 시간**)

최적의 고속화는 무제한의 코어 CPU를 이용할 때 가능하다. 병렬화는 무제한의 코어 CPU를 가정하고, 최적의 고속화를 가정한다. 병렬화는 다음과 같다.

> T(1)/T(∞)   (**워크/스팬**)

병렬화와 고속화는 최댓값을 가지는데, 왜냐하면 스케줄러가 모든 코어를 항상 바쁘게 동작시킬 수는 없기 때문이다.

05 Cilk Plus 실행 모델

Cilk Plus의 콘셉트에서는 프로그램의 순차적/병렬적 실행 구조의 DAG에 대해 설명했다. Cilk Plus 실행 모델은 런타임 스케줄러가 워커(worker)에 스트랜드를 어떻게 할당하는지를 설명한다. 작업 단위의 개념으로 스레드를 워커라고 말한다. 프로그램을 병렬화하면 여러 개의 스트랜드가 병렬로 실행된다. 하지만 Cilk Plus로 개발된 프로그램의 스트랜드가 반드시 병렬로 실행되지는 않는다. 왜냐하면 스케줄러가 스트랜드를 병렬로 실행할지 순차적으로 실행할지 결정하기 때문이다.

다음 코드를 여러 개의 워커가 있는 환경에서 실행할 경우, 다음과 같은 두 가지의 스케줄 실행 방식을 생각할 수 있다.

- 프로그램 전체를 하나의 워커로 실행
- 스케줄러가 스트랜드 2와 3을 각각 다른 워커로 실행

```
do_func_1( );            //스트랜드 1 실행
_Cilk_spawn func_3( );   //스트랜드 3을 스폰 (자식 함수 the 'child')
do_func_2( );            //스트랜드 2 실행 (연속 함수 the 'continuation')
_Cilk_sync;              //노트 B로 동기화
do_func_4( );            //스트랜드 4 실행
```

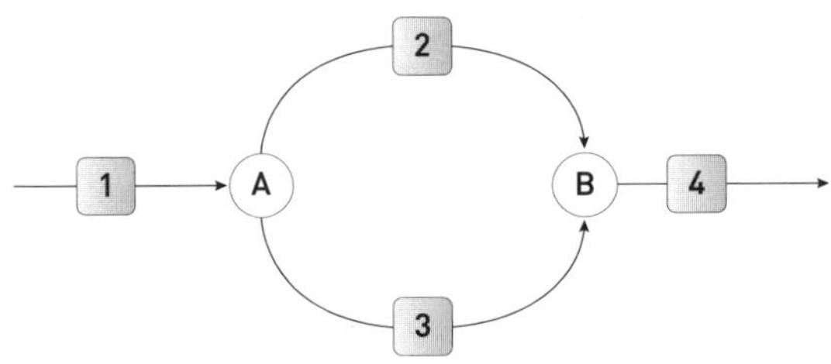

그림 3-8 일반적 병렬 처리 구조 (DAG)

Cilk Plus에서는 순차적 프로그램의 방식을 보장하기 때문에 스폰되는 자식 함수 func_3( ) (child 또는 스트랜드 3, 이하 3)은 항상 스폰을 실행한 스트랜드와 같은 워커로 실행한다. 즉, 일반 함수 do_func_1( ) (스트랜드 1 , 이하 1)은 자식 함수 func_3( ) 3과 같은 워커로 실행한다.

이때 스트랜드를 실행할 수 있는 다른 워커가 있다면 일반 함수 do_func_2( ) (continuation 또는 스트랜드 2, 이하 2)는 그 다른 워커로 처리된다. 스폰된 자식 함수 다음에 있는 일반 함수는 연속 함수(continuation)이며, 특별히 구분이 필요하지 않을 때에는 일반 함수라 부른다.

만약 스트랜드를 실행할 다른 워커가 없거나, 스폰된 자식 함수가 연속 함수보다 일찍 종료되면 모두 같은 워커로 실행된다.

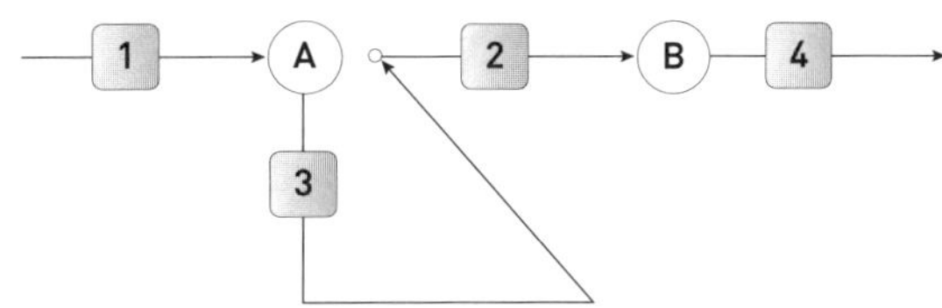

그림 3-9 1개의 워커로 실행(스틸이 일어나지 않음)

그림 3-9는 1개의 워커로 처리했을 때를 표현하고 있다. A 위치에서 자식 함수 func_3( ) 3을 스폰하여도, 일반 함수 do_func_2( ) 2는 자식 함수 func_3( ) 3을 기다린다. 이때 A 위치와 B 위치는 노트가 될 수 없다. 스트랜드는 1 → 3 → 2 → 4의 순서로 실행된다.

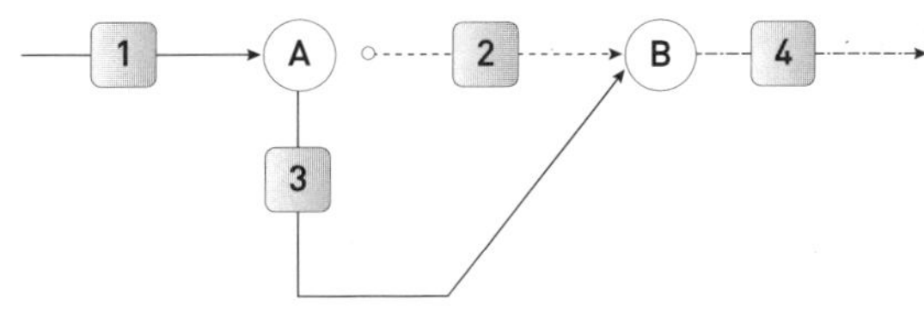

그림 3-10 2개의 워커로 실행(스틸이 일어남)

그림 3-10은 2개의 워커로 실행한 경우이다. A 위치에서 자식 함수 func_3( ) **3**이 스폰된다. 그 이후에 2번째 워커가 실행되고, 일반 함수 do_func_2( ) **2**는 스틸되어서 병렬로 실행된다.

그림 3-10에서 일반 함수 do_func_2( ) **2**는 점선으로 표시하였다. 자식 함수 func_3( ) **3**과 일반 함수 do_func_2( ) **2**는 B 위치(_Cilk_sync)에서 동기화된다. 그림 3-10의 A 위치와 B 위치는 노트가 된다. 일반 함수 do_func_4( ) (스트랜드 4, 이하 **4**)의 실행은 두 개의 워커 중 하나가 선택되어 실행되는데, B 위치에 마지막으로 도달한 워커가 일반 함수 do_func_4( ) **4**를 실행한다.

일반적으로 Cilk Plus에서 스폰과 워커는 다음과 같은 관계가 성립된다.

1. cilk_spawn된 자식 함수는 항상 호출한 스레드와 같은 스레드로 실행된다.

2. cilk_spawn된 이후 연속 함수는 다른 스레드로 실행된다.

3. cilk_sync는 입력된 모든 스트랜드를 동기화한다. 그리고 스케줄러에 의해서 임의의 워커로 작업을 계속한다.

06 워크-스틸링

스케줄링은 논리적인 병렬 처리로 스레드에 어떻게 작업을 할당해야 하는지를 결정한다. 스케줄링 방식은 크게 정적 스케줄링과 동적 스케줄링으로 나뉜다. 정적 스케줄링은 각 스레드가 덩어리(chunk_size)로 지정된 크기의 작업을 할당받는 방식이다. 분할된 작업은 라운드 로빈(round-robin) 방식으로 스레드 번호의 순서에 따라서 할당된다. 동적 스케줄링은 스케줄을 할당한 상태로 작업을 진행하는 것이 아니라 작업을 할 수 있는 스레드가 있다면 그때그때 작업을 할당하는 방식이다. Cilk Plus는 동적 스케줄링을 기법을 선택하고 있으며, 이 스케줄링 방식은 프로그래머가 변경할 수 없다.

작업 불균형은 병렬 처리 프로그램의 성능을 떨어뜨리는 원인 중 하나이다. 병렬 처리 프로그램의 성능을 높이는 좋은 방법은 병렬 처리 작업을 적절하게 조율하는 것이다. 이는 병렬 처리 프로그램의 성능이 스케줄링의 조율에 따라서 다르게 나타날 수 있다는 뜻이다.

Cilk Plus는 동적 스케줄링 방식을 선택하여 작업 불균형을 최소화한다. Cilk Plus에서 이 동적 스케줄 방식을 워크-스틸링(Work-Stealing)이라고 부른다. 워크-스틸링은 어떤 스레드에서 더는 처리해야 할 작업이 없다면 다른 스레드의 작업을 훔쳐서 실행하는 것이다. 다음 그림은 스틸이 어떤 식으로 발생하는지를 설명하고 있다.

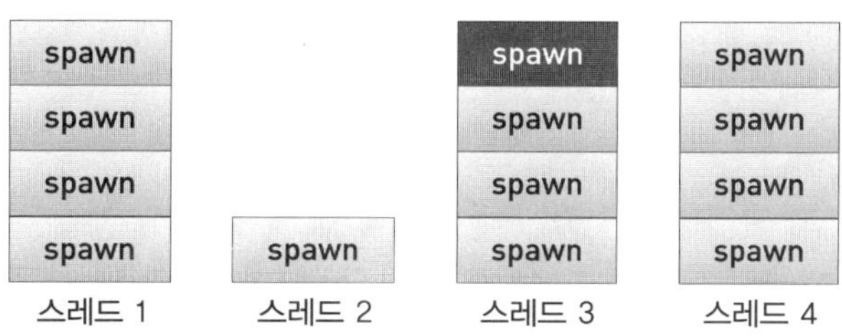

그림 3-11 스틸 발생 전 상태

모든 스레드는 작업 de-queue를 가지고 있다. 스레드는 de-queue에 들어 있는 스폰된 자식 함수 또는 일반 함수를 실행한다. 스레드 입장에서 스폰된 자식 함수 또는 일반 함수를 하나의 작업(task)으로 간주한다.

그림 3-12 스틸 발생 직전 상태

만약 스레드 2에서 하나의 스폰된 자식 함수만을 처리하고 나서, 더는 처리할 작업이 없다면 스틸이 발생하게 된다.

그림 3-13 스틸 발생 후 상태

스레드 2가 스레드 3의 작업을 스틸하여 실행하게 된다.

Cilk Plus는 동적 스케줄링 방식을 채택함으로 가장 효과적으로 작업 불균형에 대응할 수 있다. 하지만 동적 스케줄링은 정적 스케줄링보다 오버헤드를 조금 더 가질 수밖에 없다.

```
//omp for
#pragma omp parallel for schedule(static)      //OpenMP의 정적 스케줄링
for(int i = 0; i < 100; i++)
    Func( )

//cilk_for
cilk_for(int i = 0; i < 100; i++)              //Cilk Plus의 동적 스케줄링
    Func( )
```

만약 이와 같은 코드에서 Func( ) 함수가 작업 시간이 똑같다면, 항상 OpenMP가 Cilk Plus의 실행 시간보다 미세하게 빠르다. 왜냐하면 Cilk Plus는 동적 스케줄러가 작업 불균형을 없애려고 스케줄링을 해서 오버헤드를 가지기 때문이다. 하지만 Func( ) 함수가 상황에 따라서 작업의 덩어리(chunk_size)가 달라져서 작업의 불균형이 발생한다면 Cilk Plus의 처리 속도가 더 빨라진다.

Cilk Plus를 활용하여 프로그램을 개발하면, 어떠한 프로그래머라도 동적 스케줄러에 의해서 같은 성능을 보장받는다. 하지만 OpenMP는 프로그래머가 그때마다 스케줄 방식을 지정해서 작업 불균형을 최대한 줄이지 않으면, 전혀 다른 성능이 나타나게 된다.

07 순차적 프로그램, OpenMP, Cilk Plus의 성능 비교

이제까지 OpenMP는 병렬 처리 프로그램 언어 중에 가장 쉬운 언어였다. 하지만 Cilk Plus가 등장하면서 그 자리는 Cilk Plus의 차지가 되었다. 예제를 이용해서 Cilk Plus와 OpenMP의 차이점을 비교해 보고, Cilk Plus의 편의성과 성능을 이야기하도록 한다.

7.1 순차적 프로그램

예제 3-3은 소수의 개수를 구하는 순차적 프로그램이다.

예제 3-3 소수의 개수를 구하는 코드

```c
#include <stdio.h>
#include <time.h>
#include <math.h>

#define MAX 10000000

static int g_PrimeNumber = 0;

bool JudgePrimeNumber(int nValue) //입력받은 nValue가 소수인지 판정하는 함수
{
    int nLimit, nFactor = 3;
//숫자는 제곱근을 기준으로 대칭형의 곱셈 형식으로 나타낼 수 있다.
//예를 들어 12의 경우 1*12, 2*6, 3*4, 4*3, 6*2, 12*1 같이 대칭형이다.
//원하는 숫자의 제곱근까지 확인하면, 그 이상은 확인하지 않아도 된다.
    nLimit = (long)(sqrtf((float)nValue)+0.5f);
    while( (nFactor <= nLimit) && (nValue % nFactor))
```

```cpp
        {
        nFactor++;
        }
    return (nFactor > nLimit);
}
//지정된 영역에서 소수를 찾아서 개수를 센다.
void FindPrimeNumber(int nBegin, int nEnd)
{
    int nrange = nEnd - nBegin + 1;

    for( int i = nBegin; i <= nEnd; i++ )
    {
        if(JudgePrimeNumber (i) )
        g_PrimeNumber++;
    }
}

int _tmain(int argc, _TCHAR* argv[ ])
{
    int start = 1, end = MAX;
    clock_t before, after;

    g_PrimeNumber = 1;

    before = clock( );
    FindPrimeNumber (start, end);
    after = clock( );

    printf("\%d에서 %d사이에서 찾은 소수의 개수는: %d 총 소비된 시간은 %0.2f sec이다.\n",
        start, end, g_PrimeNumber,(float)(after - before)/ CLOCKS_PER_SEC);
    return 0;
}
```

실행 결과

```
C:\Windows\system32\cmd.exe                                    _ □ ×
순차적 프로그램
1 에서 10000000사이에서 찾은 소수의 개수는: 1013095개. 총 소비된 시간은 9.83
초이다.
계속하려면 아무 키나 누르십시오 . . .
```

순차 프로그램에서는 총 9.83초의 시간이 소비된다. 물론 하드웨어의 성능에 따라서 시간의 격차는 발생한다.

7.2 OpenMP 프로그램

FindPrimeNumber( ) 함수 안의 for 문은 데이터 의존성이 없으므로 병렬로 실행할 수 있다. OpenMP에서 지시문을 이용해서 for 문을 병렬화하는 방법은 for 문 위에 #pragma omp for reduction(+:g_PrimeNumber)를 추가하는 하는 것이다. 병렬로 실행하면 전역 변수 g_PrimeNumber는 데이터 경합(Data Race)이 발생하기 때문에 지시어 reduction (+:g_PrimeNumber)를 추가하여 스레드가 끝나는 시점에 g_PrimeNumber 변수를 병합하였다.

예제 3-4 OpenMP로 소수의 개수를 구하는 코드

```c
//지정된 영역에서 소수를 찾아서 그 수를 센다.
void FindPrimeNumber(int nBegin, int nEnd)
{
    int nrange = nEnd - nBegin + 1;
#pragma omp parallel for reduction(+:g_PrimeNumber)
    for( int i = nBegin; i <= nEnd; i++ )
    {
        if( JudgePrimeNumber(i) )
        g_PrimeNumber++;
    }
}
```

OpenMP의 스케줄을 조정하지 않고 실행하였다.

OpenMP 최적화 전 실행 결과

```
C:\Windows\system32\cmd.exe
OpenMP 프로그램
1에서 10000000사이에서 찾은 소수의 개수는: 1013095개. 총 소비된 시간은 5.58
초이다.
계속하려면 아무 키나 누르십시오 . . . _
```

7.3 Cilk Plus 프로그램

Cilk Plus는 #include 〈cilk\cilk.h〉와 #include 〈cilk\reducer_opadd.h〉을 포함해 Cilk Plus를 동작하게 한다. Cilk Plus에서도 전역 변수 g_PrimeNumber에 데이터 경합이 일어나기 때문에 이를 피하려고 리듀서(reducer)를 이용한다. 리듀서는 OpenMP의 리덕션과 같은 기능이다. 리듀서에 관해서는 '7장 리듀서'에서 자세히 설명한다.

예제 3-5 Cilk Plus로 소수의 개수를 구하는 코드

```
//지정된 영역에서 소수를 찾아서 개수를 센다.
void FindPrimeNumber(int nBegin, int nEnd)
{
   cilk::reducer_opadd<int> PrimeNumber;
   PrimeNumber.set_value(g_PrimeNumber);
   cilk_for( int i = nBegin; i <= nEnd; i++ )
   {
      if( JudgePrimeNumber(i) )
      {
         PrimeNumber++;
      }
   }
   g_PrimeNumber = PrimeNumber.get_value( );
}
```

실행 결과

```
C:\Windows\system32\cmd.exe
cilk 프로그램
1에서 10000000사이에서 찾은 소수의 개수는: 1013095개, 총 소비된 시간은 5.00초이다.
계속하려면 아무 키나 누르십시오 . . .
```

7.4 성능 비교

앞의 테스트는 쿼드 코어 CPU 환경에서 진행하였다. Cilk Plus가 코드의 양은 조금 더 많지만, 성능 면에서 OpenMP보다 0.6초가량 빠르게 계산하였다. 시간적 차이가 발생하는 이유는 OpenMP에서는 1천만 개의 데이터를 4개의 코어에 너무 큰 단위로 나누어 처리했기 때문이다. 각 스레드 간의 데이터양은 같아도 처리되는 시간이 달라서 OpenMP를 개발하는 프로그래머는 루프 반복의 스케줄을 제어해야만 한다.

다음 코드는 OpenMP의 schedule 지시어를 추가하여 특정 코어에 부하가 몰리지 않도록 스케줄을 제어한 것이다.

```
#pragma omp for reduction(+:g_PrimeNumber) schedule(static,100)
```

이 코드는 데이터를 100단위로 나누어 코어에 작업을 배분하는 것을 의미한다. 이처럼 코드를 수정하면 다음 결과와 같이 Cilk Plus 코드와 거의 유사한 속도를 내는 것을 알 수 있다.

OpenMP 최적화 후 실행 결과

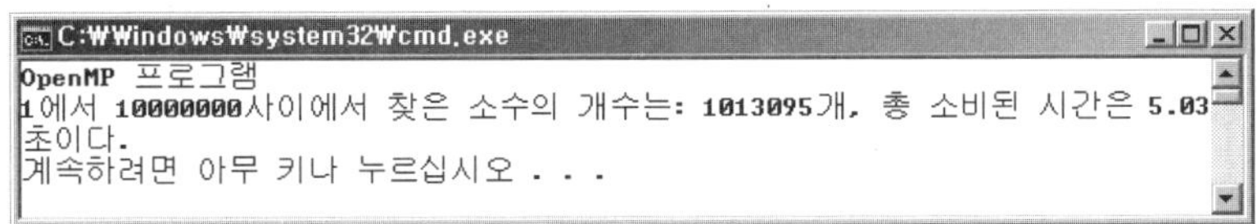

이 예제들의 코드에서는 Cilk Plus가 OpenMP나 순차적 프로그램의 코드보다 양이 조금 더 많다. 하지만 Cilk Plus는 구성이 다른 프로세서(예: PC가 변경되는 경우)에서도 최대한의 성능을 끌어낼 수 있다. 반면 OpenMP에 추가한 코드 schedule(static, 100)은 프로세서의 환경이 다르거나 혹은 루프의 횟수가 변경된다면 지금과 같은 성능을 낸다고 확신할 수 없다. OpenMP로 개발된 프로그램은 프로그래머가 스레드가 어떤 식으로 동작하는지를 항상 주의해야 한다. 하지만 Cilk Plus는 스레드의 스케줄을 추상화하여 프로그래머는 더는 스레드의 동작을 신경 쓰지 않아도 된다.

08 다른 병렬 언어와 관계

Cilk Plus는 TBB(Intel Threading Building Blocks)나 OpenMP를 함께 사용하여 병렬 프로그래밍을 할 수 있다. 인텔 컴파일러는 이런 병렬화 기술을 효과적으로 활용할 수 있도록 프로세서의 자원을 관리하는 리소스 매니저 레이어(RML)를 제공하고 있다. 다만 호출 순서에 따른 제한이 있다.

다음은 OpenMP와 Cilk Plus를 함께 사용한 예이다.

예제 3-6 Cilk Plus와 OMP 혼용

```c
#include <stdio.h>
#include <cilk\cilk.h>

void func1( )
{
    for(int i=0; i<10; i++) printf("func1 = %d,\n",i);
}

void func2( )
{
    for(int i=0; i<10; i++) printf("func2 = %d,\n",i);
}

void omp_func( )
{
#pragma omp parallel sections
    {
#pragma omp section
        cilk_spawn func1( );     //런타임 에러 발생
#pragma omp section
        cilk_spawn func2( );     //런타임 에러 발생
    }
}

int _tmain(int argc, _TCHAR* argv[ ])
{
```

```
    cilk_spawn omp_func( );
    cilk_sync;

    return 0;
}
```

cilk_spawn 키워드를 이용하여 omp_func( ) 함수를 호출하였고, 함수 내부에서는 #pragma omp parallel sections를 사용하여 OpenMP 지시어를 사용하였다. OpenMP 지시어 내부에서 또다시 cilk_spawn을 다시 호출하였다. 이 프로그램을 실행하면 컴파일 할 때는 문제가 없지만 실행하면 런타임 에러가 발생한다.

실행 결과

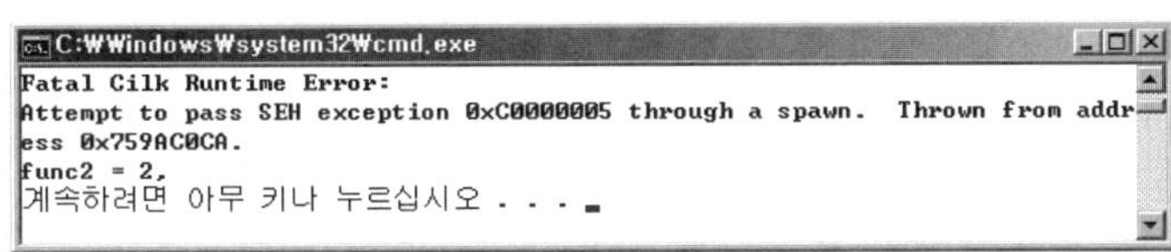

TBB나 OpenMP와 함께 사용하려면 지켜야 할 규칙이 있기 때문에 프로그램을 실행할 때 런타임 에러가 발생한 것이다.

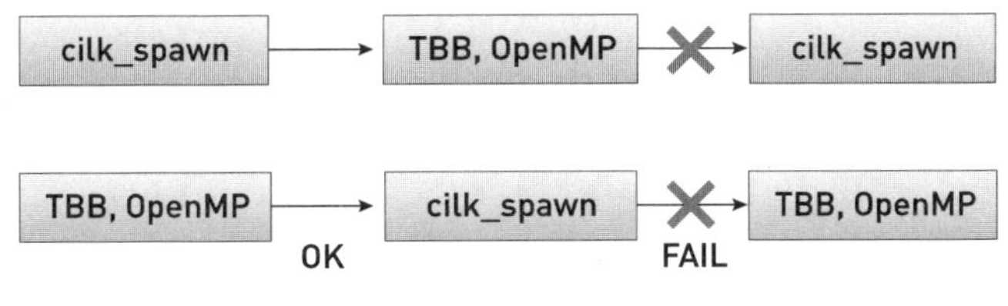

그림 3-14 다른 병렬화와 관계도

그림 3-14는 다른 병렬화의 관계를 나타낸다. cilk_spawn 키워드를 사용한 함수 내부에서 OpenMP나 TBB를 사용한 경우는 더는 cilk_spawn을 호출할 수 없다. 이 규칙은 TBB나

OpenMP를 먼저 사용해도 마찬가지로 적용된다. 이런 관계에 따라 예제 3-6의 코드를 다음과 같이 수정하면 정상적으로 동작하는 것을 확인할 수 있다.

```
#pragma omp section
        func1( );
#pragma omp section
        func2( );
```

실행 결과

```
func2 = 6,
func2 = 7,
func2 = 8,
func2 = 9,
계속하려면 아무 키나 누르십시오 . . . .
```

09 순차적 프로그램의 Cilk Plus로의 병렬화 절차

순차적으로 작성한 프로그램에 Cilk Plus를 적용하려면 기본적인 절차를 따라야 한다.

1단계 순차적 프로그램이 정상적으로 동작하는지 확인
병렬 프로그램에서도 순차적 프로그램의 버그가 발견된다. 그리고 버그를 찾는 것과 해결하는 것은 순차적 프로그램보다 더 어렵다.

2단계 병렬 처리를 통해서 효과가 나타날 수 있는 부분을 확인
동작 시간이 오래 걸리거나, 독립적으로 실행할 수 있는 부분이 가장 효과적이다.

3단계 Cilk Plus 키워드를 이용하여 병렬 처리 실행
루프 구문은 cilk_for를 이용하고, 함수 실행은 cilk_spawn을 이용한다.

4단계 프로그램 빌드

인텔 컴파일 옵션을 이용한다.

5단계 병렬 처리 프로그램 실행

프로그램을 실행할 때 문제점을 확인한다.

6단계 문제점 확인 및 버그 수정

데이터 충돌이 발생하거나, 데이터 경합이 발생하면 록(lock) 또는 리듀서 (reducer)를 사용한다.

해당하는 절차는 3단계를 다른 병렬 처리 언어로 변경한다면 범용적으로 적용할 수 있다.

cilk_spawn 키워드

cilk_spawn 키워드는 프로그램을 병렬화하는데 가장 기본적인 키워드이다. 병렬 영역으로 처리할 함수 앞에 cilk_spawn 키워드만 붙이면 된다. 이번 장에서는 cilk_spawn이 어떻게 동작하는지 이해하고 사용 예제를 통해서 좀 더 깊이 있게 병렬 처리에 대해서 알아본다.

01 cilk_spawn 키워드의 의미

컴퓨팅 분야에서 spawn이라는 단어는 생소할 것이다. 사전적인 의미로 '알을 낳다'이다. 이 의미는 프로그램에서도 그대로 적용된다. 프로그램에서 cilk_spawn 키워드를 사용한 함수는 별도의 스레드에서 실행되는데, 이렇게 병렬 처리를 위해서 하위 스레드가 생성되는 것을 알을 낳는 것에 비유한 것이다. Cilk Plus에서는 병렬화 개념인 parallel과 같은 의미로 spawn을 사용한다. 그리고 Cilk Plus는 '병렬 처리되었다' 보다 '스폰되었다'라고 부른다.

cilk_spawn은 함수의 병렬화 동작을 지시하는 키워드이다. cilk_spawn 키워드를 사용한 함수를 자식 함수(child) 또는 스폰된 함수라고 부르며, 자식 함수를 호출한 함수를 부모 함수(parents)라고 부른다. cilk_spawn 키워드는 논리적인 병렬 작업으로서 태스크가 생성됨을 알린다. 이는 앞 장에서 설명한 OpenMP의 포크(fork) 개념과 유사하지만, 반드시 물리적인 스레드가 생성되는 것은 아니다. 태스크는 작업 단위의 개념으로 스레드의 개념과는 다르다.

Cilk Plus는 스레드 개수를 최적으로 생성한다(스레드 풀링과 같다). 스폰된 자식 함수는 생성된 스레드 중에서 비어 있는 스레드에서 실행된다. 만약 비어 있는 스레드가 없다면 스폰된 자식 함수는 Cilk Plus의 스케줄러에 의해서 부모 함수와 같은 스레드에 할당되어 대기한다. 이때 먼저 작업이 끝난 다른 스레드가 있다면 스폰된 자식 함수를 다른 스레드에서 스틸하여 실행한다.

Cilk Plus의 병렬 처리 구조는 기본적으로 cilk_spawn 키워드와 cilk_sync 키워드로 구성되어 있으며, cilk_for 키워드 내부 구조 역시 cilk_spawn 키워드와 cilk_sync 키워드로 구성되어 있다. 예제를 통해서 순차적 프로그램과 cilk_spawn 키워드를 이용한 프로그램의 처리가 어떻게 다른지 확인해 보자.

예제 4-1 스폰된 함수

```c
#include <cilk\cilk.h>
#include <cilk\cilk_api.h>

#define MAX_COUNT 100000000

int funcA( )
{
   int nReturnCount - 0;

   for(int i =0; i< MAX_COUNT; i++)
      nReturnCount = i;

   printf("funcA 사용하는 스레드 %d번 \r\n", __cilkrts_get_worker_number( ));

   return nReturnCount;
}

int funcB( )
{
```

```c
    int nReturnCount = 0;

    for(int i =0; i< MAX_COUNT; i++)
        nReturnCount = i;

    printf("funcB 사용하는 스레드 %d번 \r\n", __cilkrts_get_worker_number( ));

    return nReturnCount;
}

int _tmain(int argc, _TCHAR* argv[ ])
{
    int nA, nB, nResult;

    printf("사용하는 Main 스레드 %d번 \r\n", __cilkrts_get_worker_number( ));

    //순차적 프로그램 실행
    nA = funcA( );
    nB = funcB( );
    nResult = nA+nB;
    printf("순차적 프로그램 Result = %d\r\n", nResult);

    //cilk_spawn을 이용하여 병렬 처리 프로그램 실행
    nA = cilk_spawn funcA( );
    nB = funcB( );
    cilk_sync; //결과를 동기화한다.
    nResult = nA+nB;
    printf("cilk_spawn 프로그램 Result = %d\r\n", nResult);

    return 0;
}
```

해당하는 프로그램은 함수 funcA( )와 funcB( )를 순차 실행하고 cilk_spawn을 사용해서
실행하였다.

실행 결과

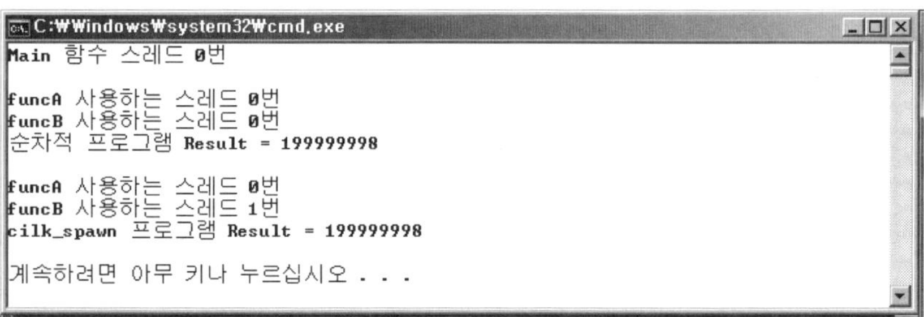

실행 결과를 보면 순차적으로 진행한 경우에는 일반 함수 funcA( )와 funcB( )는 순서대로
실행되어 0번 스레드 하나에서만 실행됨을 알 수 있고, 자식 함수 funcA( )에 cilk_spawn
키워드를 사용하면 0과 1번 스레드에 자식 함수 funcA( )와 일반 함수 funcB( )가 병렬로
실행됨을 알 수 있다.

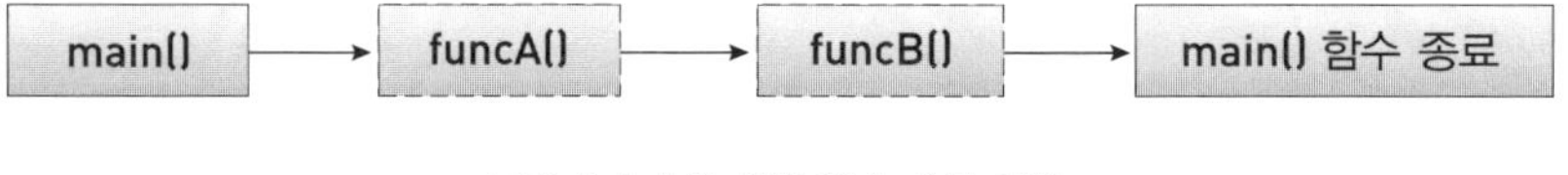

그림 4-1 순차 실행 함수 호출 동작

그림 4-1은 일반 함수 funcA( )와 funcB( )가 순차 실행될 때 함수 호출이 어떻게 일어나는
지 나타낸다.

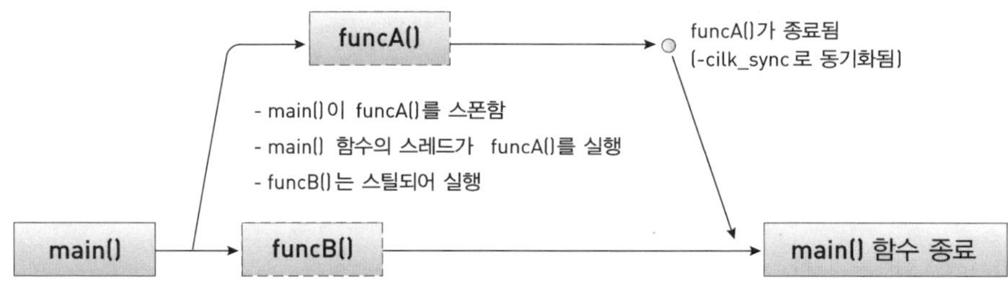

그림 4-2 cilk_spawn 키워드의 함수 호출 동작

그림 4-2는 자식 함수 funcA( )와 일반 함수 funcB( )를 병렬 실행할 때 함수 호출 동작에 대해서 표현한 것이다. tmain( ) 함수를 실행한 스레드는 0번이고, funcA( ) 함수를 실행한 스레드 역시 0번이다. funcB( ) 함수를 실행한 스레드는 1번이다. 부모 함수 tmain( )을 실행한 스레드가 계속해서 스폰한 자식 함수 funcA( )를 실행하고, 일반 함수 funcB( )는 다른 스레드로 실행된 것을 확인할 수 있다.

일반 함수 funcB( )가 스틸된 이유는 funcB( ) 함수도 부모 함수와 같은 스레드(0번 스레드)에 할당되지만 0번 스레드에는 자식 함수 funcA( )가 실행되고 있어, 비어 있는 스레드가 0번 스레드의 태스크(일반 함수 funcB( ))를 스틸하기 때문이다.

02 cilk_spawn 키워드와 스레드 풀링

Cilk Plus의 프로그램이 실행되면 프로그래머가 스레드를 생성하지 않아도 Cilk Plus의 스케줄러가 CPU의 성능을 고려하여 스레드의 수를 적합하게 생성한다. Cilk Plus는 스레드 풀링을 자동으로 지원하기 때문이다.

cilk_spawn 키워드에 의해서 태스크가 생성되면 해당하는 태스크는 부모 함수의 스레드에 할당된다. 프로그램 내에서 cilk_spawn 키워드를 사용한 빈도와는 상관없이 스케줄링을 위한 스레드의 수는 CPU의 코어 수에 맞춰 자동으로 생성된다. 다음은 함수 2개를 스폰했지만 총 4개의 스레드가 생성되는 것을 확인하는 코드이다.

예제 4-2 스레드 풀링 확인

```
#include <iostream>
#include <cilk/cilk.h>
#include <Windows.h>

using namespace std;

void a( )
```

```
{
   cout<< "A function "<<endl;
   Sleep(20000);    //20초간 스레드 정지
}

void b( )
{
   cout<< "B function "<<endl;
   Sleep(20000);    //20초간 스레드 정지
}

void c( )
{
   cout<< "C function "<<endl;
   Sleep(20000);    //20초간 스레드 정지
}

int _tmain(int argc, _TCHAR* argv[ ])
{
   cilk_spawn a( );
   cilk_spawn b( );
   c( );

   return 0;
}
```

예제 4-2를 실행하면 총 3개의 함수 a( ), b( ), c( )가 동시에 실행되며 20초간 정지한다.
이러면 실제 스레드는 메인 스레드를 포함하여 총 3개가 돼야 하지만 Cilk Plus의 스레드
풀링에 의해서 스레드가 미리 생성된다.

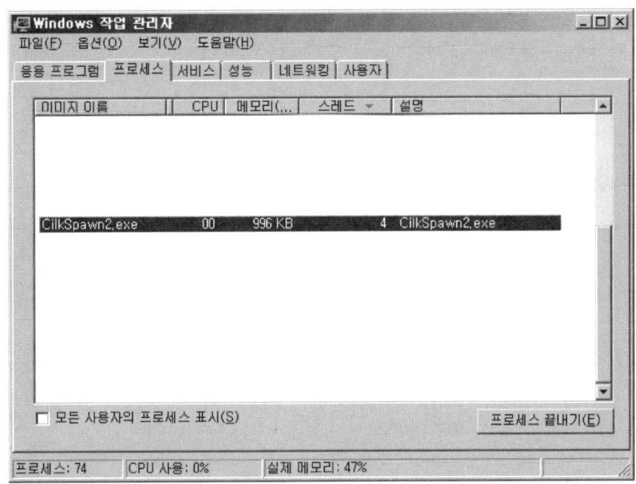

그림 4-3 cilk_spawn 키워드와 스레드 풀링

작업 관리자를 통해서 확인해 보면 스레드 수가 총 4개이다. 해당하는 프로그램에서 생성된 스레드 수는 CPU의 특성에 따라서 다르게 나타날 수 있다. 그러나 쿼드 코어 환경 이상이라면 cilk_spawn 키워드 수보다 스레드 수는 많이 나타난다. 만약 스레드 수보다 더 많은 함수를 스폰하는 프로그램을 개발한다고 하여도 스레드 수는 증가하지 않는다. 이런 경우에는 스케줄러에 의해서 스레드에 각 태스크가 분배되어 실행된다.

03 cilk_spawn 키워드 사용법

cilk_spawn은 병렬화 프로그램을 생성하는데 가장 기본적인 키워드이다. 순차 프로그램에서 멀티 스레드로 실행할 수 있는 영역을 정의한다. 함수 앞에 cilk_spawn 키워드만 붙이면 그 함수는 병렬 영역으로 처리된다. 사용법은 다음과 같다.

```
#include <cilk\cilk.h>
```

먼저 헤더 파일을 추가한다. cilk_spawn 키워드는 #include ⟨cilk\cilk.h⟩에 정의되어 있다(cilk_spawn, cilk_sync, cilk_for 모두 여기에 포함).

```
func( n - 1);          cilk_spawn func( n - 1 );
func( n - 2 );         func( n - 2 );
```

함수 앞에 cilk_spawn을 붙인다. func( ) 함수 앞에 cilk_spawn 키워드를 사용하여 병렬 처리를 하기 때문에 기존의 멀티 스레드 방식을 사용하거나 OpenMP를 사용하는 것보다 훨씬 쉽다. cilk_spawn은 다음과 같이 세 가지 형식으로 사용한다(3장에서 살펴보았다).

```
type var = cilk_spawn func(arg);
var = cilk_spawn func(arg);
cilk_spawn func(arg);
```

꼭 명심해야 할 점은 하나의 함수만을 이용할 때는 병렬 처리의 혜택을 볼 수 없다. 이런 상황을 예제 4-3을 통해서 확인해 보자.

예제 4-3 cilk_spawn 키워드의 잘못된 사용

```
#include <time.h>
#include <math.h>
#include <cilk\cilk.h>

void InitData(float* fpData, unsigned int nSize)
{
    for(unsigned int i = 0; i< nSize; i++)
```

```cpp
    {
        fpData[i] = i+1;
    }
}

void CalcLog(float* fpData, unsigned int nCount)
{
    for(unsigned int i = 0; i< nCount; i++)
    {
        fpData[i] = log(fpData[i]);
    }
}

int _tmain(int argc, _TCHAR* argv[ ])
{
#define MAX_COUNT 100000000

    float* pfData;
    int nBefore, nAfter;

    pfData = new float[MAX_COUNT];

    InitData(pfData,MAX_COUNT);     //Data를 초기화한다.

    //순차적으로 실행했을 경우
    nBefore = clock( );
    CalcLog(pfData,MAX_COUNT);
    nAfter = clock( );
    printf("순차적 프로그램 실행 %0.2f초 \r\n\r\n", (float)(nAfter - nBefore)/1000);

    InitData(pfData,MAX_COUNT);     //Data를 초기화한다.

    //병렬로 실행했을 경우
    nBefore = clock( );
    cilk_spawn CalcLog(pfData, MAX_COUNT);
    cilk_sync;
    nAfter = clock( );
    printf("병렬 처리 프로그램 실행 %0.2f초\r\n\r\n", (float)(nAfter - nBefore)/1000);

    delete[ ] pfData;

    return 0;
}
```

실수형 배열 데이터를 이용하여 Log를 계산한 프로그램이다.

실행 결과

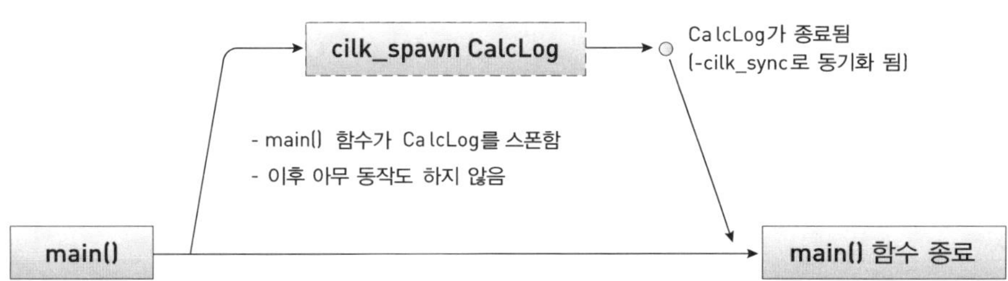

프로그램을 실행해 보면, 순차 실행과 병렬 실행의 결과가 큰 차이가 없음을 확인할 수 있다. 이것은 cilk_spawn을 잘못 사용한 것으로 이와 같은 프로그램 설계는 피해야 한다.

그림 4-4 cilk_spawn의 잘못된 함수 호출 동작

그림 4-4에서 보는 것과 같이 main( ) 함수는 CalcLog( ) 함수를 스폰하여 스레드에 작업을 시시한 후 사식 함수 CalcLog( )의 결과만 기다릴 뿐 아무런 동작도 하지 않는다. 이는 순차적 프로그램으로 작성한 것과 같아 성능 차이가 없어서 멀티 코어 CPU의 능력을 전혀 활용하지 못한 것이다.

```
nBefore = clock( );
cilk_spawn    CalcLog(pfData, MAX_COUNT);
cilk_sync;
nAfter = clock( );
printf("병렬 처리 프로그램 실행 %0.2f초\r\n\r\n", (float)(nAfter - nBefore)/1000);
```

앞서와 같이 작성된 코드를 다음과 같이 작성하였다.

예제 4-4 cilk_spawn 키워드의 올바른 사용 – 변경된 코드

```
//병렬로 실행했을 경우
nBefore = clock( );
nLoopHalf = 100000000/2;
cilk_spawn CalcLog(pfData,nLoopHalf);
CalcLog(&pfData[nLoopHalf],nLoopHalf);
cilk_sync;
nAfter = clock( );
printf("병렬 처리 프로그램 실행 %0.2f초\r\n\r\n", (float)(nAfter - nBefore)/1000);
```

pfData를 반으로 나누어서 CalcLog( ) 함수를 2번 호출하는 구조로 변경하였다. 이는 메인 스레드에서도 자식 함수 CalcLog( )를 연산하도록 하고, 새로운 스레드에도 일반 함수 CalcLog( )를 연산하도록 지시한 것이다.

실행 결과

실행한 결과가 2배 정도 빨라진 것을 확인할 수 있다. 하지만 3배 빠르게 하려고 다음과 같이 프로그램을 작성하는 실수를 범하지 않기 바란다.

```
cilk_spawn      CalcLog(pfData,nLoopHalf);
cilk_spawn      CalcLog(&pfData[nLoopHalf],nLoopHalf);
```

이와 같은 코드는 메인 스레드와 또 다른 스레드 1개만 동작하여 2배만 빨라질 뿐이다. 그리고 상당히 짧은 시간이지만 스틸에 대한 오버헤드가 발생하게 된다.

04 cilk_spawn 키워드의 사용 및 주의사항

cilk_spawn 키워드는 어떤 함수에도 사용할 수 있다. 함수 포인터나 클래스의 멤버 함수에서도 사용할 수 있다.

예제 4-5 클래스의 멤버 함수에 cilk_spawn 키워드 사용

```
#include <time.h>
#include <math.h>
#include <cilk\cilk.h>

//함수 포인터를 이용한다.
//#define FUNCPOINTER 1

class CalcSqrt
{
public:
    void InitData(float* fpData,unsigned int nCount);
    void CalcSqrtFunc(float* fpData,unsigned int nCount);
#if defined FUNCPOINTER
    void (*pFunc)(float* ,unsigned int );
#endif
};

void CalcSqrt::InitData(float* fpData,unsigned int nCount)
{
    for(unsigned int i = 0; i< nCount; i++)
    {
        fpData[i] = i;
    }
}
```

```cpp
void CalcSqrt::CalcSqrtFunc(float* fpData,unsigned int nCount)
{
   for(unsigned int i = 0; i< nCount; i++)
   {
      fpData[i] = sqrt(fpData[i]);
   }
}

#if defined FUNCPOINTER
void CalcSqrtFunc(float* fpData,unsigned int nCount)
{
   for(unsigned int i = 0; i< nCount; i++)
   {
      fpData[i] = sqrt(fpData[i]);
   }
}
#endif

int _tmain(int argc, _TCHAR* argv[ ])
{
#define MAX_COUNT 100000000

   CalcSqrt ClassCalc;
   float* pfData;
   int nBefore, nAfter;

   pfData = new float[MAX_COUNT];

   int nLoopHalf = 100000000/2;

   ClassCalc.InitData(pfData,MAX_COUNT);  //Data를 초기화한다.
   nBefore = clock( );
   //클래스의 멤버 함수를 호출한다.
   cilk_spawn ClassCalc.CalcSqrtFunc(pfData,nLoopHalf);
   ClassCalc.CalcSqrtFunc(&pfData[nLoopHalf],nLoopHalf);
   cilk_sync;
   nAfter = clock( );
   printf("Class 멤버 함수 실행 %0.2f초\r\n\r\n", (float)(nAfter - nBefore)/1000);
```

```
#if defined FUNCPOINTER
    ClassCalc.pFunc = CalcSqrtFunc;
    ClassCalc.InitData(pfData,MAX_COUNT);
    nBefore = clock( );
    //클래스의 맴버 함수를 호출한다.
    cilk_spawn ClassCalc.pFunc(pfData,nLoopHalf);
    ClassCalc.pFunc(&pfData[nLoopHalf],nLoopHalf);
    cilk_sync;
    nAfter = clock( );
    printf("Class 맴버 함수 실행 %0.2f초\r\n\r\n", (float)(nAfter - nBefore)/1000);
#endif

    delete[ ] pfData;

    return 0;
}
```

예제 4-5는 함수 형태로 구현한 예제 4-4를 클래스로 변경한 것이다. 클래스 CalcSqrt의 멤버 함수인 CalcSqrtFunc( )에 cilk_spawn 키워드를 사용해도 일반 함수를 스폰한 결과와 같다. 처리 시간은 멤버 함수에 접근하는 시간을 제외하면 일반 함수를 스폰하여 처리한 시간과 같다.

Cilk Plus는 함수 포인터를 스폰할 수 있다. Cilk Plus에서 함수 포인터를 사용하는 방법은 다음과 같다.

```
cilk_spawn (object.*pointer)(arg);
```

예제 4-6 함수 포인터를 이용

```
#include <time.h>
#include <math.h>
#include <cilk\cilk.h>

void InitData(float* fpData,unsigned int nCount)
```

```cpp
{
    for(unsigned int i = 0; i< nCount; i++)
    {
        fpData[i] = i;
    }
}

void CalcSqrtFunc(float* fpData,unsigned int nCount)
{
    for(unsigned int i = 0; i< nCount; i++)
    {
        fpData[i] = sqrt(fpData[i]);
    }
}

int _tmain(int argc, _TCHAR* argv[ ])
{
#define MAX_COUNT 100000000

    float* pfData;
    int nBefore, nAfter;
    void (*pFunc[2])(float*, unsigned int);      //함수 포인터를 선언

    pfData = new float[MAX_COUNT];

    //함수 포인터에 함수를 대입
    pFunc[0] = InitData;          //init 함수 대입
    pFunc[1] = CalcSqrtFunc;      //계산함수 대입

    int nLoopHalf = 100000000/2;

    pFunc[0](pfData,MAX_COUNT);        //Data를 초기화한다.

    nBefore = clock( );
    //클래스의 멤버 함수를 호출한다.
    cilk_spawn pFunc[1](pfData,nLoopHalf);
    pFunc[1](&pfData[nLoopHalf],nLoopHalf);
    cilk_sync;
    nAfter = clock( );
```

```
    printf("Class 멤버 함수 실행 %0.2f초\r\n\r\n", (float)(nAfter - nBefore)/1000);

    delete[ ] pfData;

    return 0;
}
```

함수 포인터와 cilk_spawn 키워드를 함께 사용할 수 있다. 함수 포인터를 스폰해도 일반 함수나 멤버 함수로 스폰한 결과와 같다. 물론 클래스의 멤버 함수를 함수 포인터로 선언하여 사용할 수도 있다(클래스의 멤버 함수를 함수 포인터로 선언하여 cilk_spawn 키워드를 사용하는 방법은 예제 4-5에서 //#define FUNCPOINTER 1 주석을 해지하고 실행하면 알 수 있다).

이 이외에 주의사항이 있다. 3장에서도 살펴보았지만, 스폰된 자식 함수의 결괏값을 일반 함수의 인자로 사용할 수 없다.

```
funcA( cilk_spawn funcB( ));   //일반 함수의 인자로 스폰된 함수의 결괏값 사용
```

이와 같은 코드는 절대 지원하지 않는다. 하지만 다음의 코드와는 다르다.

```
cilk_spawn funcA( cilk_spawn funcB( ));    //자식 함수에 다른 자식 함수의 결괏값을 사용
```

이런 문법은 현재 C/C++에서는 지원하지 않지만, C++0x의 lambda에서는 지원한다. 하지만 lambda를 이용해도 스폰된 자식 함수 funcB( )가 병렬 실행되어 종료된 후에 스폰된 자식 함수 funcA( )가 병렬 실행되는 것으로 두 함수가 동시에 병렬 실행되는 것은 아니다.

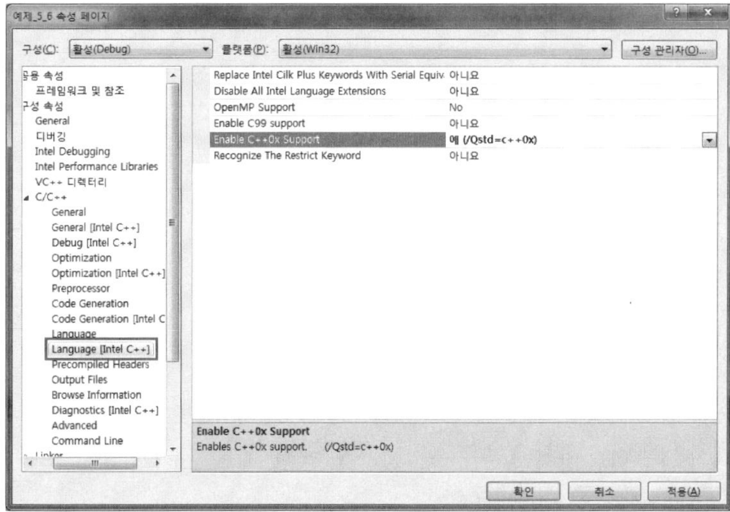

그림 4-5 VC 2010에서 C++0x 설정법

C++ 0x를 사용하려면 그림 4-5와 같이 설정한다. 문법은 다음과 같다.

```
cilk_spawn [&] { child_func( child_func( ) ); } ( );
```

예제 4-7 C++0x 사용

```
#include <cilk\cilk.h>
#include <time.h>
#include <math.h>

#define MAX_COUNT 100000

double funcB( )
{
    double nTotalCount = 0;
    double nCount = 0;
    for(nTotalCount = 0; nTotalCount < MAX_COUNT; nTotalCount++)
```

```cpp
        nCount += nTotalCount;

    return nCount;
}

double funcA(double dLoopCount)
{
    double dReturn;

    for(double i =0; i < dLoopCount; i++)
        dReturn = i;                //받은 인자의 크기만큼 루프를 실행한다.

    return dLoopCount - dReturn;
}

double funcC(double dLoopCount)
{
    double dReturn;

    for(double i =0; i < dLoopCount; i++)
        dReturn = log(i);       //받은 인자의 크기만큼 루프를 실행한다.

    return dReturn;
}

int _tmain(int argc, _TCHAR* argv[ ])
{
    int nBefore, nAfter;
    double dResult;

    nBefore = clock( );
    cilk_spawn [&]{ dResult = funcA(funcB( )); }( );   //Lambda로 실행
    funcC(100000000);
    cilk_sync;
    nAfter = clock( );
    printf("Lambda 실행 %0.2f초 Result = %0.2f \r\n",
        (float)(nAfter - nBefore)/1000,dResult);

    nBefore = clock( );
    dResult = funcA(funcB( ));        //순차 실행
    funcC(100000000);
```

```
    nAfter = clock( );
    printf("순차 실행 %0.2f초 Result = %0.2f \r\n",
            (float)(nAfter - nBefore)/1000,dResult);

    return 0;
}
```

예제 4-7의 스폰된 자식 함수 funcA( )는 인자의 크기만큼 루프를 수행하는 함수이며, 스폰된 자식 함수 funcB( )의 반환값을 인자로 받는다. 스폰된 자식 함수 funcA( )와 funcB( )를 동시에 사용하려고 C++0x의 문법을 이용했다. 그리고 순차 실행과 비교할 수 있도록 하였다.

예제 4-8 일반적인 스폰 동작

```
int _tmain(int argc, _TCHAR* argv[ ])
{
    int nBefore, nAfter;
    double dResult;

    nBefore = clock( );
    dResult = cilk_spawn funcA(funcB( ));     //일반 spawn으로 실행
    funcC(100000000);
    cilk_sync;
    nAfter = clock( );
    printf("병렬 실행 %0.2f초 Result = %0.2f \r\n",
            (float)(nAfter - nBefore)/1000,dResult);

    nBefore = clock( );
    dResult = funcA(funcB( ));        //순차 실행
    funcC(100000000);
    nAfter = clock( );
    printf("순차 실행 %0.2f초 Result = %0.2f \r\n",
            (float)(nAfter - nBefore)/1000,dResult);

    return 0;
}
```

예제 4-8은 예제 4-7과 같은 함수를 이용하여 일반적인 방식으로 스폰하도록 하였다. 또한, 예제 4-7과 마찬가지로 순차 실행과 비교할 수 있도록 하였다. 예제 4-7과 예제 4-8의 차이점이 무엇인지 확인해 보자.

C++ 0x 실행 결과

```
Lambda 실행 6.55초 Result = 1.00
순차 실행 8.74초 Result = 1.00
계속하려면 아무 키나 누르십시오 . . . _
```

병렬 실행 결과

```
병렬 실행 6.64초 Result = 1.00
순차 실행 8.75초 Result = 1.00
계속하려면 아무 키나 누르십시오 . . . _
```

예제 4-7과 예제 4-8의 차이점은 예제 4-7에서는 함수 funcA( )와 funcB( )는 모두 스폰된 자식 함수로 동작하지만, 예제 4-8에서는 funcA( )는 스폰된 자식 함수로 동작하고, funcB( )는 일반 함수로 동작하는 점에 있다.

이 두 예제에서 함수의 동작은 다르지만 실행 결과를 보면 lambda로 실행한 결과와 병렬로 실행한 결과가 같은 것을 알 수 있다. 이는 스폰된 자식 함수의 인자로 특정 함수(스폰된 자식 함수 또는 일반 함수)의 결괏값을 사용한다면, 인자를 받는 스폰된 자식 함수는 Lambda 방식이나 일반적 방식(cilk_spawn)에 상관없이 특정 함수가 실행하여 종료될 때까지 대기하기 때문이다. 이 동작은 순차적 프로그램의 동작과 같다.

만약 두 경우 모두 일반 함수 funcC( )가 없다면 스폰된 자식 함수 funcA( )와 함수 funcB( )의 실행 시간은 순차 실행과 거의 똑같다.

05

cilk_for 키워드

cilk_for 키워드는 C/C++ 프로그램에 사용된 for 문을 더욱 쉽게 병렬 처리할 수 있는 키워드이다. cilk_for 키워드는 프로그래머가 병렬 처리에 대한 전문 지식이 없어도 어렵지 않게 사용할 수 있다. 기존의 순차적 for 문을 cilk_for 키워드로 바꾸기만 하면 병렬 처리를 할 수 있다. 기존에 순차적 프로그램을 병렬 처리 프로그램으로 변경하기 위해서 많은 것을 배워야만 했다면 Cilk Plus는 단순하고 쉬운 방법을 제공한다. 물론 근본적인 원리와 내용을 파악하고 프로그래밍을 한다면 더 좋은 성능을 발휘할 수 있다. 이 장에서는 cilk_for 키워드의 구성 원리와 상세한 사용법에 대해서 알아본다.

01 cilk_for 키워드 사용법

cilk_for 키워드의 사용법에 대해서 알아보자.

```
#include <cilk\cilk.h>
```

먼저 헤더 파일 추가한다. cilk_for 키워드는 #include 〈cilk\cilk.h〉에 정의되어 있다
(cilk_spawn, cilk_sync도 여기에 포함됨).

for(int i = 0; i < MAX; i++) ⟶ cilk_for(int i = 0; i < MAX; i++)

for를 cilk_for로 변경한다.

헤더 파일을 추가하고 한 문장을 수정하여 순차적 프로그램을 병렬 처리 프로그램으로 변
경하였다. 이렇게 변경한 코드가 과연 효과가 있는 것인가하는 의문이 생길 수 있다. 간단
한 코드를 통해서 두 프로그램의 속도 차이를 알아보자.

예제 5-1 for와 cilk_for의 속도 비교

```
#include <stdio.h>
#include <cilk\cilk.h>      //cilk_for를 사용하려고 정의
#include <time.h>           //clock( ) 함수를 사용하려고 정의

float DivFloat(float fFloat)
{
    return fFloat/fFloat;   //항상 1을 반환하는 함수
}

int _tmain(int argc, _TCHAR* argv[ ])
{
    const int MAX = 100000000;
    float fBefore, fAfter;
    double nResult;
    float* fData;

    fData = new float[MAX];

    //순차적 프로그램
    fBefore = clock( );
    for(int i =0; i < MAX; i++)
        fData[i] = DivFloat(i);
    fAfter = clock( );
```

```
    printf("순차적 프로그램 시간 Total Time = %.3f\r\n", nAfter - fBefore);

    //cilk_for 키워드 프로그램
    fBefore = clock( );
    cilk_for(int i =0; i < MAX; i++)
        fData[i] = DivFloat(i);
    //암묵적 cilk_sync가 정의되어 있음
    fAfter = clock( );
    printf("cilk_for 프로그램 시간 Total Time = %.3f\r\n", fAfter - fBefore);

    delete fData;

    return 0;
}
```

cilk_for를 사용하려고 #include 〈cilk\cilk.h〉를 정의하였고, for 문과 cilk_for 문의 동작
시간을 확인하기 위해서 clock( ) 함수를 사용하였다. clock( ) 함수는 #include 〈time.h〉에
정의되어 있다.

실행 결과

```
C:\Windows\system32\cmd.exe
순차적 프로그램 시간 Total Time = 585.000
cilk_for 프로그램 시간 Total Time = 182.000
계속하려면 아무 키나 누르십시오 . . . _
```

for 문을 cilk_for 문으로 바꾸기만 했을 뿐인데, 3배 이상의 속도 차이가 발생했다. 사용법
이 간단하면서 높은 성능도 보장받는다. cilk_for가 이러한 성능을 낼 수 있는 이유와 구조
에 대해서 알아보자.

02 cilk_for 키워드의 본체 구현

cilk_for 키워드를 사용하면 for 문을 병렬화한다. cilk_for 키워드 사용만으로 멀티 스레드에 반복 작업을 각각 배분시켜준다. cilk_for 키워드를 수행할 때에 작업량의 배분은 작업 분할 크기(grainsize)로 설정할 수 있다. 하지만 Cilk Plus의 런타임 스케줄러가 최적화된 작업 분할 크기를 정해주기 때문에 특별한 경우가 아니라면 프로그래머가 설정을 변경하지 않는 것이 좋다.

이제부터 cilk_for 키워드의 본체에 대해서 세부적으로 설명한다. 인텔 컴파일러는 cilk_for 키워드를 만나면 루프 본체를 분할 처리하는 재귀 함수를 스폰 함수로 변환한다. 다음과 같은 코드의 예를 살펴보자.

```
cilk_for(int i = 0; i < N; i++)
    bodyfunc(i);
```

이와 같은 코드는 다음과 같은 구조로 해석된다.

```
void loop_run(int start,  int nMid, void(*loopbody)(int,int))
{
    if(nMid <= grainsize)
    {
        loopbody(start, nMid);
    }
    else
    {
        int half = nMid / 2;
        cilk_spawn loop_run(start, half, loopbody);
        loop_run(start+half, nMid -half, loopbody);
    }
}       //cilk_sync가 암묵적으로 호출
```

일반 함수 void loop_run(int start, int n, void(*loopbody)(int,int));는 cilk_for 키워드와 유사하게 동작하는 함수이다(loopbody의 반환 처리가 없어서 cilk_for와 완전히 같진 않다). cilk_for를 이해하기 위한 함수로서는 충분하다. loop_run( ) 함수를 cilk_for 키워드와 같다고 가정한다면 cilk_for 키워드는 loop_run(cilk_for) 함수와 cilk_sync 키워드로 구성된 재귀 함수 코드이다. 작업 분할 크기만큼 입력된 데이터를 나누고, 처리할 데이터가 작업 분할 크기보다 작거나 같으면 데이터는 스폰된 자식 함수 loop_run(cilk_for) 안의 loopbody로 실행된다. 작업 분할 크기는 cilk_for 키워드에 의해서 분할되는 최적의 작업 크기이다. 작업 분할 크기에 대해서는 '5절 cilk_for의 작업 분할 크기'에서 자세히 설명한다.

또한, 예제 코드에서 암묵적 cilk_sync에 대해서도 언급하고 있다. 스폰된 자식 함수가 종료되면 암묵적으로 cilk_sync가 호출된다. 그리고 cilk_for 키워드가 종료되면 암묵적으로 cilk_sync가 호출된다. 하지만 cilk_for 키워드 이전에 스폰된 자식 함수가 있다면 그 자식 함수는 cilk_for가 종료되어도 동기화되지 않는다. 자세한 사항은 '6장 cilk_sync 키워드'에서 다룬다.

예제 5-2 cilk_for 구현

```c
#include "stdafx.h"
#include <cilk\cilk.h>        //cilk_for를 사용하려고 정의
#include <time.h>             //clock( ) 함수를 사용하려고 정의

//전역 변수에 값을 더한다.
int nSize = 0;

void loop_run(int start, int n, void(*body)(int,int));

void bodyfunc(int nCount)
{
    nSize += nCount;
}

void loopbody(int begin, int n)
{
```

```c
for(int i =begin; i < begin+n; i++)
   bodyfunc(i);
}

void loop_run(int start, int nMid, void(*loopbody)(int,int))
{
   if(nMid <= 1)   //grainsize는 1로 정의
   {
      loopbody(start, nMid);
   }
   else
   {
      int half = nMid / 2;
      cilk_spawn loop_run(start, half, loopbody);
      loop_run(start+half, nMid -half, loopbody);

   }
}      //cilk_sync가 호출


int _tmain(int argc, _TCHAR* argv[ ])
{
   //cilk_for 키워드 프로그램
   loop_run(0,8,loopbody);      //0부터 7까지 합을 구한다.

   printf("nSize = %d \r\n",nSize);

   return 0;
}
```

재귀 함수 loop_run( )은 0부터 7까지 합을 구하는 함수로 cilk_for 키워드 구문과 같게 동작한다. 재귀 함수 loop_run( )은 입력된 데이터가 작업 분할 크기보다 작거나 같을 때까지 재귀 호출한다. 작업 분할 크기보다 처리하는 데이터의 크기가 작거나 같을 때 loopbody( ) 함수를 이용해서 nSize의 합을 구한다. 작업 분할 크기는 원래 런타임 스케줄러에 의해서 결정되지만 해당하는 프로그램을 쉽게 설명하기 위해서 1로 가정하고 있다.

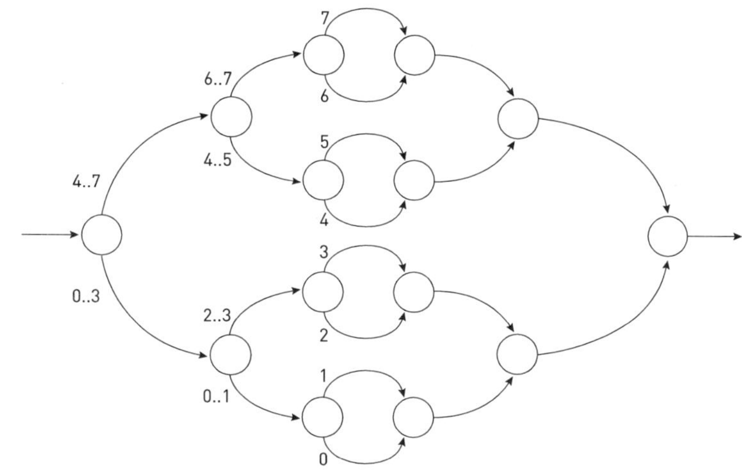

그림 5-1 예제 5-2의 데이터의 분할 처리

그림 5-1은 작업 분할 크기가 1이고, 입력된 데이터가 0~7(반복 횟수가 8)일 경우에 데이터가 어떻게 분할되는지를 나타낸다. 재귀 함수 loop_run( )은 데이터가 작업 분할 크기보다 같거나 작아질 때까지 반으로 나눠서 처리한다.

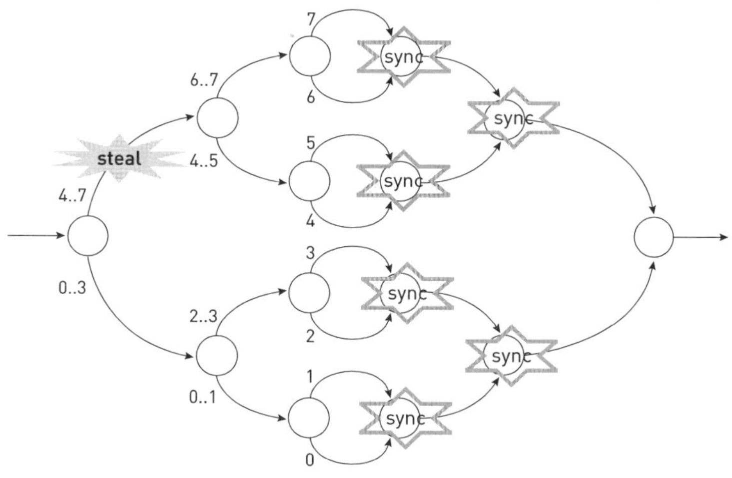

그림 5-2 예제 5-2의 스틸과 동기화

입력된 데이터를 나누는 작업을 계속 진행하여 총 7번의 spawn과 7번의 sync가 이뤄진다 Cilk Plus의 런타임 스케줄러는 루프의 반복 횟수나 코어의 개수와 관계없이 효율적으로 균형을 잡을 수 있게 설계되었다. Cilk Plus의 런타임 스케줄러 의해서 스틸은 처음 한번은 무조건 발생하고, 그 이후에는 스레드의 상황에 따라서 최적으로 조율된다.

03 for 문에서 cilk_for와 cilk_spawn의 의미

Cilk Plus를 이용하여 for 문을 병렬화하는 방법에는 두 가지 방식이 있다. 첫 번째는 for 문을 cilk_for 키워드로 변경하는 것이고, 두 번째는 for 문 안에 cilk_spawn을 호출하는 방법이다. 하지만 이 두 가지 방식은 동작과 결과가 전혀 다르다. 순차적 프로그램과 cilk_for 키워드 사용, for 문 안에서 cilk_spawn 키워드 사용, OpenMP로 실행 각 네 가지 프로그램을 비교하여 시간 차이가 얼마나 나는지 확인해 보자.

예제 5-3 순차적 프로그램 1,000,000,000번 for 문

```
#include <cilk\cilk.h>
#include <time.h>

double ReturnFunc(int nStep)
{
    return nStep;
}

int _tmain(int argc, _TCHAR* argv[ ])
{
    int nBefore, nAfter;
    double nResult;

    nBefore = clock( );
    for(int i =0; i < 1000000000; i++)
    {
        nResult = ReturnFunc(i);
    }
```

```
    nAfter = clock( );
    printf("순차적 프로그램 소요 시간 %dms \r\n", nAfter- nBefore);

    return 0;
}
```

for 문을 이용하여 일반 함수 ReturnFunc( )를 1,000,000,000번 호출하고, 그 결과를
nResult에 대입하는 간단한 프로그램이다. 참고로 nResult를 반환하도록 프로그램을 작
성한 이유는 일반 함수 ReturnFunc( )에서 반환 동작을 하지 않으면 컴파일러에 따라서
최적화 옵션이 적용될 수 있어 결과가 다르게 나타날 수 있기 때문이다.

실행 결과

```
C:\Windows\system32\cmd.exe                                          _ □ ×
순차적 프로그램 소요 시간 156ms, Result = 999999999.000000
계속하려면 아무 키나 누르십시오 . . .
```

해당하는 프로그램을 실행하게 되면 결과는 대략 156ms가 소요된다. 하나의 스레드가 일반
함수 ReturnFunc( )를 1,000,000,000번 호출하여 결과를 반환하는 시간이 156ms이다.

cilk_for 및 OpenMP로 변경하여 소요 시간을 측정한다.

```
//cilk_for Code
nBefore = clock( );
    cilk_for(unsigned int i =0; i < 1000000000; i++)
    {
        nResult = ReturnFunc(i);
    }
    nAfter = clock( );
    printf("cilk_for 프로그램 소요 시간 %dms, Result = %f \r\n",
                                    nAfter- nBefore, nResult);
```

```
    nBefore = clock( );

//OpenMP Code
#pragma omp parallel
{
#pragma omp for
    for(unsigned int i =0; i < 1000000000; i++)
    {
        nResult = ReturnFunc(i);
    }
}
    nAfter = clock( );
    printf("OMP 프로그램 소요 시간 %dms, Result = %f \r\n",
                                        nAfter- nBefore, nResult);
```

for 문을 cilk_for 키워드로 변경하였다. 또한, OpenMP도 동시에 실행하였다.

실행 결과

```
C:\Windows\system32\cmd.exe
cilk_for 프로그램 소요 시간 78ms, Result = 374999999.000000
OMP 프로그램 소요 시간 78ms, Result = 249999999.000000
계속하려면 아무 키나 누르십시오 . . .
```

cilk_for 키워드와 OpenMP는 for 문보다 2배가량 속도가 증가했다. cilk_for와 OpenMP 의 처리 시간에 약간의 차이가 있는데 이는 프로그램을 실행할 때 프로그래머의 PC 환경과 스케줄링 방식에 따른 것이다. 그리고 nResult의 결괏값이 다른 이유는 병렬 처리로 실행 할 때 가장 마지막으로 처리한 스레드의 결괏값이기 때문이다.

해당하는 코드에서는 데이터 경합(Data Race)이 발생하였다. 이는 처리 속도와는 다른 문 제이기 때문에 데이터 경합에 대해서는 따로 처리하지 않았으며, 데이터 경합에 대해서는 '12장 디버그'에서 다루도록 한다.

마지막으로 for 문에 cilk_spawn 키워드를 사용하여 소요 시간을 측정하였다.

```
nBefore = clock( );
for(unsigned int i =0; i < 1000000000; i++)
{
    nResult = cilk_spawn ReturnFunc(i);
}
cilk_sync;
nAfter = clock( );
printf("cilk_spawn 프로그램 소요 시간 %dms, Result = %f \r\n",
                                    nAfter- nBefore, nResult);
```

for 문과 cilk_spawn을 함께 사용하여 병렬 처리를 시도하는 프로그램을 작성하였다.

실행 결과

for 문을 실행했을 때보다 시간이 더 늘어난 것을 확인할 수 있다. 시간이 더 늘어난 이유는
스케줄러의 작업 때문에 오버헤드가 발생했기 때문이다. 해당하는 상황에 대해서는 다음
절에서 자세히 설명하도록 하겠다. 참고로 앞의 예제는 모두 하나의 코드로 구성되어 있으
며, 매크로를 이용하여 각각 하나씩 실행해 볼 수 있다.

□4 for 문에서 cilk_spawn을 사용할 때 문제점

for 문 내에서 스폰을 하면 각 스폰된 자식 함수(task)는 1회의 루프만을 처리한다. 이러면 스레드에서 처리할 스폰된 자식 함수의 크기는 상당히 작아지지만, 스폰된 자식 함수의 수는 매우 많아진다. 이때 스레드 작업의 부하는 발생하지 않지만, 스레드 간의 동기화를 위한 스케줄 작업의 오버헤드가 발생하게 된다.

for 문 내에서 cilk_spawn을 실행했을 때의 DAG를 확인해 보자. 그림 5-3은 설명을 쉽게 하려고 7번의 루프 실행만을 가정한 DAG이다.

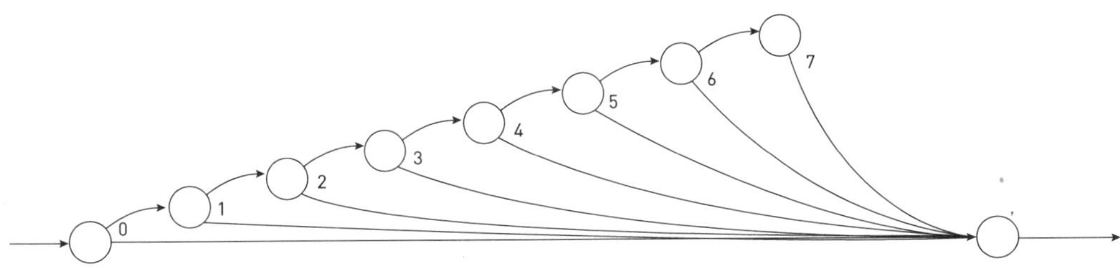

그림 5-3 for 문 내의 cilk_spawn 실행

for 문이 한 번씩 실행될 때마다 스틸이 발생하게 되어 총 7번의 스틸이 발생하고 모든 작업이 동기화될 때까지 기다리게 된다. 스틸과 동기화가 일어나는 DAG를 확인해 보면 cilk_for의 다른 점을 확실히 알 수 있다.

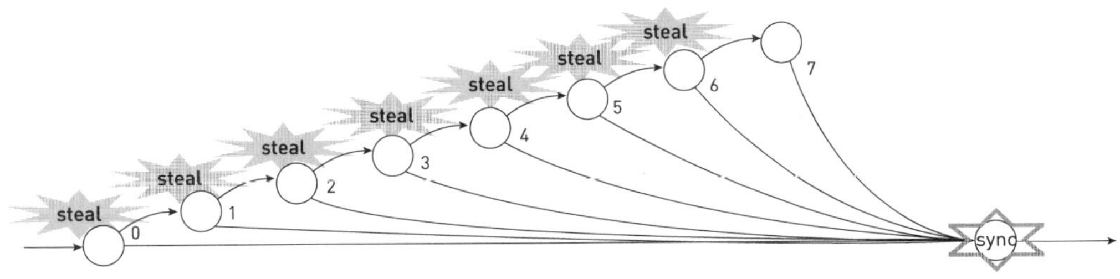

그림 5-4 for 문 내의 cilk_spawn 실행 시 스틸과 동기화

Cilk Plus의 런타임 스케줄러에 의해서 스폰된 자식 함수를 호출할 때마다 스틸이 발생하게 되고 마지막으로 실행된 스폰 함수가 종료될 때까지 기다리게 된다. for 문에서 cilk_spawn을 실행하는 속도가 스폰된 자식 함수를 실행하는 속도보다 빨라서 부모 함수를 실행한 스레드는 스폰된 자식 함수로 가득 차게 된다(스폰된 자식 함수는 부모 함수와 같은 스레드에서 실행된다고 앞서 설명하였고, cilk_for 키워드 내부에 암묵적으로 cilk_sync가 호출된다고 이야기하였다). 그래서 다른 스레드에 의해서 계속 스틸이 발생한다. 이렇게 스틸이 많이 발생하면 스레드 간 작업 순서를 동기화하기 위해 오버헤드가 발생하게 된다. 또, 마지막으로 스폰된 자식 함수가 종료될 때까지 기다리게 되어 순차적 프로그램보다 더 늦어진다.

참고로 한 번의 루프로 실행하는 함수(여기에서는 cilk_spawn ReturnFunc)가 짧고 루프 횟수가 많으면 오버헤드가 많이 발생되어 이와 같이 순차적 프로그램보다 속도가 느려진다. 하지만 루프 횟수가 적으면 스레드 사이의 동기화 작업이 거의 일어나지 않기 때문에 cilk_for와 성능 차이가 거의 없다. 다음과 같이 프로그램을 수정하는 경우를 가정해보자.

```
nBefore = clock( );
for(unsigned int i =0; i < 4; i++)
{
    nResult = cilk_spawn ReturnFunc(i);
}
cilk_sync;
nAfter = clock( );
printf("cilk_spawn 프로그램 소요 시간 %dms, Result = %f \r\n",
                                    nAfter- nBefore, nResult);
```

for 문의 1,000,000,000을 4로 변경해 보면 cilk_for와 시간 차이가 없음을 확인할 수 있다. 이는 단순히 예시일 뿐이지 for 문 내에서는 cilk_spawn 사용을 추천하지도 않고, 오히려 사용하지 말아야 한다.

05 cilk_for의 작업 분할 크기

cilk_for 키워드는 N 번의 반복으로 작업(task)을 구성한다. N 개로 나누어진 작업은 순차 실행된다. 하나의 작업을 N 개로 나누기 위한 기준이 되는 크기를 작업 분할 크기 (grainsize)라고 하고, 스레드에서 실행되는 작업 크기는 작업 분할 크기보다 작거나 같다.

grainsize는 grain과 size의 합성어로 특정 물질의 알갱이를 의미하는 grain과 크기를 의미하는 size가 합쳐진 단어이다. 일반적으로 grainsize는 입자의 크기를 의미하는 입도 라고 해석되지만, Cilk Plus에서는 cilk_for 키워드에 의해 분할되는 최적의 작업 크기를 의미한다. 작업이 하나의 스레드에서 실행될 때 작업의 크기, 다시 말하면 작업의 최대 단 위이다.

5.1 작업 분할 크기의 설정

프로그램 실행 중에 cilk_for 키워드의 작업 분할 크기를 지정하려면 cilk_grainsize 프라 그마를 이용한다.

```
#pragma cilk grainsize = expression
```

다음은 간단한 사용 예이다.

예제 5-4 작업 분할 크기 설정

```
#include <cilk\cilk.h>          //cilk_for를 사용하려고 정의
#include <cilk\cilk_api.h>      //__cilk_get_nworkers( ) 사용하려고 정의

//전역 변수에 값을 더한다.
int nSize = 0;
#define MAX_LOOP_COUNT 4
```

```c
void bodyfunc(int nCount)
{
   nSize += nCount;

   printf("nSize = %d Thread ID = %d\r\n", nSize,
                                   __cilkrts_get_worker_number( ));
}
int _tmain(int argc, _TCHAR* argv[ ])
{
   #pragma cilk grainsize = 1
   cilk_for(int i =0; i< MAX_LOOP_COUNT; i++)
   {
       bodyfunc(i);
   }
   return 0;
}
```

#pragma cilk grainsize를 1로 설정하고 총 루프 횟수(MAX_LOOP_COUNT)를 4로 설정하였고, 작업을 실행하는 스레드 ID를 출력하도록 하였다. __cilkrts_get_worker_number( ) 함수는 현재 작업을 실행하는 스레드의 ID를 반환하는 Cilk Plus 런타임 함수이다.

실행 결과

```
C:\Windows\system32\cmd.exe
nSize = 0 Thread ID = 0
nSize = 2 Thread ID = 2
nSize = 3 Thread ID = 1
nSize = 6 Thread ID = 3
계속하려면 아무 키나 누르십시오 . . .
```

cilk_for 키워드에서 함수 호출이 총 4번 일어났다. 루프 횟수가 4이고, grainsize가 1이므로 4개의 스레드에서 각 1번씩 함수를 실행하였다. 실행 결과를 통해서 0번 스레드에서 3번 스레드까지 모두 호출된 것을 알 수 있다.

작업 분할 크기를 다음과 같이 변경한 경우를 살펴보자.

```
#pragma cilk grainsize =4
```

실행 결과

```
C:\Windows\system32\cmd.exe
nSize = 0 Thread ID = 0
nSize = 1 Thread ID = 0
nSize = 3 Thread ID = 0
nSize = 6 Thread ID = 0
계속하려면 아무 키나 누르십시오 . . . _
```

cilk_for 키워드에서 함수 호출이 총 4번 일어났다. 루프 횟수가 4이고, grainsize가 4이므로 1개의 스레드에서 4번을 실행하였다. 작업 분할 크기에 따라서 스레드에 할당되는 작업이 다르다는 것을 확인할 수 있다.

작업 분할 크기를 지정하지 않으면 Cilk Plus의 런타임 시스템이 자동으로 작업 분할 크기를 계산한다. 기본값으로 다음의 프라그마가 설정된다.

```
#pragma cilk grainsize = min(512, N/(8*p))
```

여기에서 N은 루프 횟수이고, p는 현재 프로그램이 실행 중에 생성할 수 있는 스레드 개수이다. 루프 횟수가 적은(8×스레드 개수 이하) 경우는 작업 분할 크기가 1로 설정되고, 루프 횟수가 많은(4096×스레드 개수 이상) 경우는 작업 분할 크기가 512로 설정된다. 만약 사용자가 작업 분할 크기를 0으로 설정하면 기본값이 적용되고, 0 이하면 그 결과를 예측할 수 없다.

5.2 실행 시의 반복 분할

현재 cilk 태스크에 할당할 수 있는 워커(스레드) 수를 바탕으로 작업 분할 크기를 계산할
수 있다. cilk_for 키워드를 이용한 경우 데이터의 루프 횟수는 N을 작업 분할 크기 K로 나
눈 수가 된다. 즉, 작업의 최소 크기는 N/K가 된다.

```
void loop_run(int start, int N, void(*loopbody)(int,int))
{
    if(N <= K)
    {
        loopbody(start, N);
    }
    else
    {
        int half = N / 2;
        cilk_spawn loop_run(start, half, loopbody);
        loop_run(start+half, N -half, loopbody);

    }
}
```

cilk_for의 본체 구현에서도 언급했듯이 인텔 컴파일러는 cilk_for 키워드를 실행하기 위해
서 분할 알고리즘에 의한 재귀 호출을 실행한다. 프로그램을 개발하다 보면 간혹 작업의 크
기가 작업 분할 크기보다 작아지는 경우가 생긴다. 예를 들어 다음과 같이 16번의 루프를
실행한다고 가정해 보자.

```
cilk_for(int i=0;  i <16; i++){……}
```

분할 알고리즘에 의해서 작업 분할 크기가 4인 경우는 정확하게 4회의 반복이 4개의 스레
드에 분할된다. 그러나 작업 분할 크기가 5가 되면 4개의 스레드에 작업이 분할되지만, 작

업의 크기는 각각 5, 3, 5, 3으로 달라진다. 같은 의미로 작업 분할 크기를 2로 설정하면 2회의 반복이 8개의 스레드에 분할되지만, 작업 분할 크기를 3으로 설정하면 크기가 다른 작업이 8개의 스레드(3, 1, 3, 1, 3, 1, 3, 1)에 분할된다. 분할 알고리즘이 이와 같은 이유는 작업 분할 크기를 변경해도 병렬 처리할 때에 스레드를 최적으로 활용하기 위해서이다.

5.3 최적의 작업 분할 크기

대부분 프로그램은 기본값으로 작업 분할 크기를 설정하는 것이 최적이다. 하지만 간혹 작업 분할 크기를 변경해야 할 때가 있다. 다음은 작업 분할 크기를 변경할 때의 기준이다.

- 작업의 크기가 불규칙적이고 루프 횟수는 많아서 시간이 오래 걸리는 작업을 처리할 때 변경할 경우가 생긴다. 작업이 배분되어 어떤 스레드는 바쁘고 어떤 스레드는 스틸하지 않는다면(idle) 작업 분할 크기를 변경해야 한다.
- 한 번의 루프에서 처리량이 적으면 작업 분할 크기를 크게 하는 것을 고려한다.

대체로 루프 횟수가 많으면 작업 분할 크기를 크게 설정하여 런타임 스케줄러의 오버헤드를 줄일 수 있고, 루프 횟수가 적으면 작업 분할 크기를 작게 설정하여 프로그램의 병렬성(코어 개수)을 높일 수 있다. 이때 프로그래머는 작업 분할 크기를 변경하고 난 후에 변경 전후를 비교하여 속도가 향상되었는지 확인해야 한다. 하지만 작업 분할 크기는 기본값으로 사용하는 것을 권장하며, 특수한 상황이 아니라면 변경하지 말아야 한다.

06 cilk_for의 조건과 제한

cilk_for 키워드의 제어 변수로 정수형이나 STL의 반복자를 사용하면 다른 정의가 필요하지 않다. 하지만 C++의 사용자 정의 클래스나 사용자 정의 자료형을 사용할 때는 몇 가지 주의해야 하며, Cilk Plus의 런타임 시스템이 루프 범위를 나눌 수 있도록 크기와 제어 사항을 함수로 정의하여 런타임 시스템에 알려 주어야 한다.

6.1 cilk_for의 조건

제어 변수는 variable_type으로 선언되고, 종료 변수는 termination_type으로 정의되어
있다면 다음과 같은 문법이 적용된다.

```
termination_type end;
int incr;
cilk_for(variable_type var; var <= end; var++) 또는
cilk_for(variable_type var; var != end; var+=incr)
```

루프가 몇 번 실행되는지 런타임 시스템에 알려야 하므로 몇 개의 함수를 정의해야 한다.

```
difference_type operator - (termination_type, variable_type);
difference_type operator - (variable_type, termination_type);
```

variable_type 변수와 termination_type 변수의 차이를 계산해서 런타임 시스템에 알려
주려면 연산자를 재정의해야 한다. 재정의 조건은 다음과 같다.

- 인수형은 명확할 필요는 없지만, variable_type이나 termination_type으로 형 변환할 수 있어
  야 한다.

- 루프를 감소시키는 operator −를 정의했다면 증가시키는 operator +도 필요하다.

- 인수는 const 참조 또는 값으로 전달받는다.

- 프로그램이 실행될 때 증가식의 +또는 −여부에 따라 하나 이상의 함수를 호출한다.

- 연산자의 반환형(difference_type)은 어떠한 정수형이라도 상관없다. 다시 말해서 연산자의 반
  환형은 정수형이어야만 한다.

- 연산자의 반환형(difference_type)의 부호는 중요하지 않다.

또, 다음과 같이 제어 변수를 가산하는 방법을 런타임 시스템에 알려주도록 operator+=을
재정의해야 한다.

```
variable_type operator+=(difference_type);
```

'+=', '++', '-=', '--'를 사용하려면 앞의 operator -와 같은 사양으로 정의되어야 한다. 그
리고 operator를 재정의할 때는 일반적인 연산과 똑같이 동작해야 한다. 즉, 1+2나 2+1이
같게 동작해야 해야 한다. 예제 5-5는 STL의 반복자를 이용하여 cilk_for 키워드를 사용하
는 방법과 사용자가 정의한 클래스형을 이용하여 cilk_for 키워드를 사용하는 방법을 구현
하였다.

예제 5-5 사용자 정의 제어 변수를 사용

【CTestInt.h】

```cpp
#pragma once
#include <iostream>
using namespace std;

class TestInt
{
private:
    int nData;

public:
    TestInt(int n);                   //생성자
    TestInt( );                       //기본 생성자
    TestInt(const TestInt& TI);       //복사 생성자
    ~TestInt( );                      //소멸자

    int GetData( ) { return nData; }  //현재 객체의 Data

//기본적인 연산자 재정의
    TestInt& operator=(const int n);
```

```cpp
    TestInt& operator=(const TestInt &TI);

    TestInt& operator+=(const int n);
    TestInt& operator+=(const TestInt& TI);

    TestInt& operator-=(const int n);
    TestInt& operator-=(const TestInt&TI);

    friend TestInt operator+(const TestInt & TI1,const TestInt & TI2);
    friend TestInt operator+(const int n, const TestInt & TI1);
    friend TestInt operator+(const TestInt & TI1,const int n);

    friend bool operator==(const TestInt & TI1, const TestInt & TI2);
    friend bool operator==(const int n, const TestInt & TI1);
    friend bool operator==(const TestInt & TI1, const int n);

//cilk_for 키워드 실행하기 위한 연산자 재정의
    TestInt& operator++( );
    TestInt& operator--( );

    bool operator != (TestInt & TI);
    bool operator != (const int n);

    bool operator <= (TestInt& TI);
    bool operator <= (const int n);

    bool operator < (TestInt& TI);
    bool operator < (const int n);

    friend TestInt operator-(const TestInt & TI1,const TestInt & TI2);
    friend int operator-(const int n, const TestInt & TI1);
    friend int operator-(const TestInt & TI1,const int  n);

    friend TestInt operator/(const TestInt & TI1, const TestInt & TI2);
    friend int operator/(const TestInt & TI1, int n);
    friend int operator/(int n, const TestInt & TI1);
};
```

〖 CTestInt.cpp 〗

```cpp
#include "stdAfx.h"
#include "CTestInt.h"

TestInt::TestInt(int n)
{
   nData = n;
}
TestInt::TestInt( )
{
   nData = 0;
}
TestInt::TestInt(const TestInt& TI)
{
   nData = TI.nData;
}
TestInt::~TestInt( )
{
   nData = 0;
}

TestInt& TestInt::operator =(const int n)
{
   nData =n;

   return *this;
}

TestInt& TestInt::operator =(const TestInt& TI)
{
   nData = TI.nData;
   return *this;
}

TestInt& TestInt::operator+=(const int n)
{
   nData = nData + n;
   return *this;
```

```cpp
}
TestInt& TestInt::operator+=(const TestInt& TI)
{
    nData = nData +TI.nData;
    return *this;
}

TestInt& TestInt::operator-=(const int n)
{
    nData = nData - n;
    return *this;
}
TestInt& TestInt::operator-=(const TestInt& TI)
{
    nData = nData - TI.nData;
    return *this;
}
TestInt& TestInt::operator++( )
{
    nData++;
    return *this;
}
TestInt& TestInt::operator--( )
{
    nData--;
    return *this;
}
TestInt operator+(const TestInt & TI1,const TestInt & TI2)
{
    TestInt tmp(TI1.nData + TI2.nData);
    return tmp;
}

TestInt operator+(const int n, const TestInt & TI1)
{
    TestInt tmp(n+TI1.nData);
    return tmp;
}
```

```cpp
TestInt operator+(const TestInt & TI1,const int  n)
{
   TestInt tmp(TI1.nData+n);
   return tmp;
}

TestInt operator-(const TestInt & TI1,const TestInt & TI2)
{
   TestInt tmp(TI1.nData - TI2.nData);
   return tmp;
}

int operator-(const int n, const TestInt & TI1)
{
   TestInt tmp(n - TI1.nData);
   return tmp.GetData( );
}
int operator-(const TestInt & TI1,const int  n)
{
   TestInt tmp(TI1.nData - n);
   return tmp.GetData( );
}
bool operator==(const TestInt & TI1, const TestInt & TI2)
{
   return TI1.nData == TI2.nData;
}
bool operator==(const int n, const TestInt & TI1)
{
   return n == TI1.nData;
}
bool operator==(const TestInt & TI1, const int n)
{
   return TI1.nData == n;
}
bool TestInt::operator != (TestInt & TI)
{
   return nData != TI.GetData( );
}
```

```cpp
bool TestInt::operator != (const int n)
{
    return nData != n;
}
bool TestInt::operator <= (TestInt& TI)
{
    return nData <= TI.GetData( );
}
bool TestInt:: operator <= (const int n)
{
    return nData <= n;
}
bool TestInt::operator < (TestInt& TI)
{
    return nData <= TI.GetData( );
}
bool TestInt:: operator < (const int n)
{
    return nData <= n;
}

TestInt operator/(const TestInt & TI1, const TestInt & TI2)
{
    TestInt tmp(TI1.nData/TI2.nData);
    return tmp;
}
int operator/(const TestInt & TI1, int n)
{
    return TI1.nData/n;
}
int operator/(int n, const TestInt & TI1)
{
    return n/TI1.nData;
}
```

각각의 연산자를 재정의하여 최소한 cilk_for 키워드에서 요구하는 일반적인 연산이 가능
하도록 클래스를 구현하였다.

【 예제 5-5.cpp 】

```cpp
#include <stdio.h>
#include <vector>
#include <cilk\cilk.h>
#include "CTestInt.h"        //사용자 정의 클래스

using namespace std;

int _tmain(int argc, _TCHAR* argv[ ])
{
#define MAXCOUNT 100

    vector<int> vec_data;

    //vector에 Data를 입력한다.
    for(int i =0; i < MAXCOUNT; i++)
    {
        vec_data.push_back(i);
    }

    vector<int>::iterator vec_it;
    int nTotalCount = 0;

    for(int i =0; i < MAXCOUNT; i++)
    {
        nTotalCount += i;
    }
    printf("순차적 for Type nTotalCount = %d \r\n", nTotalCount);

    nTotalCount = 0;
    cilk_for(vector<int>::iterator it = vec_data.begin( );
                                    it != vec_data.end( ); it++)
    {
        nTotalCount += (int)*it;
    }
```

```cpp
    printf("STL과 cilk_for Type nTotalCount = %d \r\n", nTotalCount);

    //사용자가 정의한 클래스 선언
    TestInt ClassInt;

    ClassInt = 0;
    for(int i =0; i < MAXCOUNT; i++)
    {
        ClassInt += i;
    }
    printf("사용자 지정 Class와 순차적 for Type ClassInt = %d \r\n",
                                            ClassInt.GetData( ));

    ClassInt = 0;
    cilk_for(int i =0; i < MAXCOUNT; i++)
    {
        ClassInt +=i;
    }
    printf("사용자 지정 Class와 cilk_for Type ClassInt = %d \r\n",
                                            ClassInt.GetData( ));

    ClassInt = 0;
    cilk_for(TestInt i = 0; i < MAXCOUNT; i++)
    {
        ClassInt += i;
    }
    printf("사용자 지정 Class와 cilk_for 루프 조건 사용자 Class Type 1 ClassInt
                                    = %d \r\n", ClassInt.GetData( ));

    ClassInt = 0;
    cilk_for(TestInt i = 0; i != MAXCOUNT; i+=1)
    {
        ClassInt += i;
    }
    printf("사용자 지정 Class와 cilk_for 루프 조건 사용자 Class Type 2 ClassInt
                                    = %d \r\n", ClassInt.GetData( ));
    return 0;
}
```

STL의 반복자를 이용하여 cilk_for 키워드를 사용하였고, 사용자가 정의한 클래스형과 cilk_for 키워드를 사용하였다. 사용자 정의 클래스는 cilk_for 키워드에서 꼭 필요한 내용만 추가하여 작성한 것으로 OOP 원칙을 완전히 따른 클래스라 보기 어렵다. 그리고 operator!=도 필요하기 때문에 재정의하였다.

실행 결과

STL, cilk_for, 사용자 정의 클래스

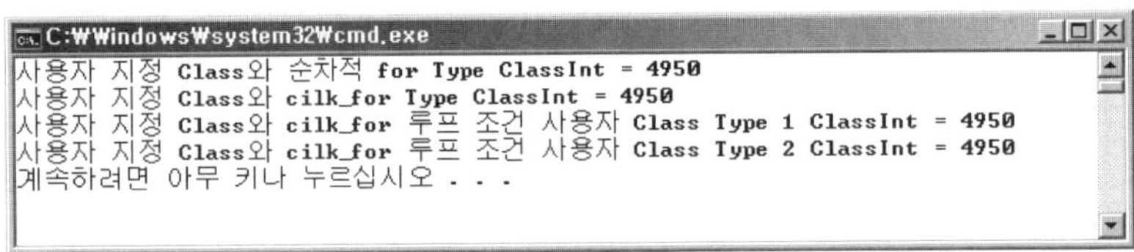

사용자 정의 클래스를 사용하여도 STL이나 일반 정수형을 사용한 결과와 데이터가 같은 것을 알 수 있다. 하지만 특별한 경우가 아니라면 사용자 정의 클래스나 사용자 자료형을 개발하여 제어 변수로 사용하는 것보다는 프로그램의 개발 효율성과 안정성을 위해서 STL이나 일반 정수형을 제어 변수로 사용하는 것이 더 좋다.

6.2 cilk_for의 제한

Cilk Plus의 런타인 시스템은 루프의 총 횟수를 미리 계산하고, cilk_for 키워드의 알고리즘에 따라 루프를 나누어 처리한다. 그래서 제어 변숫값은 분할 처리하는 구간마다 구할 수 있어야 하므로 제어 변수는 덧셈과 뺄셈, 비교를 할 수 있는 정수여야 한다. 이는 일반 for 문에도 같이 적용되어 포인터나 STL 등을 제어 변수로 사용할 때 모두 정수로 동작한다.

cilk_for 키워드에는 몇 가지의 제한이 더 있다(표준 C/C++ 루프에는 없음). 제어 변수는 오직 1개여야 하며, 초기화할 때 반드시 값을 설정하여야 한다.

```
cilk_for(int i, k = 10; k<2; i++, k++)    //변수가 2개 선언되어 컴파일 에러가 발생한다.
```

제어 변수는 루프 본체에서 변경해서는 안 된다.

```
cilk_for(int i = 0; i<10; i++) i = f( );    //제어 변수를 변경하면 올바르게 동작하지 않게 된다.
```

제어 변수와 종료 변수는 루프가 시작될 때 1번만 반영되기 때문에 각 루프 반복에서 변경되면 안 된다.

```
cilk_for(int i = 1 ; i<x; ++i) x = f( );    //종료 변수를 변경하면 올바르게 동작하지 않게 된다.
```

C는 제어 변수를 루프 외부에서 정의할 수 있지만, C++에서는 제어 변수를 초기화 부분에서 정의해야 한다.

```
int i; cilk_for(i = 0; i<10; i++)    //C에서는 정상 동작하지만 C++에서는 컴파일 에러가 발생한다.
```

cilk_for 키워드 루프 내에서는 break; return 문은 작성할 수 없다.

```
cilk_for(i = 0; i<10; i++) break; 또는 return;    //이러면 컴파일 에러가 발생한다.
```

goto 문은 cilk_for 키워드 루프 내에서만 사용할 수 있으며, 분기되는 부분도 같은 루프 내에 있어야 한다. cilk_for 키워드 루프 내에서 밖으로 분기되거나 외부로부터 루프 내로 goto 문이 있으면 컴파일 에러가 발생한다.

cilk_for 키워드 루프에서는 랩 어라운드(wrap around)를 지원하지 않는다. 다음과 같은 코드는 C/C++에서는 정상적으로 동작할 수 있을지 모르나, cilk_for에서는 결과를 장담할 수 없다.

```
cilk_for(unsigned int i = 0; i != 1; i+=3)
```

cilk_for 키워드를 무한 루프에 빠지게 하면 안 된다. 다음과 같은 코드를 구현해서는 안 된다.

```
cilk_for(unsigned int i = 0; i != i;  i+=0)
```

cilk_sync 키워드

cilk_sync 키워드는 논리적인 병렬 작업의 동기화를 의미한다. cilk_sync 키워드는 cilk_spawn으로 생성한 모든 병렬 작업이 완료될 때까지 cilk_sync로 작성된 부분에서 대기하게 한다. 그리고 모든 병렬 작업이 종료되면 다음 작업을 시작한다. 이는 OpenMP의 조인(join) 개념에 해당하는 동작이다. 이 장에서는 cilk_sync 키워드의 사용법을 통해서 cilk_sync의 의미에 대해서 알아본다.

01 cilk_sync 키워드 사용법

이제까지 여러 예제에서 살펴본 바와 같이 cilk_sync 키워드는 간단하게 사용할 수 있다. cilk_spawn을 사용하고 나서 동기화를 시켜줄 위치에 cilk_sync를 호출하기만 하면 된다. 다음과 같이 cilk_sync 키워드를 사용하면 Cilk Plus의 런타임 스케줄러에 의해서 프로그램은 func1( ) 함수가 종료될 때까지 기다린다.

```
cilk_spawn func1( );
func2( );
cilk_sync;
```

예제를 통해 cilk_sync를 사용했을 때와 사용하지 않았을 때의 차이점을 알아보자.

예제 6-1 cilk_sync를 호출하지 않을 때 – 비동기화

```c
#include <stdio.h>
#include <cilk\cilk.h>
#include <windows.h>   //Sleep( ) 함수를 사용하려고 정의

int g_nTotalSum = 0;

void CilkFunc(int nCount)
{
    for(int i =0; i < nCount; i++)
    {
        Sleep(1);
        g_nTotalSum+=i;
        printf("CilkFunc g_nTotalSum의 값 = %d \r\n",g_nTotalSum);
    }
}

void Func(int nCount)
{
    for(int i =0; i < nCount; i++)
    {
        g_nTotalSum+=i;
        printf("Func g_nTotalSum의 값 = %d \r\n",g_nTotalSum);
    }
}

int _tmain(int argc, _TCHAR* argv[ ])
{
#define MAX_COUNT 5

    cilk_spawn CilkFunc(MAX_COUNT);
    Func(MAX_COUNT);
    printf("Main g_nTotalSum의 값 = %d \r\n",g_nTotalSum);

    return 0;
}
```

cilk_spawn을 호출하고서 cilk_sync를 호출하지 않은 예제이다. Sleep(1) 함수를 사용한 이유는 일반 함수 CilkFunc( )가 너무 빨리 실행되어 순차 프로그램과 같은 결과가 되는 것을 피하기 위해서이다.

실행 결과

```
C:\Windows\system32\cmd.exe
Func g_nTotalSum의 값 = 0
CilkFunc g_nTotalSum의 값 = 0
Func g_nTotalSum의 값 = 1
Func g_nTotalSum의 값 = 3
Func g_nTotalSum의 값 = 6
Func g_nTotalSum의 값 = 10
Main g_nTotalSum의 값 = 11
CilkFunc g_nTotalSum의 값 = 11
CilkFunc g_nTotalSum의 값 = 13
CilkFunc g_nTotalSum의 값 = 16
CilkFunc g_nTotalSum의 값 = 20
계속하려면 아무 키나 누르십시오 . . . .
```

동기화를 구현하지 않아서 'Main g_nTotalSum의 값 = 11'로 출력되었다. g_nTotalSum의 정확한 값을 얻으려면 값을 얻기 원하는 위치에서 동기화해야 한다.

예제 6-1 cilk_sync를 호출 – 동기화

```c
int _tmain(int argc, _TCHAR* argv[ ])
{
#define MAX_COUNT 5

    cilk_spawn CilkFunc(MAX_COUNT);
    Func(MAX_COUNT);
    cilk_sync;
    printf("Main g_nTotalSum의 값 = %d \r\n",g_nTotalSum);

    return 0;
}
```

g_nTotalSum의 정확한 값을 원하는 위치에서 확인할 수 있다.

실행 결과

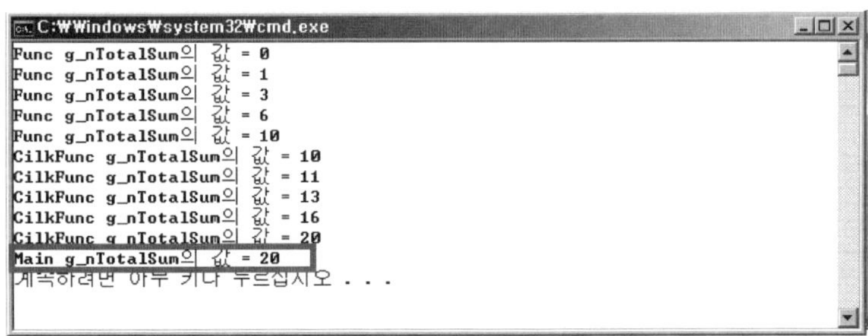

실행 결과는 cilk_sync 키워드를 이용하여 동기화를 진행한 결과이다. g_nTotalSum의 값
이 20으로 출력되었다. cilk_sync 키워드는 병렬 처리로 실행된 작업들을 동기화하는 것으
로 순차적 실행과는 그 의미가 다르다는 것을 명심해야 한다.

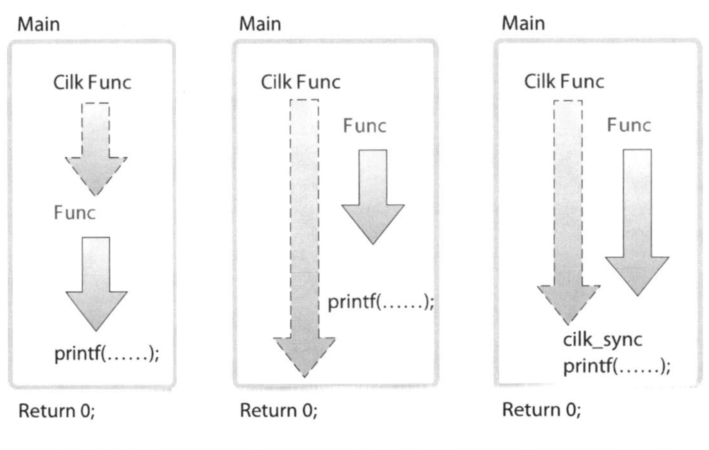

그림 6-1 프로그램 흐름도

그림 6-1은 프로그램의 1. 순차적 실행, 2. cilk_sync 미사용, 3. cilk_sync 사용에 대한 각
각의 흐름도를 나타낸다.

1. **순차적 실행** 순차적인 프로그램에서는 일반 함수 CilkFunc( )가 실행된 후 일반 함수 Func( )가 실행된다.

2. **cilk_sync 미사용 실행** 자식 함수 CilkFunc( )가 병렬로 실행되고, 일반 함수 Func( )가 실행된다. 하지만 cilk_sync 키워드를 사용하지 않으면 자식 함수 CilkFunc( )는 main( ) 함수가 종료될 때까지 동기화되지 않아서 printf( ) 함수를 지나서까지 실행된다.

3. **cilk_sync 사용 실행** cilk_sync 키워드를 사용하면 프로그램은 cilk_sync 키워드를 사용한 곳에서(printf( ) 함수 바로 이전) 자식 함수 CilkFunc( )가 종료될 때까지 기다린다.

02 암묵적 cilk_sync

cilk_sync를 사용자가 호출하지 않아도 Cilk Plus 시스템에 의해서 암묵적으로 호출되는 곳이 있다. 암묵적 cilk_sync는 다음과 같이 세 가지 지점에서 호출된다.

- 부모 함수가 종료되는 시점

- cilk_for가 종료되는 시점

- 예외 처리 try 구문의 시작과 끝

이번 절에서는 암묵적 cilk_sync가 호출되는 지점에 대해서 자세히 알아보고, cilk_sync를 암묵적으로 호출해야 하는 이유에 대해서 알아보자.

2.1 부모 함수가 종료되는 시점

함수 내부에서 cilk_spawn 함수를 호출하면, 함수가 종료될 때 cilk_sync는 암묵적으로 호출된다. 이는 함수 안에서 사용된 모든 cilk_spawn 함수는 부모 함수가 종료될 때 모두 동기화되는 것을 의미한다.

```
상황 1) void func_1( ) { cilk_spawn func_2 ( ); }     //암묵적 cilk_sync 위치
상황 2) void func_1( ) { cilk_spawn func_2 ( ); cilk_sync; }
```

상황 1)은 자식 함수 func_2( )를 호출한 이후에 함수 끝에 cilk_sync가 암묵적으로 호출된다.

상황 2)는 프로그래머가 cilk_sync를 명시적으로 호출하였다.

상황 1)과 상황 2)는 부모 함수에 반환값이 없는 상황에서는 똑같이 동작한다. 하지만 부모 함수에 반환값이 있으면 다르게 동작하게 된다.

예제 6-2 부모 함수에 반환값이 있을 때 암묵적 cilk_sync

```c
#include <stdio.h>
#include <windows.h>
#include <cilk\cilk.h>

const int g_nLoopCount = 10;
int g_nCount = 0;

void SpawnFunc(int nLoopCount)
{
   for(int i =0; i< nLoopCount; i++)
   {
       g_nCount++;
       Sleep(1);
   }
}

int func_1(int nLoopCount)
{
   g_nCount = 0;
   cilk_spawn SpawnFunc(nLoopCount);
   return g_nCount;
```

```
}         //암묵적으로 cilk_sync가 호출되는 위치

int func_2(int nLoopCount)
{
    g_nCount = 0;
    cilk_spawn SpawnFunc(nLoopCount);
    cilk_sync;         //명시적으로 cilk_sync 호출
    return g_nCount;
}

int _tmain(int argc, _TCHAR* argv[ ])
{
    int nReturn = func_1(g_nLoopCount);
    printf("암묵적 cilk_sync 호출 nLoopCount = %d\r\n",nReturn);
    printf("암묵적 cilk_sync 호출 g_nCount = %d\r\n\r\n",g_nCount);

    nReturn = func_2(g_nLoopCount);
    printf("명시적 cilk_sync 호출 nLoopCount = %d\r\n",nReturn);
    printf("명시적 cilk_sync 호출 g_nCount = %d\r\n\r\n",g_nCount);

    return 0;
}
```

부모 함수 func_1( )은 암묵적으로 cilk_sync를 호출하였고, 부모 함수 func_2( )는 명시적
으로 cilk_sync를 호출하였다.

실행 결과

```
C:\Windows\system32\cmd.exe
암묵적 cilk_sync 호출 nLoopCount = 1
암묵적 cilk_sync 호출 g_nCount = 10

명시적 cilk_sync 호출 nLoopCount = 10
명시적 cilk_sync 호출 g_nCount = 10

계속하려면 아무 키나 누르십시오 . . .
```

부모 함수 func_1( )에서의 반환값은 프로그래머가 의도했던 10이 아니라 1인 것을 알 수 있다. 이는 부모 함수의 마지막에 cilk_sync 키워드가 호출되기 때문에 함수의 반환 동작이 동기화보다 먼저 수행되기 때문이다. 반환값을 의도한 대로 얻으려면 부모 함수의 반환 동작 이전에 cilk_sync 키워드를 호출하여 동기화를 해주어야 한다.

2.2 cilk_for가 종료되는 시점

cilk_for 문이 종료되는 시점에도 암묵적 cilk_sync가 포함되어 있다. 이는 cilk_for 문 안에서 cilk_spawn 키워드를 사용하면 cilk_for가 종료될 때에 동기화되는 것을 의미한다. 하지만 cilk_for 문 안의 암묵적 cilk_sync는 cilk_for 문 이전에 스폰된 자식 함수에는 영향을 주지 않는다. 다음 간단한 예제를 통해서 확인해 보자.

예제 6-3 cilk_for 내부의 암묵적 cilk_sync

```c
#include<stdio.h>
#include<cilk\cilk.h>
#include<windows.h>

int g_nLoopCount;
int func(int nCount)
{
    int nTotalCount = 0;
    for(int i =0; i< nCount; i++)
    {
        g_nLoopCount++;
        nTotalCount += i;
        Sleep(1);
    }
    return nTotalCount;
}

int _tmain(int argc, _TCHAR* argv[ ])
{
    const int nLoopCount = 1000;
```

```
g_nLoopCount = 0;
int nReturnValue1 = 0, nReturnValue2 = 0;
nReturnValue1 = cilk_spawn func(nLoopCount);   //cilk_for 이전 spawn 함수
cilk_for(int i =0; i < 1; i++)
{
    nReturnValue2 = cilk_spawn func(nLoopCount/10);   //내부 spawn 함수 func( )
}        //암묵적 cilk_sync가 호출
printf("cilk_for 이전 함수 g_nLoopCount = %d, nReturnValue1 =%d\r\n",
                                    g_nLoopCount, nReturnValue1);
printf("cilk_for 내부 함수 nReturnValue2 = %d\r\n", nReturnValue2);

return 0;
}
```

예제 6-3에서 cilk_for 문은 1번만 수행하기 때문에 nReturnValue2 = cilk_spawn func(nLoopCount/10);를 한 번만 호출한 것과 같다. cilk_for 문 내부의 자식 함수 func( ) 는 암묵적 cilk_sync에 의해서 cilk_for 루프가 끝나는 지점에서 동기화된다. 하지만 cilk_for 문 이전의 자식 함수 nReturnValue1 = cilk_spawn func(nLoopCount);는 동기 화되지 않는다.

실행 결과

실행 결과는 cilk_for 문에서 암묵적 cilk_sync에 의한 동기화를 나타낸다. cilk_for 문 내 부의 자식 함수가 종료된 후 nReturnValue2가 4,950이 되었다. 만약 cilk_for 문 끝에 암 묵적 cilk_sync가 호출되지 않는다면 nReturnVlaue2는 다른 결괏값을 얻게 된다.

반면 cilk_for 문 이전의 자식 함수는 동기화되지 않고 계속해서 실행된 것을 알 수 있다.

반환값 nReturnValue1은 0이고 g_nLoopCount는 cilk_for 이후에도 동기화되지 않아서 201이다. 만약 암묵적 cilk_sync에 의해서 동기화되었다면 g_nLoopCount는 1,098(999+99)이 되어야 한다. 결국 cilk_for 문 이전의 자식 함수는 cilk_for 문이 실행되는 동안은 절대 동기화되지 않는다.

2.3 예외 처리 try 구문의 시작과 끝

암묵적 cilk_sync는 예외 처리 try 구문 안에서 스폰된 자식 함수를 호출할 때 try 구문의 시작과 끝에서 호출된다. 예제 6-4를 통해서 예외 처리 try 구문을 사용할 때 어느 곳에서 cilk_sync가 암묵적으로 호출되는지 알아보자.

예제 6-4 try 구문에서 암묵적 cilk_sync

```
#include <stdio.h>
#include <iostream>
#include <cilk\cilk.h>
#include <windows.h>

const int g_nMaxCount =  100;

void func( int &a)
{
    for(int i=0; i < g_nMaxCount  ;i++)
    {
        a++;
        Sleep(10);
    }

}

int _tmain(int argc, _TCHAR* argv[ ])
{
    int a= 0;

    cilk_spawn func (a);      //try 구문 이전 자식 함수

    try                       //암묵적 cilk_sync가 호출
```

```
    {
        printf("try 이전의 a is = %d \r\n", a);
        a = 0;
        cilk_spawn func (a);      //내부 자식 함수

        if(a)   throw a;          //a를 무조건 throw한다.
    }                             //암묵적 cilk_sync가 호출
    catch (int cat)
    {
        printf("catch a is = %d \r\n", cat);
    }

    printf( "try 이후의 a = %d\r\n", a);

    return 0;
}
```

예제 6-4는 try 구문 이전의 자식 함수 func( )가 try 구문 실행 전에 암묵적 cilk_sync에
의해서 동기화되는 것과 내부 자식 함수 func( )가 try 구문이 종료된 후에 암묵적
cilk_sync에 의해서 동기화되는 것을 확인한다. 또한, 강제로 예외를 발생시켜서 catch 구
문 실행 이후의 동작도 확인한다.

실행 결과

```
C:\Windows\system32\cmd.exe                                    _□×
try 이전의 a is = 100
catch a is = 1
try 이후의 a = 100
계속하려면 아무 키나 누르십시오 . . .
```

try 구문 이전에 자식 함수 func( )는 try 구문을 실행하기 전에 동기화되어 a 값이 100으
로 출력되었다. 그리고 try 구문 내부의 자식 함수 func( )도 try 구문이 종료된 후에 동기
화되어 a 값이 100으로 출력되었다. 그리고 중간에 강제로 throw를 호출한 경우는 부모
함수에 반환값이 있을 때와 유사하게 동작한다. 따라서 암묵적으로 동기화되기 이전의 값
을 반환하므로 a는 1로 출력되었다.

만약 예외 처리 try 구문 내부의 자식 함수가 무한 루프에 빠져서 종료되지 않으면, 프로그램은 강제로 throw를 호출하여도 이후 동작을 하지 못하고 암묵적 cilk_sync에 의해서 자식 함수가 종료될 때까지 기다리게 된다.

2.4 암묵적 cilk_sync의 위치와 사용 이유

다음은 암묵적 cilk_sync가 호출되는 곳을 알기 쉽게 하려고 하나의 프로그램에서 모든 암묵적 cilk_sync가 호출되도록 표현한 것이다.

```
void func( )
{
    cilk_spawn a( );

    cilk_for(int i =0; i< max; i++)
    {
        ......
    }          //암묵적 cilk_sync 호출, 하지만 cilk_spawn a( )는 동기화되지 않음
    try        //try 구문 실행 이전에 cilk_sync 호출, cilk_spawn a( )가 동기화됨
    {
        cilk_spawn b( );
    }          //try 구문 종료 후 cilk_sync 호출, cilk_spawn b( )가 동기화됨
    catch(...)         //catch 구문은 동기화와 상관없이 실행
    {

    }
    cilk_spawn c( );
}   //func( ) 함수가 종료 되면서 ciilk_sync 호출, cilk_spawn c( )가 동기화됨
```

Cilk Plus를 이용히여 병렬 프로그램을 개빌할 때는 암묵적 cilk_sync가 호출하는 지점을 정확하게 파악해야 한다. 그래서 프로그램을 설계한 것과 같이 구현하고 실행될 수 있도록 해야 한다. 암묵적으로 cilk_sync가 호출되는 이유는 다음과 같이 네 가지로 구분된다.

1. 병렬 처리가 무분별하게 실행되는 것을 방지하여 자원이 불필요하게 늘어나지 않도록 한다.

2. 일반 함수 내부에서 스폰된 자식 함수를 호출하더라도 일반 함수는 통상의 함수 호출과 똑같이 동작할 수 있게 한다.

3. 스폰된 자식 함수가 현재 동작 중인 다른 함수에 영향을 미치지 않게 한다.

4. 일반 함수 내부에서 스폰된 자식 함수를 호출한 후에 일반 함수 중간에 반환 동작을 하여 일반 함수가 종료되면 모든 스폰된 자식 함수가 종료되게 한다.

03 예외 처리

Cilk Plus에서도 예외 처리를 지원하고 있으며, 사용법은 C++ 코드와 같다. 그리고 Cilk Plus의 예외 처리 동작 또한 C++의 예외 처리 동작과 같다. 일반적으로 예외 처리가 실행되는 동안에는 병렬성이 제한된다. 따라서 예외 처리 try 구문을 사용한 경우 암묵적인 cilk_sync가 호출되어 프로그래머가 원하지 않아도 동기화가 동작하게 된다.

Cilk Plus에서 예외 처리를 할 때에도 프로그래머는 try 구문 이전의 스폰된 자식 함수가 여전히 병렬 처리되길 원할 수 있다. 예외 처리를 할 때 암묵적 cilk_sync로 인해 병렬성이 제한되는 것을 피하는 방법에 대해서 알아보자. 이것이 예외 처리 부분을 '6장 cilk_sync 키워드'에서 설명하는 이유이다. 암묵적 동기화를 피하는 방법은 cilk_for 문의 특성을 이용하여 try 구문 전체를 한 번만 수행하도록 하는 것이다.

예제 6-5 암묵적 동기화 회피 방법

```
#include <stdio.h>
#include <iostream>
#include <cilk\cilk.h>
#include <windows.h>

const int g_nMaxCount =  100;

void func( int &a)
```

```cpp
{
   for(int i=0; i < g_nMaxCount   ;i++)
   {
       a++;
       Sleep(10);
   }

}

int _tmain(int argc, _TCHAR* argv[ ])
{
   int a = 0,b = 0;

   cilk_spawn func(b);

#define CILKTRY cilk_for(int nTemp = 0; nTemp< 1; ++nTemp) try
   CILKTRY       //암묵적 cilk_sync가 호출되지 않음
   {
       printf("try 이전의 b = %d \r\n", b);
       cilk_spawn func(a);
       if(a)   throw a;          //a를 무조건 throw한다.
   }   //cilk_for의 암묵적 cilk_sync가 호출
   catch (int cat)
   {
       printf("catch a = %d \r\n", a);
   }
   printf( "try 이후의 a = %d\r\n", a);
   printf( "try 이후의 b = %d\r\n", b);

   return 0;
}
```

cilk_for 키워드는 외부에서 스폰된 자식 함수를 동기화하지 않는다. 이런 cilk_for 키워드
의 속성을 이용히면 암묵적 동기화를 막을 수 있다.

```cpp
#define CILKTRY cilk_for(int nTemp = 0; nTemp< 1; ++nTemp) try
```

이처럼 cilk_for를 이용하여 try 구문을 전체적으로 한 번만 수행하는 매크로를 만들었다.

실행 결과

```
C:\Windows\system32\cmd.exe
try 이전의 b = 1
catch a = 100
try 이후의 a = 100
try 이후의 b = 100
계속하려면 아무 키나 누르십시오 . . . .
```

실행 결과를 보면 try 구문 이전에 스폰된 자식 함수 func( )의 인자 b의 값이 1인 것을 확인할 수 있다. try 구문이 실행되었지만, 암묵적 동기화가 진행되지 않았다. 그리고 특이한점은 catch a = 100이다. cilk_for 문을 이용하여 try 구문 이전의 암묵적 cilk_sync는 피했지만 cilk_for 문에도 암묵적 cilk_sync가 호출되어 try 구문 내부에서 스폰된 자식 함수가 동기화되기 전까지 throw되지 못하기 때문이다.

또 다른 암묵적 cilk_sync를 피하는 방법이다.

```c
void AllFunc( )
{
    cilk_spawn a( );
}

void Func( )
{
    cilk_spawn a( );

    try //암묵적 cilk_sync가 호출되지 않음
    {
        AllFunc( );
    }
    catch (...)
    {
            ......
    }
} //암묵적 cilk_sync가 호출
```

try 구문 안에서 cilk_spawn을 호출하지 않을 때에는 보통의 try 구문으로 동작한다. 이러면 암묵적 cilk_sync가 호출되지 않아 일반적인 예외 처리 try 구문으로 동작하게 된다. 참고로 윈도우의 예외 처리에는 제한이 있다(컴파일러 /EHa 옵션이나 C/C++ 확장인 __try, __except, __finally, __leave를 사용하는 경우). cilk_sync 앞에서 예외가 throw되면 컴파일러는 에러 코드를 발생시키고 종료하게 된다.

이 장에서는 리듀서의 의미와 사용법에 대해서 설명한다. 병렬 프로그램에서는 순차 프로그램에는 없는 여러 가지 문제가 생길 수 있다. 이러한 문제를 해결할 수 있는 리듀서의 동작 원리와 병렬화를 저해하지 않고 변수를 제어하는 방법, 여러 종류의 리듀서 사용법에 대해서 알아보자.

01 리듀서의 의미

병렬 프로그램에서는 여러 개의 스레드에 공유되는 변수(공유 메모리)에 대해서 적절한 배타 제어가 필요하다. 만약 배타 제어(exclusive control)를 하지 않으면 버그나 성능의 저하를 일으키는 원인이 된다(배타 제어는 멀티 스레드 시스템에서 여러 개의 스레드가 하나의 데이터를 동시에 갱신하면 데이터의 정합성이 깨지기 때문에, 현재의 스레드가 사용 중인 데이터를 다른 스레드에서 접근할 수 없도록 제어하는 것을 의미한다).

Cilk Plus에는 변수에 대한 범용적인 배타 제어 구조를 제공하는 리듀서(Reducer)라는 기능이 있다. 리듀서는 전역 변수의 데이터 경합을 해결한다. 또한, 리듀서를 이용하면 병렬 프로그램을 실행할 때에도 정합성을 보장한다. 개념적으로 리듀서는 병렬로 실행되는 여러 개의 스폰된 자식 함수가 사용할 수 있는 변수이다.

Cilk Plus의 런타임 시스템은 각 스레드가 리듀서 객체의 복사를 이용하여 접근하기 때문에 록을 이용하지 않고도 데이터 경합이 발생하지 않도록 한다. 스트랜드가 동기화될 때에 각각의 리듀서 복사본은 1개의 리듀서 객체에 합쳐지는데, 런타임 시스템은 이런 복사 동작으로 인한 오버헤드가 최소화되도록 작동한다.

Cilk Plus의 리듀서는 OpenMP의 리덕션 지시어와 사용법과 기능이 유사하다. 하지만 Cilk Plus는 OpenMP보다 더 많은 리듀서를 제공하고 있으며, 리듀서는 C++ 템플릿으로 작성되어 있어 프로그래머가 독자적인 사용자 정의 리듀서도 작성할 수 있다.

02 Cilk Plus의 리듀서 특성

Cilk Plus에서 리듀서를 사용하면 병렬 프로그램을 더욱 쉽게 작성할 수 있다. 그 이유는 리듀서가 다음과 같은 특성이 있기 때문이다.

- 전역 변수에 접근할 수 있다

데이터 경합이 없이 안전하게 전역 변수에 접근할 수 있다.

- 록(Lock)이 필요없다

성능에 영향을 주는 록 경합을 피할 수 있다.

- 리듀서는 순자 실행과 같은 결과를 보장한다

리듀서를 사용한 프로그램의 결과는 순차적 프로그램과 같고 프로세서(코어)나 스레드의 스케줄에 영향을 받지 않는다.

- 코드 변경이 쉽다

기존 코드를 많이 변경하지 않고 사용할 수 있다.

- 오버헤드를 최대한 억제하여 효율적으로 구현되어 있다

리듀서는 뮤텍스나 세마포어와 같은 록을 사용하지 않는다. 그 때문에 데드 록이
생기지 않으며 록보다 성능이 뛰어나다.

- 다양한 구조에 사용할 수 있다

프로그램의 제어 구조에 상관없이 사용할 수 있다.

- 사용하는 리듀서의 종류에 따라서 그 기능이 한정된다

안전한 사용을 위해서 리듀서의 종류에 따라 그 기능을 제한한다.

- 프로그래머가 리듀서를 만들 수 있다

필요에 따라서 프로그래머가 리듀서를 작성하여 사용할 수 있다.

03 리듀서 사용 방법

총합을 계산하는 순차적 프로그램(예제 7-1)을 리듀서를 사용한 병렬 프로그램(예제 7-2)
으로 변경한다. 이 예제들을 통해서 리듀서의 사용법을 알아보자.

예제 7-1 순차적 프로그램

```
#include <stdio.h>
#include <iostream>
#include <math.h>
#include <time.h>

int _tmain(int argc, _TCHAR* argv[ ])
{
    const int nMaxData = 1000000000;
    int nAfter, nBefore;
    double dSum = 0.0, dSqrt = 0.0;

    std::cout << "프로그램 시작" <<std::endl;
```

```
//순차적 프로그램
nBefore = clock( );
for(int i = 0; i< nMaxData; i++)
{
    dSqrt = sqrt((float)i+1);   //제곱근을 계산
    dSum = dSum +  (dSqrt/dSqrt)/nMaxData;
}
nAfter = clock( );
std::cout << "순차 실행 dSum 의 값 = " << dSum << " / 총 소비 시간 = " <<
                                  (nAfter-nBefore)/1000<<"초"<<std::endl;
}
```

예제 7-1은 변수 dSum(총합)이 1이 되도록 연산하는 프로그램으로 리듀서를 설명하기 위해서 작성한 간단한 예제이다. 예제 7-1의 for 문을 cilk_for 문으로 변경하면 두 개의 변수 dSqrt와 dSum은 데이터 경합이 발생한다. 변수 dSqrt는 for 문 안에 지역 변수로 선언하면 데이터 경합을 피할 수 있지만, 변수 dSum은 지역 변수로 사용할 수 없어 데이터 경합이 발생한다. 변수 dSum은 리듀서로 대체하여 데이터 경합을 해결해야 한다. 순차 프로그램을 병렬 프로그램으로 변경하려면 리듀서를 어떻게 사용해야 하는지 알아보자.

리듀서 적용 방법

❶ 헤더 파일 ⟨cilk\cilk.h⟩와 ⟨cilk\reducer_opadd.h⟩를 추가한다.

```
#include <cilk\cilk.h>             //Cilk Plus 사용
#include <cilk\reducer_opadd.h>    //리듀서 사용
```

❷ for 루프를 cilk_for로 변경한다.

```
for(int i = 0; i< nMaxData; i++)
                  ⬇ 변경
cilk_for(int i = 0; i< nMaxData; i++)
```

❸ 변수 dSqrt를 지역 변수로 설정한다.

```
cilk_for(int i = 0; i< nMaxData; i++)
{
   double local_dSqrt = sqrt((float)i+1);     //지역 변수로 변경
}
```

❹ 변수 dSum을 리듀서 객체 reducer_opadd〈자료형〉으로 변경한다.

```
cilk::reducer_opadd<double>re_dSum;
```

❺ set_value( ) 함수를 사용해 리듀서를 초기화한다.

```
re_dSum.set_value(0);
```

❻ cilk_for가 종료된 후 get_value( ) 함수를 사용해 리듀서의 값을 가져온다.

```
dSum = re_dSum.get_value( );
```

리듀서는 객체이기 때문에 직접 읽고 쓰기를 할 수 없다. 그 때문에 읽고 쓰기 전용 함수가
제공된다.

❼ 리듀서 객체의 더하기 연산을 변경한다. 기존 코드에서는 다음과 같이 코드를 작성했다.

```
dSum = dSum +  (dSqrt/dSqrt)/nMaxData;
```

하지만 리듀서 객체는 다음과 같이 작성하는 것이 더 효율적이다.

```
re_dSum += (local_dSqrt/local_dSqrt)/nMaxData;
```

re_dSum = re_dSum+(local_dSqrt/local_dSqrt)/nMaxData와 같은 코드는 리듀서 객체의 복사본이 더 생성되어야 하기 때문에 비효율적으로 동작하여 속도 저하가 발생한다. 이러한 제한은 Cilk Plus의 버전이 업데이트될 때에 개선되기를 기대해 본다. 예제 7-2는 예제 7-1을 리듀서 객체를 이용하여 병렬 프로그램으로 변경한 예제이다.

예제 7-2 리듀서 객체를 이용한 병렬 프로그램

```
#include <iostream>
#include <math.h>
#include <time.h>
#include <cilk\cilk.h> //Cilk Plus 사용
#include <cilk\reducer_opadd.h>    //리듀서 사용

int _tmain(int argc, _TCHAR* argv[ ])
{
    const int nMaxData = 1000000000;
    int nAfter, nBefore;
    double dSum = 0.0;

    std::cout << "프로그램 시작" <<std::endl;

    //reducer를 이용한 cilk_for
    cilk::reducer_opadd<double>re_dSum;       //리듀서 객체 선언
    nBefore = clock( );
    re_dSum.set_value(0);          //리듀서 객체 초기화
    cilk_for(int i = 0; i< nMaxData; i++)
    {
        double local_dSqrt = sqrt((float)i+1);          //지역 변수로 변경
        re_dSum += (local_dSqrt/local_dSqrt)/nMaxData;   //연산 방식 변경
    }
    dSum = re_dSum.get_value( );     //리듀서 객체값 복사
    nAfter = clock( );
    std::cout << "Reducer를 이용한 Cilk for 실행 dSum의 값 = " <<   dSum <<
            " : 총 소비 시간 = " << (nAfter-nBefore)/1000<< "초"<<std::endl;

    return 0;
}
```

리듀서 객체를 이용하여 변수 dSum의 데이터 경합을 제거하였다. 반드시 리듀서 객체의 적용 순서를 따를 필요는 없다. 리듀서 객체의 사용에 익숙해지면 일반 변수를 사용하듯이 리듀서 객체도 선언하고 사용하면 된다.

예제 7-1 결과

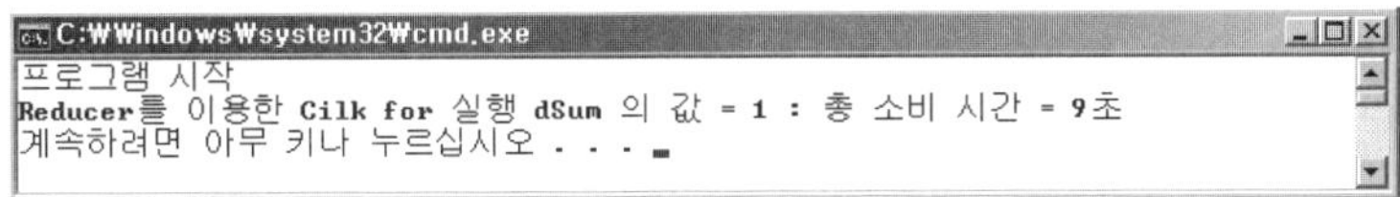

예제 7-1과 예제 7-2의 dSum의 결괏값은 같지만 예제 7-2의 처리 속도가 더 빠른 것을 알 수 있다.

Cilk Plus의 리듀서와 OpenMP의 리덕션 지시어는 어떤 차이가 있는지 예제 7-3을 통해서 확인해 보자.

예제 7-3 OpenMP의 리덕션 지시어를 사용

```cpp
#include <iostream>
#include <math.h>
#include <time.h>
#include <omp.h>

int _tmain(int argc, _TCHAR* argv[ ])
{
    const int nMaxData = 1000000000;
    int nAfter, nBefore;
    double dSum = 0.0;

    std::cout << "프로그램 시작" <<std::endl;
```

```
    nBefore = clock( );
    double re_dSum = 0;
#pragma omp parallel for reduction(+:re_dSum)
    for(int i = 0; i< nMaxData; i++)
    {
        double local_dSqrt = sqrt((float)i+1);
        re_dSum += (local_dSqrt/local_dSqrt)/nMaxData;
    }
    nAfter = clock( );
    std::cout << "Reduction 이용한 OMP 실행 dSum 의 값 = " <<   re_dSum << " :
                총 소비 시간 = " << (nAfter-nBefore)/1000<< "초"<<std::endl;

    return 0;
}
```

OpenMP의 리덕션 지시어를 사용하려면 일반 변수를 선언한 후에 리덕션 지시어로 지정
해 주어야 한다. Cilk Plus의 리듀서보다 OpenMP의 리덕션이 조금 더 간편하다. 하지만
OpenMP의 리덕션은 사용 범위가 좁고, 사용자가 정의해서 사용할 수 없는 단점이 있다.

실행 결과

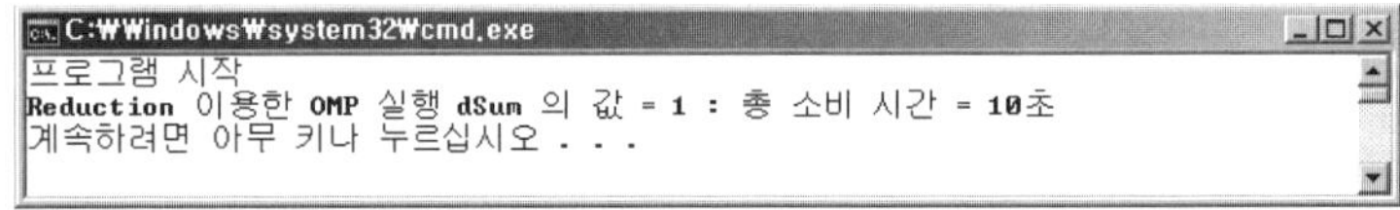

Cilk Plus의 리듀서와 시간 차이가 거의 없음을 알 수 있다.

□4 C++ 리듀서 라이브러리

Cilk Plus에서는 C++ 리듀서 라이브러리를 제공한다. C++ 언어에서 리듀서 형식은 다음
과 같다.

```
cilk::reducer_조작_<변수형>변수  이름
```

표 7-1을 통해서 C++ 리듀서의 업데이트 연산자와 초깃값에 대해서 알아보자.

표 7-1 C++ 리듀서 라이브러리

리듀서/헤더 파일	초깃값/업데이트	설명
reducer_list_append 〈cilk\reducer_list.h〉	비어 있는 리스트 push_back( )	자료 구조의 맨 끝에 데이터를 추가하여 리스트를 작성한다. 스레드의 수나 실행 순서에 관계없이, 순차 프로그램과 똑같이 동작한다.
reducer_list_prepend 〈cilk\reducer_list.h〉	비어 있는 리스트 push_front( )	자료 구조의 맨 앞에 데이터를 추가하여 리스트를 작성한다.
reducer_max 〈cilk\reducer_max.h〉	생성자에 인수 전달 cilk::max_of 또는 calc_max	생성자에 전달된 인수가 최초의 최댓값으로 설정된다. 이후에 cilk::max_of 또는 calc_max에 전달된 인수로부터 최댓값을 찾는다.
reudcer_max_index 〈cilk\reducer_max.h〉	생성자에 인수 전달 cilk::max_of 또는 calc_max	생성자에 전달된 인수가 최초의 최댓값과 인덱스로 설정된다. 이후에 cilk::max_of 또는 calc_max에 전달한 인숫값에서 최댓값과 최댓값을 포함한 요소의 인덱스를 찾는다.
reudcer_min 〈cilk\reducer_min.h〉	생성자에 인수 전달 cilk::min_of 또는 calc_min	생성자에 전달된 인수가 최초의 최솟값으로 설정된다. 이후에 cilk::min_of 또는 calc_min에 전달된 인수로부터 최솟값을 찾는다.
reducer_min_index 〈cilk\reducer_min.h〉	생성자에 인수 전달 cilk::min_of 또는 calc_min	생성자에 전달된 인수가 최초의 최솟값과 인덱스로 설정된다. 이후에 cilk::min_of 또는 calc_min에 전달된 인수로부터 최솟값과 최솟값을 포함한 요소의 인덱스를 찾는다.
reducer_opadd 〈cilk\reducer_opadd.h〉	0 +=, =, -=, ++, —	합계를 계산한다.
reduer_opand 〈cilk\reducer_opand.h〉	1 / ture &, &=, =	논리곱 연산 또는 비트 논리곱 연산을 계산한다.

→ 다음 페이지에 계속

← 전 페이지에 이어

리듀서/헤더 파일	초깃값/업데이트	설명
reducer_opor 〈cilk\reducer_opor.h〉	0 / false |, |=, =	논리합 연산 또는 비트 논리합 연산을 계산한다.
reducer_opxor 〈cilk\reducer_opxor.h〉	0 / false ^, ^=, =	배타적 논리합 연산 또는 비트 배타적 논리합 연산을 계산한다.
reducer_ostream 〈cilk\reducer_ostream.h〉	생성자에 인수 전달 《	Cilk Plus에서 동작하는 출력 스트림을 제공한다. 출력 스트림은 순차 프로그램의 출력 스트림과 똑같이 동작한다.
reducer_basic_string 〈cilk\reducer_string.h〉	비어 있는 문자열 또는 생성자에 인수 전달 +=, append	문자열의 끝에 문자를 추가하며, 연산자 +=을 사용해서 문자열을 작성한다. 문자열의 복사와 메모리 동작을 최소화하기 위해서 부분 문자열의 리스트로 리듀서 클래스에 보관된다. get_value( ) 함수가 호출되면 부분 문자열은 하나의 문자열로 합쳐지게 된다.
reducer_string 〈cilk\reducer_string.h〉	비어 있는 문자열 또는 생성자에 인수 전달 +=, append	char형의 문자열 리듀서이다.
reduer_wstring 〈cilk\reducer_string.h〉	비어 있는 문자열 또는 생성자에 인수 전달 +=, append	wchar_t형의 문자열 리듀서이다.

05 C 리듀서 라이브러리

Cilk Plus에서는 C 언어를 위한 리듀서도 제공한다. C 언어의 리듀서는 매크로로 지원된다. 하지만 C++에서 지원하는 모든 리듀서 기능을 제공하진 않는다. C 언어에서 리듀서 형식은 다음과 같다.

```
CILK_C_REDUCER_조작(변수 이름, 변수형, 값)
```

C++ 언어에서의 reducer_opadd〈int〉nSum(0)은 C 언어에서는 CILK_REDUCER
_OPADD(nSum,int,0)과 같이 변경된다. 표 7-2는 C 언어에서 제공하는 리듀서이다.

표 7-2 C 리듀서 라이브러리

리듀서/헤더 파일	초깃값/업데이트	설명
CILK_C_REDUCER_MAX 〈cilk\reducer_max.h〉	배열	전달받은 인수가 최댓값인지를 확인한다. 배열 인수는 초기의 최댓값을 가진다.
CILK_C_REDUCER_MAX_INDEX 〈cilk\reducer_max.h〉	배열	인수의 최댓값과 최댓값을 포함한 요소의 인덱스를 검색한다. 배열 인수는 초기의 최댓값을 인덱스 로 가진다.
CILK_C_REDUCER_MIN 〈cilk\reducer_min.h〉	배열	전달받은 인수가 최솟값인지를 확인한다. 배열 인수는 초기의 최솟값을 가진다.
CILK_C_REDUCER_MIN_INDEX 〈cilk\reducer_min.h〉	배열	인수의 최솟값과 최솟값을 포함한 요소의 인덱스를 검색한다. 배열 인수는 초기의 최솟값을 인덱스 로 가진다.
CILK_C_REDUCER_OPADD 〈cilk\reducer_opadd.h〉		합계를 계산한다.
CILK_C_REDUCER_OPAND 〈cilk\reducer_opand.h〉		논리곱 연산 또는 비트 논리곱 연산을 계산한다.
CILK_C_REDUCER_OPOR 〈cilk\reducer_opor.h〉		논리합 연산 또는 비트 논리합 연산을 계산한다.
CILK_C_REDUCER_OPXOR 〈cilk\reducer_opxor.h〉		배타적 논리합 연산 또는 비트 배타적 논리합 연산을 계산한다.

리듀서에 접근하는 방법은 REDUCER_VIEW(변수 이름)를 사용한다. 그리고 C 언어에서 리
듀서를 사용할 때는 메모리 누수(Leak)를 피하고자 리듀서를 사용하기 전에 등록하고, 사용
한 후에는 해지하는 것을 권장한다. 리듀서의 등록은 CILK_C_REGISTER_REDUCER(변수
이름), 해지에는 CILK_C_UNREGISTER_REDUCER(변수 이름)를 사용한다. C++ 언어로
작성된 예제 7-2를 C 언어로 변경해 보자.

예제 7-4 C++로 작성된 리듀서를 C로 변경

```c
#include <stdio.h>
#include <math.h>
#include <time.h>
#include <cilk\cilk.h>      //Cilk Plus 사용
#include <cilk\reducer_opadd.h>

int _tmain(int argc, _TCHAR* argv[ ])
{
   const int nMaxData = 1000000000;
   int nAfter, nBefore;
   double dSum = 0.0;

   printf("프로그램 시작\r\n");

   //reducer를 이용한 cilk_for
   CILK_C_REDUCER_OPADD(re_dSum, double, 0);   //리듀서 생성한다.
   CILK_C_REGISTER_REDUCER(re_dSum);           //리듀서를 등록한다.
   nBefore = clock( );
   cilk_for(int i = 0; i< nMaxData; i++)
   {
       double local_dSqrt = sqrt((float)i+1);
       //리듀서의 더하기 연산
       REDUCER_VIEW(re_dSum) +=(local_dSqrt/local_dSqrt)/nMaxData;
   }
   dSum = REDUCER_VIEW(re_dSum);   //리듀서의 값을 가져온다.
   nAfter = clock( );
   printf("Reducer를 이용한 Cilk for 실행 dSum의 값 = %0.2f : 총 소비시간
                             = %d초\r\n", dSum,(nAfter-nBefore)/1000);
   CILK_C_UNREGISTER_REDUCER(re_dSum);         //리듀서 등록을 해지한다.

   return 0;
}
```

C++에서 사용하던 set_value( ) 함수와 get_value( ) 함수가 없어졌고, 리듀서에 접근하는 방법도 달라졌다. C++에서 C로 바꾸기 위해서 Cilk Plus 내부적으로 어떤 변화가 있었는

지 프로그래머가 알 필요는 없다. 다만 C 언어와 C++ 언어와의 차이점은 두 가지만 명심하면 된다.

- C 언어로 정의한 리듀서는 선언할 때 초깃값을 설정한다.
- C 언어로 정의한 리듀서의 접근은 모두 REDUCER_VIEW를 사용한다.

06 리듀서의 동작 원리

리듀서의 동작은 Cilk Plus의 스폰(Spawn)과 스틸(Steal), 연산 동작(+=,++ 등)과 밀접하게 관련이 있다. 그리고 리듀서 개념 중에 뷰(View)라는 개념이 있다. 뷰는 워커 단위로 생성되는 임시 객체의 의미로 해석된다. OpenMP에서의 private 지시어를 생각해 보면 조금 쉽게 이해할 수 있다. private 지시어는 스레드 로컬 메모리 영역에 할당되기 때문에 개별 스레드에 각각 동작한다. 뷰 또한 개별 스레드 별로 각각 생성된다. 부모의 인스턴스를 물려받아 생성된 뷰는 오리지널 뷰라고 하며, 스틸되어 생성된 뷰를 로컬 뷰라고 말한다.

6.1 리듀서 동작 시퀀스

다음 예제 7-5는 reducer_opadd를 이용하여 합계를 구하는 프로그램이다. 이 프로그램을 통해서 리듀서의 동작 원리를 이해해 보자.

예제 7-5 리듀서의 동작 원리

```
#include <stdio.h>
#include <cilk\cilk.h>
#include <cilk\reducer_opadd.h>

cilk::reducer_opadd<int>re_nSum;  //리듀서 선언

void child( )  //스트랜드 3
```

```
{
    re_nSum++;
}
int _tmain(int argc, _TCHAR* argv[ ])
{
    re_nSum.set_value(1);    //스트랜드 1
    cilk_spawn child( );      //노트 A, 스트랜드 3
    re_nSum ++;               //스트랜드 2
    cilk_sync;                //노트 B
    printf("re_nSum의 값은 = %d", re_nSum.get_value( ));      //스트랜드 4

    return 0;
}
```

예제 7–5는 DAG로 분해할 수 있다. 이 Cilk Plus 프로그램의 DAG는 다음과 같다.

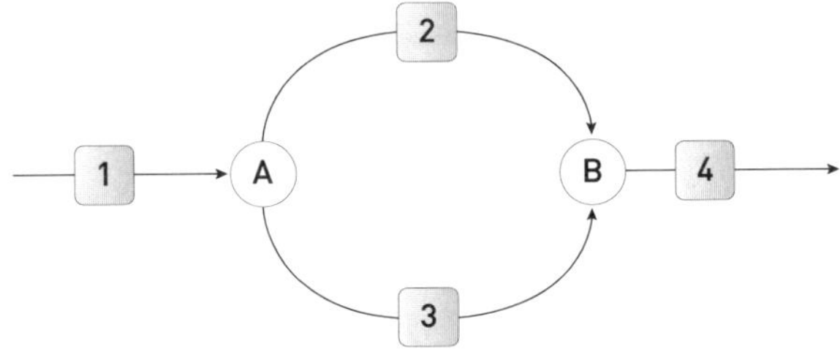

그림 7-1 예제 7-5의 DAG

이 DAG를 실행하는 두 가지 방법에는 프로그램이 1개의 워커로 실행되는 경우와 2개의 워커로 실행되어 스틸이 일어나는 경우가 있다.

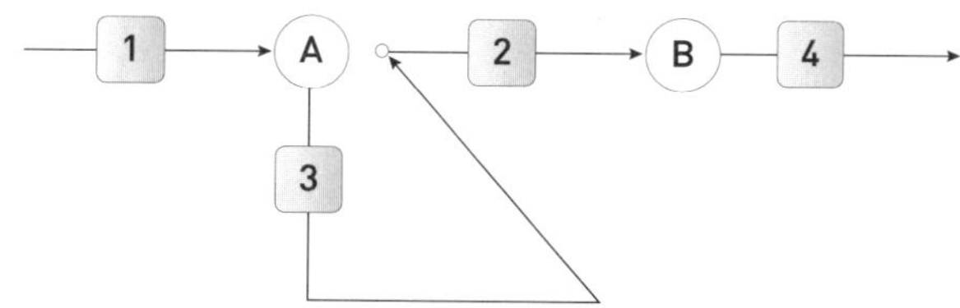

그림 7-2 1개의 워커로 실행(스틸이 일어나지 않음)

워커가 1개이면 스틸이 일어나지 않기 때문에 로컬 뷰도 생성되지 않고 리듀서 객체에 대한 배타 제어 동작이 일어나지 않아 일반 변수와 똑같이 동작한다. 그리고 cilk_sync 키워드는 동작하지 않는다(NOP: No operation).

그림 7-2의 동작을 단계별로 살펴보자.

❶ 일반 함수 child( )가 노트 A에서 스트랜드 3으로 스폰되어 실행된다.

❷ cilk_sync 전의 스트랜드 2(re_nSum++)는 일반 함수 child( )가 종료한 후에 실행된다.

❸ 스틸이 일어나지 않기 때문에 스트랜드 2의 로컬 뷰가 생성되지 않으며, 리듀서 re_nSum의 모든 연산은 같은 리듀서로 실행된다.

❹ 스트랜드 1의 리듀서 객체를 스트랜드 3과 스트랜드 2가 직접 갱신하기 때문에 리듀서 객체는 일반 변수와 똑같이 동작한다.

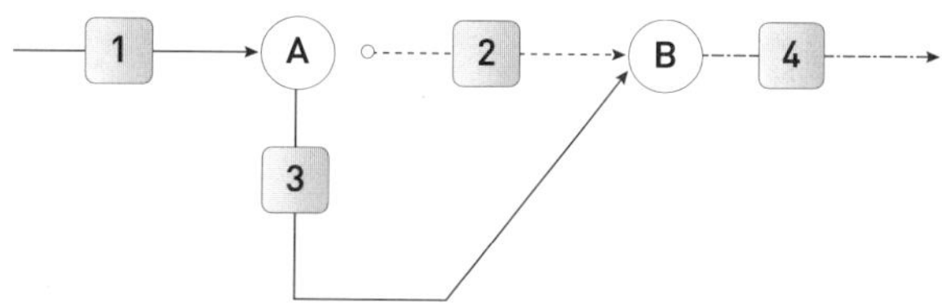

그림 7-3 여러 개의 워커로 실행(스틸이 일어남)

여러 개의 워커로 실행되어 스틸이 일어나면 스트랜드 2는 스트랜드 1의 리듀서 객체를 참조하게 된다. 사용할 수 있는 워커가 있다면 스트랜드 2는 그 워커에 스틸되어 병렬로 처리된다. 스틸된 스트랜드 2는 새로운 로컬 뷰를 생성한다. 노트 B에서 스트랜드 2가 가진 로컬 뷰는 스트랜드 3의 오리지널 뷰와 합쳐지게 된다.

그림 7-3의 동작을 단계별로 살펴보자.

❶ 부모 함수를 실행한 스레드와 자식 함수를 실행하는 스레드가 같아서 스폰된 자식 함수 child( )는 부모 함수 _tmain( )이 가진 오리지널 뷰를 물려받는다. 자식 함수는 부모 함수의 리듀서 객체를 사용할 수 있어서 re_nSum 리듀서는 set_value(1) 함수에 의해서 1에서 2로 증가하게 된다.

❷ 스틸된 스트랜드 2는 새로운 스레드에서 실행되기 때문에 초깃값 0을 가지는 새로운 로컬 뷰가 작성된다. re_nSum 리듀서의 값은 0에서 1이 된다.

❸ cilk_sync가 실행되면 각각의 스트랜드(오리지널 뷰와 여러 개의 로컬 뷰)가 가지는 re_nSum 리듀서의 값은 오리지널 뷰에 합쳐진다. 이 예에서는 스트랜드 2의 re_nSum 리듀서의 값(1)과 스트랜드 3의 값(2)이 더해져서 리듀서의 값은 3이 된다. 동기화 이후에 생성된 로컬 뷰는 삭제된다.

6.2 리듀서 동작 원칙

Cilk Plus의 리듀서는 몇 가지 원칙을 가지고 만들어졌다. 그 원칙은 다음과 같다.

게으른 시맨틱스(Lazy semantics)

로컬 뷰는 다음 두 가지 경우에만 생성된다.

- 새로운 뷰는 오직 스틸된 후에만 생성된다.
- 새로운 뷰는 새로운 스트랜드가 리듀서에 최초로 접근할 때 생성된다.

이외에는 로컬 뷰가 생성되지 않는데 이는 쓸데없이 로컬 뷰를 생성하여 메모리와 속도를 낭비하지 않도록 하기 위해서이다. 그리고 생성된 로컬 뷰는 cilk_sync 이전에 오리지널 뷰에 합쳐지게 되는데 만약 로컬 뷰가 생성되지 않았다면 리듀서로서 동작을 하지 않기 때문에 성능이 향상된다. 스틸이 일어나지 않거나, 리듀서에 접근하지 않으면 로컬 뷰가 생성되지 않는 법칙을 Cilk Plus에서는 게으른 시맨틱스(Lazy semantics)로 정의한다.

안전한 조작(Safe operator)

하나의 리듀서에서 여러 가지 리듀서 동작을 하지 않고, 기능을 제한하는 것은 보다 안전한 조작을 하기 위해서이다. 예를 들어 reducer_opadd는 +=, =, ++, --, +, -의 기능만을 제공하지 곱하기(*)나 나누기(/)와 같은 연산은 reducer_opadd에서 제공하지 않는다. Cilk Plus의 리듀서 법칙으로 리듀서는 같은 종류의 연산만을 제공한다. 프로그래머가 사용자 정의 리듀서를 작성할 때에도 똑같이 적용하기를 권장한다.

안전성

정확한 결과를 얻으려면 리듀서의 모든 동작(operation)은 합쳐져야 한다. 오리지널 뷰에 로컬 뷰가 합쳐질 때에 리듀서의 결과 또한 합쳐지는데, 이런 결합 동작에 대한 개념을 안전성이라고 한다.

결정론

리듀서가 부동 소수점형(float, double)의 결합 동작을 할 때는 스트랜드가 실행되는 순서(스틸이 발생되어 실행 순서가 변경됨)에 따라 그 결과가 다르다. 또한, 지숫값이 달라지는 연산 동작에서도 결과가 다르다. 대부분 프로그램은 이 차이를 허용할 수 있지만, 병렬 프로그램을 반복 실행했을 때 그 결과가 같지 않은 것에 대해 주의해야 한다.

성능

리듀서를 적절히 이용하면 병렬 프로그램을 실행할 때 성능이 떨어지지 않는다. 하지만 잘못 사용하면 성능이 떨어질 수 있다. 리듀서에 의한 오버헤드는 스틸이 발생한 횟수에 비례

한다. 만약 프로그래머가 여러 개의 리듀서(리듀서 배열이나 리듀서 벡터)를 사용하여 병렬 프로그램을 작성하였다면, 그 프로그램에서 스틸에 의한 오버헤드는 리듀서의 개수에 비례하여 커지게 된다. 또한 큰 용량의 리듀서를 사용자가 정의하면, 스틸이 일어나고 리듀서가 참조될 때 리듀서의 초깃값을 생성하는 것만으로도 오버헤드가 발생한다.

07 리듀서의 사용 예

이번 절에서는 Cilk Plus에서 자주 사용하는 리듀서를 이용하여 리듀서 사용법을 알아본다. 리듀서는 병렬 프로그램에서 중요한 부분이기 때문에 사용법을 확실하게 익혀두어야 한다.

7.1 최댓값, 최솟값 리듀서

reducer_max와 reducer_min은 각각 최댓값과 최솟값을 구할 때 사용하는 리듀서이다. 그리고 reducer_max_index와 reducer_min_index는 각각 최댓값과 최솟값의 인덱스를 구할 때 사용한다. 예제 7-6은 최댓값의 위치를 찾는 순차 프로그램으로 리듀서 활용 예제로 사용한다.

예제 7-6 최댓값의 위치를 찾는 순차적 프로그램

```c
#include <stdio.h>
#include <iostream>      //랜덤 함수 사용
#include <time.h>        //time( ) 함수 사용

//nSize 만큼 랜덤하게 수를 생성한다.
void MakeRandData(unsigned int* pData, unsigned int nSize)
{
//난수를 발생시켜 pData에 대입한다.
   srand((unsigned int)time(NULL));
   //cilk_for(unsigned int i =0; i < nSize; i++)로 변경하면 더 좋은 성능을 발휘한다.
```

```cpp
    for(unsigned int i =0; i < nSize; i++)        //cilk_for로 변경할 수 있다.
        pData[i] = rand( )%(nSize-1);   //데이터 경합이 발생하지 않는다.
    //가장 큰 값을 무작위로 생성한 위치에 넣는다.
    unsigned int nMsxPos= rand( )%(nSize);
    pData[nMsxPos] = nSize;
    printf("Max 값의 위치는 %d입니다.\r\n",nMsxPos);
}

//최댓값의 위치를 찾는다.
int FindMaxIndex(unsigned int* pData, unsigned int nSize)
{
    unsigned int nMax = 0, nFindIndex = 0;

    for(unsigned int i =0; i  < nSize; i++)
    {
        if(pData[i] > nMax)
        {
            nMax = pData[i];
            nFindIndex = i;
        }
    }
    return nFindIndex;
}

int _tmain(int argc, _TCHAR* argv[ ])
{
    const unsigned int MAX_COUNT = 100000000;
    unsigned int* pNData;
    unsigned int nFindMaxPos;

    pNData = new unsigned int [MAX_COUNT];

    MakeRandData(&pNData[0], MAX_COUNT);
    nFindMaxPos = FindMaxIndex(&pNData[0], MAX_COUNT);
    printf("최댓값의 위치는 %d 입니다.\r\n",nFindMaxPos);

    delete [ ] pNData;

    return 0;
}
```

MakeRandData( ) 함수는 전달받은 인자에 MAX_COUNT보다 작은 크기의 숫자를 무작위로 생성하고, 마지막에 MAX_COUNT를 무작위로 생성한 위치에 입력한다. FindMaxIndex( ) 함수는 전달받은 인자(무작위로 생성된 데이터)에서 최댓값의 위치를 찾는다.

순차 프로그램에서는 정상적으로 동작한다. 하지만 FindMaxIndex( ) 함수에서 사용된 for 문을 cilk_for 문으로 변경하면 스레드 간에 서로 변수 nMax와 nFindIndex를 변경하기 때문에 데이터 경합이 발생한다. 예제 7-6을 병렬 프로그램으로 변경하려면 최댓값과 관련된 리듀서 reducer_max_index를 사용해야 한다. 예제 7-7은 예제 7-6을 Cilk Plus 프로그램으로 변경한 코드이다.

예제 7-7 최댓값의 위치를 찾는 Cilk Plus 프로그램

```
int FindMaxIndex(unsigned int* pData, unsigned int nSize)
{
    cilk::reducer_max_index<unsigned int, unsigned int> re_FindIndex(-1,0);

    unsigned int nMax = 0, nFindIndex = 0;

    cilk_for(unsigned int i =0; i  < nSize; i++)
    {
        re_FindIndex.max_of(i, pData[i]);
    }

    //re_FindIndex.get_value( )로 최댓값을 가져올 수 있다.
    nFindIndex = re_FindIndex.get_index( );
    return nFindIndex;
}
```

예제 7-7은 FindMaxIndex( ) 함수에서 기존 for 문을 cilk_for 문으로 변경하였고, 데이터 경합을 피하려고 리듀서를 사용하였다. 리듀서 reducer_max_index는 최댓값과 위칫값 2개의 인자를 가진다. 예제 7-6에서는 cilk::reducer_max_index〈unsigned int, unsigned int〉 re_FindIndex(-1,0); 와 같이 선언하였다. -1은 위칫값의 초깃값이고, 0은

최댓값의 초깃값이다. 그리고 최댓값과 위칫값을 비교하고 갱신하려고 re_FindIndex.max_of(i, pData[i]);와 같이 사용하였다. 최댓값의 위칫값을 알고자 re_FindIndex.get_index( );를 사용하였다. 최댓값을 알려면 re_FindIndex.get_value( );를 사용한다.

만약 최댓값만이 필요하다면 reducer_max⟨int⟩re_max(0)으로 선언하고, 리듀서를 cilk_for 문 중에서 re_max = max_of(re_max, a[i])로 변경하면 된다. 그리고 re_FindIndex.get_value( );로 최댓값을 가져올 수 있다. 참고로 MakeRandData( ) 함수의 for 문에서는 데이터 경합이 발생하지 않아서 cilk_for 문으로 변경하면 더 좋은 성능을 얻을 수 있다.

다음은 C 언어로 최댓값을 구하는 리듀서를 사용하는 방법을 나타낸다. 예제 7-8은 예제 7-7을 수정하여 C 언어로 최댓값과 위칫값을 찾는 병렬 프로그램을 작성한 것이다.

예제 7-8 최댓값을 찾는 C 언어 Cilk Plus 프로그램

```
//최댓값을 찾는다.
int FindMaxValue(unsigned int* pData, unsigned int nSize)
{
    int nMax = 0, nFindIndex = 0;
    CILK_C_REDUCER_MAX(re_nMax, int, 0);
    CILK_C_REGISTER_REDUCER(re_nMax);

    cilk_for(int i =0; i  < nSize; i++)
    {
        if(pData[i] > REDUCER_VIEW(re_nMax))
        {
            REDUCER_VIEW(re_nMax) = pData[i];
        }
        //또는 CILK_C_REDUCER_MAX_CALC(pData[i]);
    }
    nMax = REDUCER_VIEW(re_nMax);
    CILK_C_UNREGISTER_REDUCER(re_nMax);
    return nMax;
}
```

```
//최댓값의 위치를 찾는다.
int FindMaxIndex(unsigned int* pData, unsigned int nSize)
{
    int nFindValue = 0, nFindIndex = 0;
    CILK_C_REDUCER_MAX_INDEX(re_nMaxIndex, uint, 0);
    CILK_C_REGISTER_REDUCER(re_nMaxIndex);
    cilk_for(int i =0; i  < nSize; i++)
    {
        CILK_C_REDUCER_MAX_INDEX_CALC(re_nMaxIndex, i, pData[i]);
    }
    nFindValue = REDUCER_VIEW(re_nMaxIndex).value;    //최댓값을 가져온다.
    nFindIndex = REDUCER_VIEW(re_nMaxIndex).index;    //최댓값의 위치를 가져온다.
    CILK_C_UNREGISTER_REDUCER(re_nMaxIndex);
    return nFindIndex;
}
```

FindMaxValue( ) 함수는 최댓값만 구하고, FindMaxIndex( ) 함수는 최댓값과 위칫값도 구한다. 매크로 REDUCER_VIEW( )에는 value와 index가 존재하는데 value는 최댓값을 의미하고, index는 최댓값의 위치를 나타낸다. 그리고 C 언어 리듀서가 C++과 가장 다른 점은 C++에서는 없던 메모리 누수(Leak)를 피하려고 CILK_C_REGISTER_REDUCER와 CILK_C_UNREGISTER_REDUCER를 사용한다는 것이다.

7.2 출력 제어 리듀서

Cilk Plus에서는 병렬로 동작할 때 출력을 제어하기 위한 리듀서 reducer_ostream을 제공한다. 출력 창에 표시하거나 파일로 쓰려면 연산자 <<를 사용한다. 출력 제어 리듀서는 보류 중인 데이터가 출력될 때까지 리듀서 출력 버퍼에 저장된다. 이 때문에 스트림의 일관성을 유지할 수 있고 순차적 출력과 같게 출력된다. 출력 제어 리듀서는 수치 리듀서나 논리 연산 리듀서와 사용법이 다르다.

예제 7-9 데이터 경합이 발생한 파일 출력

```cpp
#include <iostream>
#include <fstream>      //ofstream를 사용하려고
#include <cilk\cilk.h>

void Print(std::ostream& os, double x)
{
   os << (x);        //출력
   os << '\n';       //줄 바꿈 하기
}


int _tmain(int argc, _TCHAR* argv[ ])
{
   const int MAX_SIZE = 100;
   double myArray[MAX_SIZE]={0,};

   //data를 초기화한다.
   for(int i =0; i< MAX_SIZE; i++)
      myArray[i] = i;

   std::ofstream  output("output.txt");

   cilk_for (int i = 0; i < MAX_SIZE; ++i)
   {
      Print(output, myArray[i]);
//    std::cout << myArray[i] << std::endl;
   }
   return 0;
}
```

예제 7-9는 0부터 99까지 줄 바꿈된 상태로 차례대로 파일에 쓰일 것으로 예측할 수 있다.

실행 결과

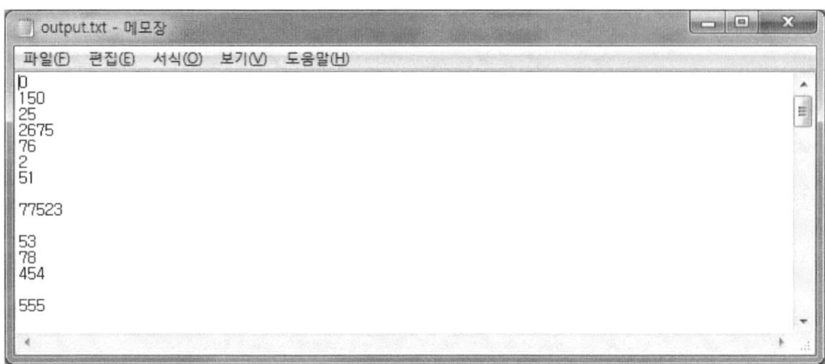

그러나 실행 결과를 보면 순서와 띄어쓰기조차도 정상적으로 쓰이지 않은 것을 확인할 수 있다. 파일 쓰기를 할 때 데이터 경합이 발생하여 원하지 않는 결과가 나타났다. 파일 쓰기에서 나타난 데이터 경합을 출력 제어 리듀서를 이용하여 해결해 보자. 예제 7-10은 리듀서를 사용하여 데이터 경합이 발생하지 않도록 한 것이다.

예제 7-10 출력 제어 리듀서 사용

```cpp
#include <iostream>
#include <fstream>       //ofstream를 사용하려고
#include <cilk\cilk.h>
#include <cilk\reducer_ostream.h>       //출력 스트림 리듀서 사용

//리듀서를 인자로 받아서 출력 파일 출력 인자를 넘긴다.
void Print(cilk::reducer_ostream& os, double x)
{
    os << (x);
    os << '\n';       //파일에서 구분하기 위해서 줄 바꿈 하기
}

int _tmain(int argc, _TCHAR* argv[ ])
{
    const int ARRAY_SIZE = 100;
    double myArray[ARRAY_SIZE]={0,};
```

```cpp
for(int i =0; i< ARRAY_SIZE; i++)
    myArray[i] = i;

std::ofstream output("output.txt");

cilk::reducer_ostream file_output(output);      //파일 출력 리듀서 정의
cilk::reducer_ostream cout_output(std::cout);   //화면 출력 리듀서 정의

cilk_for (int i = 0; i < ARRAY_SIZE; ++i)
{
    Print(file_output, myArray[i]);             //파일 쓰기
    cout_output<<myArray[i] <<std::endl;   //화면 출력
}
return 0;
}
```

데이터 경합을 피하기 위해서 리듀서를 cilk::reducer_ostream file_output(output);로 선
언하였다. 그리고 출력 결과를 바로 확인하기 위해서 리듀서를 cilk::reducer_ostream
cout_output(std::cout);로 선언하였다. 리듀서 객체의 생성자를 이용하여 리듀서 객체에
C++의 표준 출력 객체를 전달하였다. 이러한 방법은 앞에서 설명한 리듀서 객체의 사용법
과 다르다.

파일 쓰기 결과

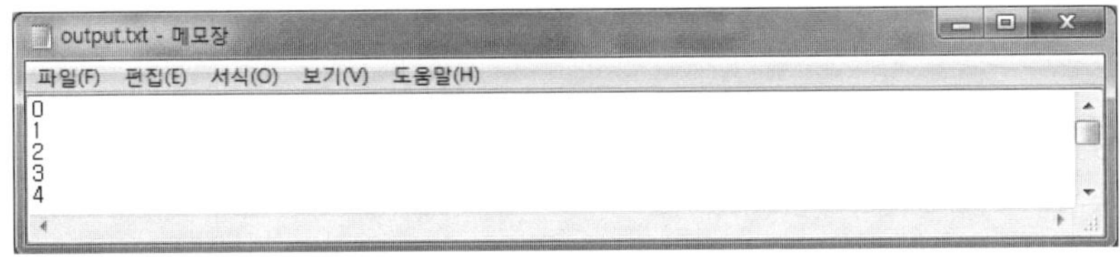

화면 출력 결과

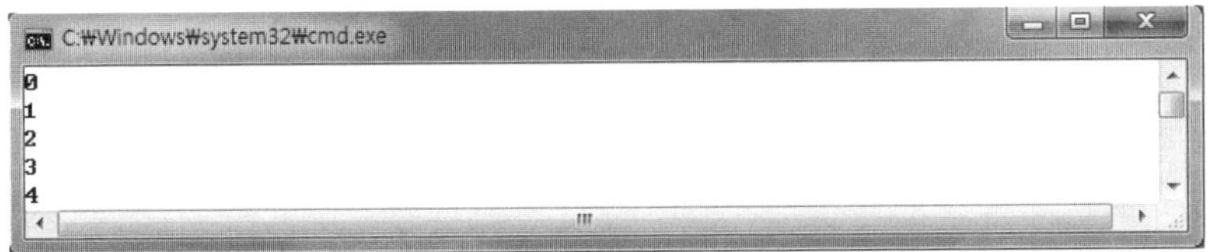

output.txt 파일과 출력 창을 확인해 본 결과 모두 순차적 순서에 의해서 출력된 것을 확인할 수 있다.

7.3 리듀서를 함수 인자로 사용

리듀서도 함수의 인자로 전달하고 전달받을 수 있다. 하지만 리듀서의 생성자는 복사 동작을 하지 않기 때문에 일반적인 방법으로 전달할 수 없다. 리듀서를 함수의 인자로 사용하려면 참조나 포인터를 사용해야 한다.

예제 7-11 리듀서를 함수 인자로 사용

```cpp
#include <iostream>    //cout 사용
#include <cilk\cilk.h>
#include <cilk\reducer_max.h>

void func1(cilk::reducer_max<int> max)
{
    max = max_of(max,0);
}
void func2(cilk::reducer_max<int>& max)
{
    max = max_of(max,10);
}
void func3(cilk::reducer_max<int>* max)
{
    *max = max_of(*max,20);
}
int _tmain(int argc, _TCHAR* argv[ ])
{
    cilk::reducer_max<int> max;
// func1(max);      //에러 발생
    func2(max);      //사용 가능
    std::cout << max.get_value( ) <<std::endl;
    func3(&max);     //사용 가능
    std::cout << max.get_value( ) <<std::endl;
    return 0;
}
```

func1( ) 함수의 인자는 리듀서를 선언하는 것과 같이 동작하기 때문에 컴파일할 때 에러가 발생한다. 하지만 func2( ) 함수와 func3( ) 함수는 함수 인자로 참조와 포인터를 사용하였기 때문에 에러 없이 동작한다. 그리고 리듀서를 함수의 인자로 사용하려면 cilk::reducer_max⟨int⟩& max나 cilk::reducer_max⟨int⟩* max와 같이 전달하는 인자와 전달받는 인자의 변수형을 같게 선언해야 한다.

7.4 문자열 제어 리듀서

Cilk Plus에서는 문자열 제어만을 위한 reducer_basic_string 리듀서를 제공한다. 문자열 제어 리듀서에서의 += 연산자는 우변의 문자열을 좌변 문자열 끝에 추가한다. 즉, 'A' += 'B'는 'AB'가 된다. 문자열 제어 리듀서는 char형인 reducer_string과 wchar형인 reducer_wstring이 있다. 예제 7-12는 cilk_for를 이용하여 '1'에서 '8'까지의 문자를 리듀서에 추가하는 프로그램으로 실행한 결과는 '12345678'이 된다.

예제 7-12 문자열 제어 리듀서 사용

```c
#include <stdio.h>
#include <iostream>    //cout 사용
#include <string.h>    //strcpy( ) 함수 사용
#include <cilk\cilk.h>
#include <cilk\reducer_string.h>

void MakeString(char cStart, char cEnd)
{
   cilk::reducer_string re_strData;

   cilk_for(char c = cStart; c <= cEnd; c++)
       re_strData += c;

   std::cout<<"출력된 문자열 " << re_strData.get_value( ) << std::endl;

   //reducer의 문자열 Data를 가져온다.
   char cArray[100]={0,};
   strcpy(cArray, re_strData.get_value( ).c_str( ));
```

```
    printf("출력된 문자열 %s \r\n", cArray);
}

int _tmain(int argc, _TCHAR* argv[ ])
{
    MakeString('1','8');
    return 0;
}
```

문자열을 출력하려면 get_value( ) 함수를 호출하면 된다. 하지만 문자열 리듀서에서 문자열의 데이터를 가져오려면 다른 함수를 사용해야 한다. 리듀서 re_strData의 문자열 데이터를 cArray에 가져오려고 strcpy( ) 함수를 사용하였다. 또한 리듀서 re_strData의 문자열에 접근하려고 re_strData.get_value( ).**c_str( )**을 사용하였다.

문자열 결합 과정을 상세하게 알아보자. cilk_for 문은 루프의 크기가 작업 분할 크기(grainsize)가 될 때까지 루프를 스폰하여 분할한다. 작업 분할 크기를 4로 가정하면 'A', 'B', 'C', 'D'가 하나의 작업 단위로 합쳐져 'ABCD'가 된다.

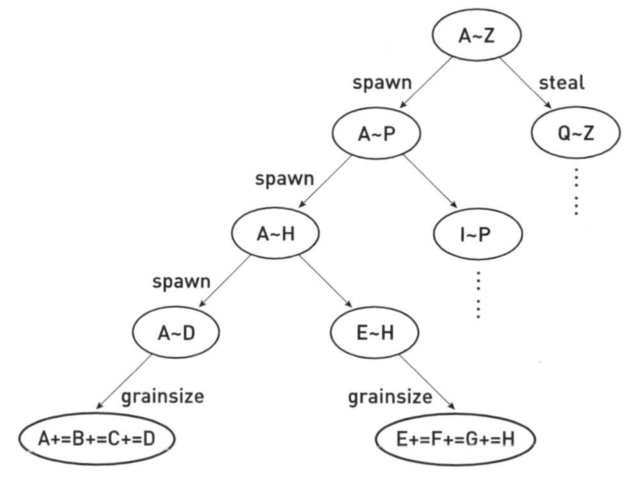

그림 7-4 문자열 결합 상황

그림 7-4는 작업 분할 크기가 될 때까지 작업을 분할하여 문자열이 결합하는 상황을 그림으로 표현하였다. 작업 분할 크기가 되면 스레드에서 문자열을 결합하는 작업을 진행한다. 스레드마다 작업 분할 크기의 문자열 리듀서를 가진다.

> **문자열이 합쳐지는 진행 과정**
>
> - 작업 분할 크기에 의해서 문자열 결합 스레드 실행
>
>   ('A'+='B'+='C'+='D'), ('E'+='F'+='G'+='H')……
>
> - 스레드별로 가지는 문자열 리듀서의 문자열
>
>   ("ABCD", "EFGH", "IJKL", "MNOP", "QRST", "UVWX", "YZ")

스레드마다 있던 문자열 리듀서는 get_value( ) 함수가 호출되면 오리지널 뷰에 합쳐진다. 주의해야 할 점은 get_value( ) 함수를 호출하는 시점에 따라 결과가 달라질 수 있다는 것이다. 모든 스레드가 작업을 완료하지 않은 상태에서 get_value( ) 함수를 호출하면 완전한 문자열을 얻을 수 없다.

Cilk Plus의 리듀서는 순차 동작을 유지한다. 그래서 Cilk Plus에서 제공하는 모든 리듀서의 결과 데이터는 리듀서에 관련된 동작이 모두 완료되어야만 완벽한 데이터가 되는 것을 보증한다. 만약 cilk_for 문이 호출되어 루프 구문이 실행될 때 get_value( ) 함수를 호출하면 그 결과는 예측할 수 없게 된다.

7.5 리스트 리듀서

Cilk Plus는 STL의 리스트와 유사하게 동작하는 리스트 리듀서를 제공한다. 리스트 리듀서는 reducer_list_append와 reducer_list_prepend가 있다. 리스트 리듀서의 요소 순서는 코어의 개수나 스레드의 스케줄에 관계없이 항상 순차 프로그램과 같게 동작한다. 예제 7-13은 문자열 제어 리듀서 예제를 조금 수정하여 리스트 리듀서를 사용한 예로 변경한 것이다.

예제 7-13 문자열을 리스트 리듀서에 적용

```cpp
#include <iostream>    //cout 사용
#include <list>         //STL 리스트 사용
#include <cilk\cilk.h>
#include <cilk\reducer_list.h>

//using namespace를 사용
using namespace cilk;       //리듀서를 사용할 때 cilk::를 사용하지 않으려고
using namespace std;        //std::를 사용하지 않으려고

void MakeList(char cStart, char cEnd)
{
    reducer_list_append<char> re_List;

    cilk_for(char c = cStart; c <= cEnd; c++)
        re_List.push_back( (char)c);

    list<char> stlList;
    stlList = re_List.get_value( );     //stl에 값을 복사한다

    //stl list를 이용하여 문자열을 출력한다. cilk_for로 변경 시 정합성을 보증할 수 없다
    for(list<char>::iterator it = stlList.begin( ); it != stlList.end( ); it++)
        cout << (*it);
    cout<<endl;     //줄 바꿈 하기
}

int _tmain(int argc, _TCHAR* argv[ ])
{
    MakeList('A','Z');
    return 0;
}
```

예제 7-13은 문자열 출력 리듀서를 사용한 결과와 같다. 리스트에 문자를 추가하기 위해서 push_back( ) 함수를 이용하여 리스트의 끝에 문자를 추가하고, get_value( ) 함수를 이용하여 리스트 리듀서의 데이터를 결합한다. 만약 리스트 앞에 문자를 추가하고 싶다면 reducer_list_append 리듀서의 push_front( ) 함수를 이용해야 한다. 하지만 Cilk Plus의 리스트 리듀서는 C++ STL(Standard Template Library)의 리스트와는 달리 쌍방향으로

는 접근할 수 없다. Cilk Plus에서는 append에서 push_back만, prepend에서 push_front만 지원한다.

리스트 리듀서에 추가된 데이터를 확인하려면 list〈char〉 stlList; stlList = re_List.get_value( );와 같이 STL의 리스트 객체를 이용해야만 한다. 그리고 주의해야 할 점은 STL의 문자열을 출력하는 for 문을 cilk_for 문으로 변경하면 정상 동작할지 보증할 수 없다는 것이다(이 문제에 대해서는 '12장 디버그'에서 언급한다).

7.6 리듀서의 재귀 호출

리듀서는 cilk_for 문의 루프 동작만이 아니라 재귀적으로 스폰되는 함수의 제어 변수로 사용할 수 있다.

예제 7-14 STL 리스트를 이용한 트리 구현

```
struct TreeNote
{
    char data;
    TreeNote* left;
    TreeNote* right;
};

void traveller(TreeNote* p, list <TreeNote *>& tree)
{
    if( p == NULL ) return;

    //cilk_spawn traveller( p->left, tree );로 변경하면 문제가 발생
    traveller( p->left, tree );
    tree.push_back(p);
    traveller( p->right,tree);
}
```

트리를 작성하는 traveller( ) 함수는 재귀 호출로 구현되어 있다. TreeNote 구조체는 char 형 변수를 저장하는 변수 left와 right 그리고 TreeNote 포인터로 구성된다. STL 리스트 는 병렬로 동작할 때 안전성을 보장하지 않아서 traveller(p->left, tree)를 스폰하면 그 결과를 예측할 수 없다. cilk spawn을 이용하여 traveller( ) 함수를 재귀 호출하려면 STL 리스트를 리스트 리듀서로 변경해야 한다. reducer_list_append를 사용하여 다음과 같이 변경한다.

```
변경 이전 : void traveller(TreeNote* p, list <TreeNote *>& tree)
변경 이후 : void traveller(TreeNote* p, reducer_list_append <TreeNote *>& tree)
```

참조를 이용하여 리스트 리듀서를 함수에 전달한다.

예제 7-15 리스트 리듀서를 이용한 트리 구현

```
#include <cilk\reducer_list.h>
using namespace cilk;
using namespace std;

//#define USE_STL 1

const int MAX_SIZE = 17;
/* 중간 생략 */
#if defined USE_STL
/* 중간 생략 */
#else
void traveller(TreeNote* p, reducer_list_append <TreeNote *>& tree)
{
    if( p == NULL ) return;

    cilk_spawn traveller( p->left, tree );
    tree.push_back(p);
    traveller( p->right,tree);
    cilk_sync;
}
```

```cpp
#endif

//재귀 함수를 이용한 Data free
void free_tree(TreeNote* p)
{
    if( p == NULL ) return;
    free_tree( p->left );
    free_tree( p->right );
    delete p;
}
int _tmain(int argc, _TCHAR* argv[ ])
{
    TreeNote *root, *pos[MAX_SIZE+1];

    pos[0] = new TreeNote;
    make_tree(pos);

#if defined USE_STL
    list <TreeNote *> stllist;
    traveller(pos[0],stllist);
#else
    reducer_list_append <TreeNote *>* re_List;       //메모리에 할당
    re_List = new reducer_list_append <TreeNote *>;

    traveller(pos[0],*re_List);
    list <TreeNote *> stllist = (*re_List).get_value( );
    delete re_List;        //다 사용한 후에는 메모리에서 삭제
#endif
    for(list<TreeNote *>::iterator it = stllist.begin( );
                                        it != stllist.end( ); it++)
    {
        cout << (*it)->data  << " " ;
    }
    cout << endl;

    free_tree(pos[0]); //실제 메모리를 모두 삭제

    return 0;
}
```

리스트 리듀서를 traveller( ) 함수에 인자로 사용하였다. 그리고 tree를 만들 때 할당한 메모리를 해제하기 위해서 free_tree( ) 함수를 사용하였다. free_tree( ) 함수는 단순히 메모리를 제거한 것이지 리스트 리듀서의 추가된 노드를 삭제하는 것이 아니다. 리스트 리듀서는 노드를 삭제하는 알고리즘을 제공하지 않는다. STL에서는 노드를 제거하려면 erase 메서드를 이용하지만 리스트 리듀서는 이런 메서드를 제공하지 않아서 한 번 사용한 리스트 리듀서를 재사용하기는 꽤 까다롭다. 재사용하려면 set_value(빈 STL 리스트) 함수를 이용하거나 필요할 때마다 리듀서 객체를 생성해서 사용해야 한다. 예제 7-15에서는 리스트 리듀서를 포인터로 선언하여 메모리를 할당하였고, 다 사용한 후에는 메모리를 삭제하는 방법을 사용하였다.

예제 7-15에는 STL을 이용한 버전과 Cilk Plus를 이용한 버전을 모두 사용할 수 있다. 예제 소스에서 //#define USE_STL 1 주석을 해제하면 STL 버전으로 사용할 수 있다.

08 사용자 정의 리듀서

Cilk Plus에서 제공하는 리듀서가 프로그래머가 필요로 하는 조건을 채우지 못하면 프로그래머는 리듀서를 정의하여 사용할 수 있다. 현재 Cilk Plus 버전에서는 프로그래머가 사용자 정의 리듀서를 작성하기에 어려운 점이 많지만, 리듀서의 헤더 파일을 참고하면 좀 더 쉽게 만들 수 있다(리듀서 관련 헤더 파일은 Intel/Composer XE 2011/compiler/include/cilk 폴더 안에 reducer_*.h로 존재한다).

8.1 리듀서의 네 가지 구성 요소

사용자 정의 리듀서를 작성하기 전에 리듀서를 구성하고 있는 네 가지의 요소를 알아야 한다. 이 구성 요소를 알아야만 정확하게 사용자 정의 리듀서를 작성할 수 있다.

1) 뷰 클래스

뷰(View) 클래스에서는 리듀서의 private 데이터를 정의한다. Cilk Plus 런타임 시스템에서 호출할 수 있어야 하기 때문에 생성자와 소멸자는 public으로 선언되어야 한다. 그리고 생성자는 리듀서끼리 결합할 수 있는 identity value로 초기화되어야 한다. identity value는 뒤에 다시 설명한다. 뷰 클래스 내부에서 사용할 객체는 private 데이터에도 접근할 수 있는 friend로 선언되어야 한다. 이 뷰 클래스가 오리지널 뷰, 로컬 뷰를 의미한다.

2) 모노이드 클래스

모노이드(Monoid) 클래스는 cilk::monoid_base〈View〉로 상속받아서 작성된다. 멤버 함수 리듀서는 꼭 재정의해야 하며 static 형식으로 작성되어야 한다. 함수 리듀서는 뷰 객체를 동기화하는 동작을 한다. 모노이드의 개념에 대해서는 뒤에 다시 설명한다. 모노이드 클래스는 다음과 같은 규칙을 따른다.

```
Struct Monoid : cilk::monoid_base<View>
{
    static void reducer(T* left,T* right);
}
```

3) 하이퍼 오브젝트

Cilk Plus에서 하이퍼 오브젝트(Hyper Object)란 개념적으로 리듀서와 같다. 하지만 명시적인 동기화가 필요없는 결과물로 독립된 개별 뷰 객체를 가진다. 사용자 정의 리듀서에서 사용되는 하이퍼 오브젝트는 뷰 객체에 접근할 수 있는 변수의 의미로 해석하면 된다. 하이퍼 오브젝트는 항상 private로 정의되어야 한다.

```
private:
    //Hyperobject
    cilk::reducer<Monoid> imp_;
```

4) 함수

사용자 정의 리듀서에서는 데이터에 접근하거나 갱신하는 함수를 제공해야 한다. Cilk Plus에서 제공하는 함수는 일반적으로 get_value( ) 함수나 set_value( ) 함수가 있다.

이상이 리듀서를 구성하는 네 가지 요소이다. 리듀서로 정의하는 뷰 클래스와 모노이드 클래스는 클래스로 선언하지 않고 구조체로 선언한다. 그 이유는 C++에서는 클래스와 구조체의 멤버 변수에 대한 기본적인 접근 권한이 다르기 때문이다. 클래스는 private, 구조체는 public이 기본값이다.

identity value란?

다른 값과 조합했을 때 연산 자체는 바뀌어도 값이 변하지 않는 것을 의미한다. 즉, 수학 연산에서 항등원과 같다. 더하기의 항등원(identity value)은 0이며, 곱하기는 1, 문자열은 공백(스페이스가 아님)이다. 예를 들면 각각의 연산에 대해 다음 등식이 성립하여야 한다.

- 더하기의 경우
  $x = 0 + x = x + 0$

- 곱하기의 경우
  $x = 1 * x = x * 1$

- 문자열의 경우
  "abc" = "" concat "abc" = "abc" concat ""

뷰 객체가 합쳐질 때는 뷰 객체의 위치(좌변 또는 우변)에 상관없이 항상 같은 값이 보증되어야 한다.

모노이드(Monoid)

Cilk Plus에서 모노이드는 수학적 개념으로서 세 가지 요소로 구성된다. 세 가지 구성 요소는 다음과 같다.

- 값이나 형(type)의 집합

- 집합과 관련된 연산자

- 집합과 연산을 위한 항등원

예를 들면 (정수, +, 0)이나 (실수, *, 1)은 모노이드이다. 여기에서 정수와 실수는 값의 집합(value set)이고, +와 *는 연산자이며, 0과 1은 항등원이다. 이는 단순히 개념적인 것으로 실제 Cilk Plus의 리듀서 라이브러리에서 사용되는 모노이드는 T형으로 정의하고 있으며 5개의 함수를 제공한다.

함수	설명
reduce(T *left, T *right)	*left = *right, *left와 *right를 결합
identity(T *p)	초기화되지 않은 p의 identity value(항등원)를 설정
destroy(T *p)	P의 소멸자를 호출
allocate(size)	size 바이트를 메모리로 할당한 후 포인터를 반환
deallocate(p)	p의 메모리를 해제

이 5개의 함수는 반드시 static 또는 const로 구현되어야 한다. 일반적인 클래스가 모노이드의 조건을 채우는 경우는 거의 없고 함수 identity는 클래스의 초기화에 사용되는 경우가 간혹 있다. 다행인지 모르겠지만 모노이드를 상속받은 클래스라면 reduce( ) 함수만을 구현하면 된다. reduce( ) 함수는 좌변(left)의 인스턴스에 우변(right)의 인스턴스의 데이터를 합치는 기능을 가져야 한다. Cilk Plus의 런타임 시스템은 reduce( ) 함수를 호출한 후에 우변의 인스턴스를 파기한다.

reduce( ) 함수가 정확하게 작성되면 순차적 방식을 유지하게 된다. 그래서 사용자 정의 리듀서를 사용하면 순차적 프로그램을 실행, 1개의 워커로 실행, 여러 개의 워커로 실행의 세 가지 결과는 모두 같아진다.

8.2 사용자 정의 리듀서 사용법

C/C++에서 지원해주는 기본 자료형이나 클래스는 손쉽게 사용자 정의 리듀서로 설정할
수 있다. 예제 7–16을 통해서 기본 자료형을 어떤 식으로 사용자 정의 리듀서로 변경하는
지 확인해 보자.

예제 7-16 기본 자료형의 사용자 정의 리듀서

```cpp
#include <iostream>
#include "cilk/cilk.h"
#include "cilk/reducer.h"
using namespace std;

//문자열 리듀서
struct string_monoid : cilk::monoid_base<string>
{
   void reduce(string* left , string* right ) const
   {
       *left += *right;
   }
};

//총합 리듀서
struct int_monoid : cilk::monoid_base<int>
{
   void reduce(int* left , int* right ) const
   {
       *left += *right;
   }
};

int _tmain(int argc, _TCHAR* argv[ ])
{
#define MAXSIZE 10000
   string str[MAXSIZE];

   cilk::reducer<string_monoid> StrReducer;
   cilk::reducer<int_monoid> intReducer;
```

```
for(int i =0; i < MAXSIZE; i++)
    str[i] = "abc";

cilk_for(int i =0; i < MAXSIZE; i++)
{
    StrReducer( )+=str[i];
    intReducer( )+=i;
}

printf("문자열 출력 : %s\r\n",StrReducer( ).c_str( ));
printf("총 합 출력 : %d\r\n",intReducer( ));

return 0;
}
```

예제 7-16은 문자열과 총합을 구하는 사용자 정의 리듀서 프로그램이다. string_monoid 는 문자열의 결합 동작을 하는 리듀서이며 int_monoid는 총합을 구하는 리듀서이다. 두 개 의 사용자 정의 리듀서는 reduce( ) 함수만을 결합 법칙에 맞게 구현하였다. 그리고 사용자 정의 리듀서를 사용할 때 **StrReducer( ), intReducer( )**와 같이 연산자( )를 사용하여 리듀 서가 동작하도록 하였다.

일반적으로 표준 라이브러리는 +=, =, ++ 등의 연산자를 재정의하고 있으며, 뷰 클래스의 요건을 갖추고 있기 때문에 사용자 정의 리듀서를 구현하기가 어렵지 않다. 모노이드 구조 체의 멤버 함수인 reduce( )만 특성에 맞게 구현하면 된다. 하지만 프로그래머가 정의한 클 래스라면 사용법이 조금 더 까다롭다. 예제 7-17과 예제 7-18은 사용자 정의 리듀서를 작 성하는 방법과 사용법을 설명하기 위한 예제이다. 예제 7-17 point 클래스는 순차적으로 실행하면 아무런 문제가 없지만 cilk_for 키워드를 사용하면 문제가 발생한다.

예제 7-17 point 예제

```
#include <stdio.h>
#include <iostream>
#include <windows.h>
#include <cilk/cilk.h>
```

```cpp
class point
{
public:
    point( ) : x_(0), y_(0), valid_(false) {};
    void set (int x, int y)
    {
        x_ = x;
        y_ = y;
        valid_ = true;
    }

    void reset( ) { valid_ = false; }

    bool is_valid( ) { return valid_; }
    int x( ) { if (valid_) return x_; else return -1; }
    int y( ) { if (valid_) return y_; else return -1; }

private:
    int x_;
    int y_;
    bool valid_;
};

//swap할 임시 변수로 전역 변수 사용
point temp;

int _tmain(int argc, _TCHAR* argv[ ])
{
    const int MAX_SIZE = 100;
    point ary[MAX_SIZE];

    std::cout << "프로그램 시작\r\n"<<std::endl;

    for (int i = 0; i < MAX_SIZE; i++)  //for로 사용할 경우 문제가 발생하지 않는다.
        ary[i].set(i, i);

    cilk_for (int i = 0; i < MAX_SIZE / 2; i++)
    {
        //배열을 뒤집는다. 0은 99, 99는 0, 1은 98...
        temp.set(ary[i].x( ), ary[i].y( ));
```

```
        Sleep(10);  //경합 검출을 쉽게 하려고
        ary[i].set (ary[MAX_SIZE-i-1].x( ), ary[MAX_SIZE-i-1].y( ));
        ary[MAX_SIZE-i-1].set (temp.x( ), temp.y( ));
    }

    //결과를 출력한다.
    for (int i = 0; i < MAX_SIZE; i++)
        printf("%d 번 Data : (%d, %d) \n", i, ary[i].x( ), ary[i].y( ));

    return 0;
}
```

예제 7-17은 리듀서 함수 get_value( )가 동기화될 때까지 호출하지 않는다는 규약을 의도적으로 깨고 있다. temp 변수는 swap하기 위한 클래스로 이 예에서 전역 변수로 선언되어서 데이터 경합을 일으키게 된다. 1개의 워커로 동작하거나 temp 변수를 cilk_for 문 안에 선언하면 데이터 경합이 발생하지 않지만, 예제 7-18에서는 사용자 정의 리듀서의 작성법과 사용법에 대해 알아보려고 사용자 정의 리듀서를 구현하여 데이터 경합을 해결한다.

예제 7-18 사용자 정의 리듀서를 이용한 Holder 예제

```
class point_holder
{
    //point를 view로 사용한다.
    struct Monoid: cilk::monoid_base<point>
    {
        //함수 reduce는 구현하지 않는다.
        static void reduce(point* left, point* right){}
    };

private:
    //하이퍼 오브젝트를 설정한다.
    cilk::reducer<Monoid> imp_;

public:
    point_holder( ) : imp_( ) {}

    void set(int x, int y)
```

```cpp
    {
        //view(point) 객체를 생성하여 사용한다.
        point& p = imp_.view( );
        p.set(x,y);
    }

    bool is_valid( ) { return imp_.view( ).is_valid( ); }
    int x( ) { return imp_.view( ).x( ); }
    int y( ) { return imp_.view( ).y( ); }
};
//swap할 임시 변수로 사용자 정의 리듀서 사용
point_holder temp;
```

사용자 정의 리듀서인 point_holder는 point 클래스를 뷰 클래스로 사용한다. Monoid 클래스에서는 reduce( ) 함수를 정의하였지만 아무런 동작도 하지 않는다. 좌변과 우변의 데이터를 결합할 필요가 없기 때문이다. point_holder 리듀서를 사용하려면 예제 7-17에서 point temp;를 point_holder temp;로 변경하면 된다. 예제 7-18은 다음과 같이 동작하게 된다.

1. cilk_for에 의해 분할된 스트랜드가 스틸되면 point_holder 클래스를 참조하여 새로운 뷰에서 사용자 정의 리듀서 temp를 생성한다.

2. reduce( ) 함수는 아무런 동작도 하지 않는다. 이는 사용자 정의 리듀서 temp는 임시 저장소로만 사용하기 때문에 좌변과 우변을 합칠 필요가 없기 때문이다. 그리고 reduce( ) 함수는 아무런 동작을 하지 않아서 기본 생성자는 identity value를 가질 필요가 없다.

3. 기본 소멸자는 메모리를 해제한다.

4. 예제 7-18에서 생성된 뷰 객체는 합치는 동작이 없어서 cilk_for 문 안에서 x( )와 y( )를 호출해도 아무런 문제가 없다.

사용자 정의 리듀서에 대해서는 '11장 활용 예제'에서 더 다루도록 한다.

배열 표기법

Cilk Plus에서는 cilk_spawn, cilk_sync, cilk_for 키워드의 태스크 병렬화 기법 이외에도 벡터화를 지원하는 새로운 기능이 추가되어 있다. 벡터화 기법의 하나가 배열 표기법이다. 이 장에서는 배열 표기법의 의미와 사용법, 그리고 배열 표기법의 여러 가지 기능에 대해서 알아본다.

01 배열 표기법이란

배열 표기법(Array Notation)이란 배열을 표기하는 형태를 의미한다. 배열 표기법은 인텔 컴파일러의 독자적인 언어로서 배열을 쉽게 병렬로 사용해서 더욱 높은 성능을 낼 수 있다. 배열 표기법은 [C/C++ Extensions For Array Notation: CEAN]으로 불리고 있으며 그 형태는 Fortran-90의 배열 표현을 연상시킨다. 이는 Fortran-90에서 구현된 기능을 C/C++로 이식하였기 때문이다.

배열 표기법은 C/C++ 확장 언어로서, 배열 표기법을 사용하면 다음과 같은 몇 가지의 이점이 있다.

- 친숙한 언어(C/C++)로 구성된 배열 표기법 덕분에 프로그램의 병렬 조작을 쉽게 할 수 있다.

- 멀티 스레드나 SIMD 하드웨어를 사용하는 상황에서 성능을 예측하기 쉽다.

- 인텔 컴파일러가 프로그램 코드를 쉽게 벡터화할 수 있다.

02 배열 표기법 설정 옵션

인텔 컴파일러는 배열 표기법으로 작성된 코드를 벡터 코드로 변환한다. 프로그램에서 자료 구조로 배열을 사용하고, 그 배열의 요소 처리에 에러가 없다면 배열 표기법을 적용할 수 있다. 인텔 컴파일러를 이용한다면 배열 표기법은 기본값으로 사용하도록 설정되어 있다. 프로그램에서 배열 표기법을 사용하려면 다음과 같은 순서를 따르면 된다.

❶ 인텔 컴파일러를 설치한다(2장을 참고).

❷ 인텔 컴파일러의 각 옵션을 설정한다. 배열 표기법을 적용하기 위한 옵션 설정 과정은 다음과 같다.

최적화 레벨 설정

Visual Studio 2010에서 **[프로젝트]** → [속성] → [C/C++] → [Optimization]에서 [Optimization]을 [Minimize Size(/O1)] 이상으로 설정한다.

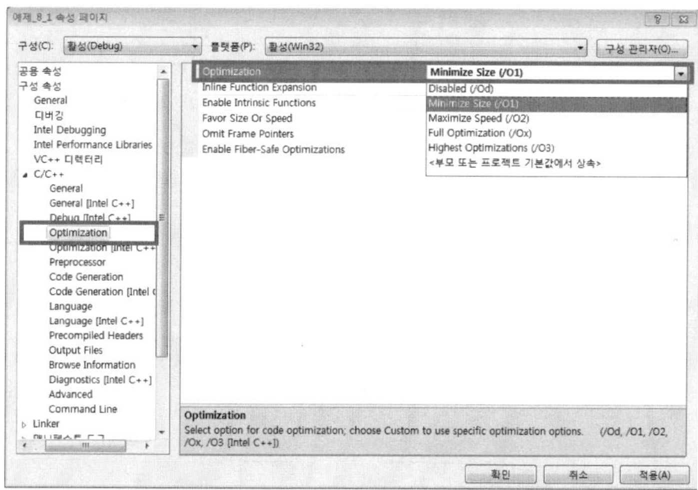

릴리스 모드로 실행하면 최적화 레벨은 기본값으로 O2가 적용된다.

인텔 컴파일러 옵션 설정

Visual Studio 2010에서 **[프로젝트]** → [속성] → [C/C++] → [Code Generation Intel C++]에서 [Intel Processor-Specific Optimization]을 [QxSSE2] 이상으로 설정한다.

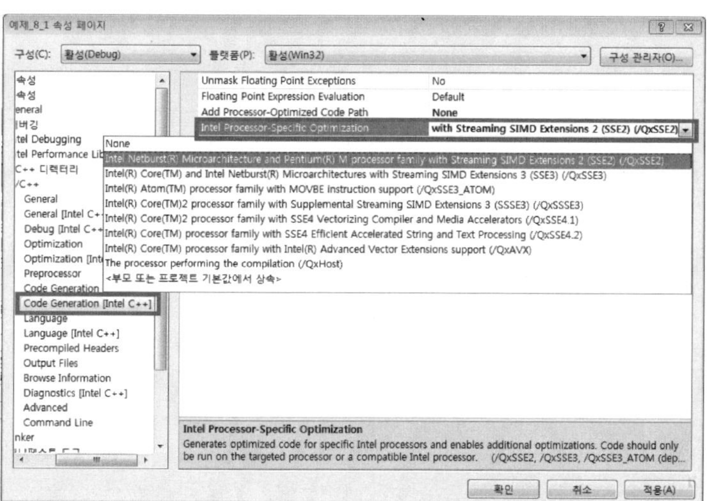

인텔 컴파일러는 None으로 설정되어 있어도 기본값으로 SSE2가 적용된다. 하지만 이 옵션은 최적화 옵션이기 때문에 프로그램이 벡터화로 변환될 수 없다면 이 옵션은 적용되지 않는다.

❸ 배열 표기법을 이용하여 응용 프로그램을 구현한다.

❹ 실행하여 결과를 확인한다.

만약 배열 표기법을 적용하고 싶지 않다면 다음과 같이 옵션을 설정한다.

Visual Studio 2010에서 **[프로젝트]** → [속성] → [C/C++] → [Language Intel C++]에서 [Disable All Intel Language Extensions]를 [예]로 설정한다.

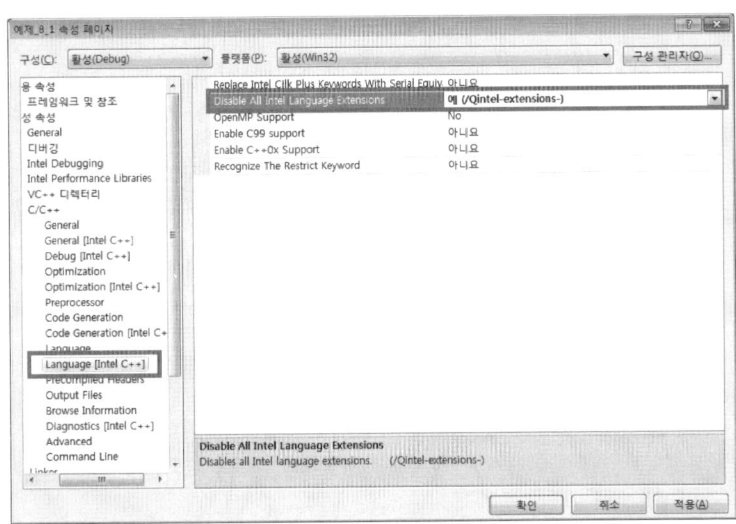

리눅스나 Mac 운영체제에서는 −no-extensions로 설정하면 된다.

03 배열 표기법의 문법

일반 C/C++ 프로그램에서는 배열의 요소로 [ ] 안에 정수형 타입 하나만을 이용하여 하나의 데이터를 출력하거나 변경한다. 하지만 배열 표기법은 [ ] 안에 배열의 요소로 정수형 타입 세 가지 종류를 이용한다. 배열 표기법의 문법은 다음과 같다.

```
Array Name [<lower bound> : <length> : <stride>]
```

⟨lower bound⟩, ⟨length⟩, ⟨stride⟩는 정수형 타입으로만 지정할 수 있다.

lower bound 배열 요소의 시작 위치이다. 생략되면 [0]과 같다.

length 배열의 시작 위치에서 몇 개의 배열 요소를 처리할지를 결정한다(길이를 의미한다). 생략되면 배열의 최대 위치까지이다.

stride 요소를 건너뛰어 배열 요소에 접근할 때 사용한다. 생략되면 연속해서 처리한다.

: 배열 표기의 각 요소를 구분하기 위해서 사용된다. 기호 :만 사용하면 배열의 처음에서 끝까지를 의미한다.

배열 표기법을 적용한 몇 가지 예를 통해서 배열 표기법의 사용법을 알아보자.

3.1 배열의 요소에 값을 대입

배열 표기법을 적용하여 배열의 요소에 값을 대입하는 여러 가지 방법을 알아보자.

배열 nA의 3번째부터 6번째까지 4개의 요솟값에 10을 대입한다.

```
nA[3:4] = 10;
nA[3], nA[4], nA[5], nA[6] 각각의 요솟값에 10을 대입한다.
```

배열 nA의 3번째부터 9번째 요소까지 4개의 요솟값에 2의 간격으로 10을 대입한다.

```
nA[3:4:2] = 10;
nA[3], nA[5], nA[7], nA[9] 각각의 요솟값에 10을 대입한다.
```

배열 nB의 요솟값을 일정 간격으로 건너뛰면서 배열 nA에 대입한다.

```
nA[1:3:3] = nB[1:3:3]
```

배열 표기법 [1:3:3]를 풀어서 해석하면 '1에서부터 3개의 요소를 3개 단위로 접근하라'와 같다. 특정 간격으로 건너뛰기 위해서 배열 표기법의 마지막 원소인 stride를 이용하였다. 이 배열 표기법을 for 문으로 해석하면 다음과 같다.

```
for(int i=1, int j=1; i<4; i++, j+=3) nA[j] = nB[j]
```

배열 표기법에서 시작, 길이, 간격 모두를 생략한다.

```
nA[:] = 10;
배열 요소 nA[0] ~ nA[MAX] 까지 모두 10을 대입한다.
```

3.2 배열에 배열의 값을 대입

배열 표기법을 적용하여 배열에 다른 배열의 값을 대입하는 여러 가지 방법을 알아보자.

배열 nA의 3번째부터 4번째 요소에 nB의 2번째에서 3번째 요소를 대입한다.

```
nA[3:2] = nB[2:2]
nA[3]에 nB[2]을, nA[4]에 nB[3]을 대입한다.
```

배열 nB의 요솟값에 10을 곱하고 나서 배열 nA에 대입한다.

```
nA[3:2] = nB[2:2]*10;
nA[3]에 nB[2]*10을, nA[4]에 nB[3]*10을 대입한다.
```

배열 nB와 배열 nC의 요솟값을 더하고 나서 배열 nA에 대입한다.

```
nA[0:10] = nB[0:10] +nC[5:10]
nA[0]에 nB[0]+nC[5]를, nA[1]에 nB[1]+nC[6]을 …… nA[9]에 nB[9]+nC[14]를 대입한다.
```

입력받은 i의 위치에서 배열 nB를 배열 nA에 대입한다.

```
nA[i:2] = nB[i:2]
nA[i]에 nB[i]를 , nA[i+1]에 nB[i+1]을 대입한다.
```

배열 nB를 배열 nA 전체에 복사한다.

```
nA[:] = nB[:]
nA[:] = nB[:]+10
배열 nB를 배열 nA에 모두 복사하고, 배열 nB의 모든 요소에 10을 더한 값을 nA에 대입한다.
```

3.3 다차원 배열에서의 동작

다차원 배열에 배열 표기법을 적용할 수 있는 여러 가지 방법을 알아보자.

다차원 배열 nB의 전체 요소를 다차원 배열 nA에 전부 대입한다.

```
nA[:][:] = nB[:][:]
nA[0][0] = nB[0][0] ~ nA[MAX][MAX] = nB[MAX][MAX]와 같이 동작한다.
```

다차원 배열 nB의 요소를 일정 간격으로 건너뛰면서 배열 nA에 연속으로 대입한다.

```
nA[0:3][1:3] = nB[1:3:2][2:3:3]
```

배열 nA는 순차적으로 증가하고 배열 nB는 2와 3의 간격으로 증가하는 것과 같이 좌변의 배열과 우변의 배열이 증가하는 양이 서로 다를 경우에는 stride를 이용하여야 한다. 이를 for 문으로 해석하면 다음과 같다.

```
for(int i = 0, int k = 1; i < 3; i++, k+=2)
   for(int j = 1, int d = 2; j< 4; j++, d+=3)
      nC[i][j] = nD[k][d];
```

3.4 배열 표기법을 프로그램에 적용

예제 8-1을 통해서 배열 표기법이 어떻게 적용되는지 알아보자. 예제 8-1은 for 문을 사용한 코드와 배열 표기법을 사용한 코드의 결과를 비교하여 출력하는 프로그램이다.

예제 8-1 배열 표기법 사용

```
#include <stdio.h>
#include <stdio.h>

int _tmain(int argc, _TCHAR* argv[ ])
{
    const int MAX_SIZE = 10;

    int nA[MAX_SIZE];
    int nB[MAX_SIZE];

    int nC[MAX_SIZE][MAX_SIZE];
    int nD[MAX_SIZE][MAX_SIZE];

//일반 배열 기법
    //배열 전체를 0~99로 초기화한다.
    for(int i = 0; i < MAX_SIZE; i++)
        for(int j = 0; j<MAX_SIZE; j++)
            nD[i][j] = (i*10)+j;
    //배열 전체를 0~9로 초기화한다.
    for(int i = 0; i < MAX_SIZE; i++)
        nB[i] = i;

    //nD를 nC에 복사한다.
    for(int i = 0; i < MAX_SIZE; i++)
        for(int j = 0; j<MAX_SIZE; j++)
            nC[i][j] = nD[i][j];
    printf("일반 배열  nC[0][0] = %d, nC[2][2] = %d, nC[4][4] = %d, nC[6][6] = %d,
nC[8][8] = %d \r\n", nC[0][0], nC[2][2], nC[4][4], nC[6][6], nC[8][8]);

    nC[:][:] = nD[:][:];
    printf("배열 표기법 nC[0][0] = %d, nC[2][2] = %d, nC[4][4] = %d, nC[6][6] = %d,
nC[8][8] = %d \r\n\r\n", nC[0][0], nC[2][2], nC[4][4], nC[6][6], nC[8][8]);

//nB를 nA에 복사한다.
    for(int i = 0; i < MAX_SIZE; i++)
        nA[i] = nB[i];
```

```c
printf("일반 배열   nA[0] = %d, nA[2] = %d, nA[4] = %d, nA[6] = %d,
                nA[8] = %d,\r\n",nA[0], nA[2], nA[4], nA[6], nA[8]);


nA[:] = nB[:];
printf("배열 표기법 nA[0] = %d, nA[2] = %d, nA[4] = %d, nA[6] = %d,
            nA[8] = %d,\r\n\r\n", nA[0], nA[2], nA[4], nA[6], nA[8]);


//배열 전체를 0으로 초기화한다.
for(int i = 0; i < MAX_SIZE; i++)
    for(int j = 0; j<MAX_SIZE; j++)
        nC[i][j] = 0;
printf("일반 배열 nC[0][0] = %d, nC[2][2] = %d, nC[4][4] = %d, nC[6][6] = %d,
nC[8][8] = %d \r\n", nC[0][0], nC[2][2], nC[4][4], nC[6][6], nC[8][8]);


nC[:][:] = 0;
printf("배열 표기법 nC[0][0] = %d, nC[2][2] = %d, nC[4][4] = %d, nC[6][6] = %d,
nC[8][8] = %d \r\n\r\n", nC[0][0], nC[2][2], nC[4][4], nC[6][6], nC[8][8]);


for(int i = 0; i < MAX_SIZE; i++)
    nA[i] = 0;
printf("일반 배열 nA[0] = %d, nA[2] = %d, nA[4] = %d, nA[6] = %d, nA[8]
                    = %d,\r\n", nA[0], nA[2], nA[4], nA[6], nA[8]);


nA[:] = 0;
printf("배열 표기법 nA[0] = %d, nA[2] = %d, nA[4] = %d, nA[6] = %d,
            nA[8] = %d,\r\n\r\n", nA[0], nA[2], nA[4], nA[6], nA[8]);


//nD를 nC에 일부만 복사한다.
for(int i = 0; i < 3; i++)
    for(int j = 1; j< 4; j++)
        nC[i][j] = nD[i+2][j+3];
printf("일반 배열   nC[0][1] = %d, nC[1][2] = %d, nC[2][3] = %d \r\n",
                                nC[0][1], nC[1][2], nC[2][3]);


nC[0:3][1:3] = nD[2:3][4:3];
printf("배열 표기법 nC[0][1] = %d, nC[1][2] = %d, nC[2][3] = %d \r\n\r\n",
                                nC[0][1], nC[1][2], nC[2][3]);
```

```c
//nB를 nA에 일부만 복사한다.
    for(int i = 1; i < 4; i++)
        nA[i] = nB[i+2];
    printf("일반 배열 nA[1] = %d, nA[2] = %d, nA[3] = %d \r\n", nA[1], nA[2], nA[3]);


    nA[1:3] = nB[3:3];
    printf("배열 표기법 nA[1] = %d, nA[2] = %d, nA[3] = %d \r\n\r\n", nA[1],
                                                    nA[2], nA[3]);


    //nD를 nC에 일부만 복사한다.
    for(int i = 0, int k = 1; i < 3; i++, k+=2)
        for(int j = 1, int d = 2; j< 4; j++, d+=3)
            nC[i][j] = nD[k][d];
    printf("일반 배열   nC[0][1] = %d, nC[1][2] = %d, nC[2][3] = %d \r\n"
                                        , nC[0][1], nC[1][2], nC[2][3]);


    nC[0:3][1:3] = nD[1:3:2][2:3:3];
    printf("배열 표기법 nC[0][1] = %d, nC[1][2] = %d, nC[2][3] = %d \r\n\r\n"
                                        , nC[0][1], nC[1][2], nC[2][3]);

//nB를 nA에 일부만 복사한다.
    for(int i = 1, int j = 2; i < 4; i++, j+=2)
        nA[i] = nB[j];
    printf("일반 배열   nA[1] = %d, nA[2] = %d, nA[3] = %d \r\n", nA[1],
                                                    nA[2], nA[3]);


    nA[1:3] = nB[2:3:2];
    printf("배열 표기법 nA[1] = %d, nA[2] = %d, nA[3] = %d \r\n\r\n", nA[1],
                                                    nA[2], nA[3]);


    return 0;
}
```

실행 결과

```
C:\Windows\system32\cmd.exe

일반 배열    nC[0][0] = 0, nC[2][2] = 22, nC[4][4] = 44, nC[6][6] = 66, nC[8][8] = 88
배열 표기법  nC[0][0] = 0, nC[2][2] = 22, nC[4][4] = 44, nC[6][6] = 66, nC[8][8] = 88

일반 배열    nA[0] = 0, nA[2] = 2, nA[4] = 4, nA[6] = 6, nA[8] = 8,
배열 표기법  nA[0] = 0, nA[2] = 2, nA[4] = 4, nA[6] = 6, nA[8] = 8,

일반 배열    nC[0][0] = 0, nC[2][2] = 0, nC[4][4] = 0, nC[6][6] = 0, nC[8][8] = 0
배열 표기법  nC[0][0] = 0, nC[2][2] = 0, nC[4][4] = 0, nC[6][6] = 0, nC[8][8] = 0

일반 배열    nA[0] = 0, nA[2] = 0, nA[4] = 0, nA[6] = 0, nA[8] = 0,
배열 표기법  nA[0] = 0, nA[2] = 0, nA[4] = 0, nA[6] = 0, nA[8] = 0,

일반 배열    nC[0][1] = 24, nC[1][2] = 35, nC[2][3] = 46
배열 표기법  nC[0][1] = 24, nC[1][2] = 35, nC[2][3] = 46

일반 배열    nA[1] = 3, nA[2] = 4, nA[3] = 5
배열 표기법  nA[1] = 3, nA[2] = 4, nA[3] = 5

일반 배열    nC[0][1] = 12, nC[1][2] = 35, nC[2][3] = 58
배열 표기법  nC[0][1] = 12, nC[1][2] = 35, nC[2][3] = 58

일반 배열    nA[1] = 2, nA[2] = 4, nA[3] = 6
배열 표기법  nA[1] = 2, nA[2] = 4, nA[3] = 6

계속하려면 아무 키나 누르십시오 . . . _
```

실행 결과를 보면 일반 배열 기법과 배열 표기법을 사용한 결과가 같은 것을 확인할 수 있다. 배열 표기법을 사용하면 코드의 분량이 상당히 줄어든다. 또한, 벡터화로 병렬 처리될 가능성이 상당히 커서 속도의 증가를 기대할 수 있다. 다만, 배열 표기법을 사용한 모든 코드가 벡터화로 동작하지 않는 이유는 인텔 컴파일러가 벡터화로 해석할 수 없거나 데이터 의존성이 생길 경우이다.

04 배열 표기법의 배열 선언

배열 표기법은 가변 배열이나 포인터와 같이 선언할 때 그 크기를 알 수 없는 변수에도 적용할 수 있다. 그러므로 동적으로 메모리가 할당된 객체에도 배열 표기법을 적용할 수 있다. 다만, 프로그램을 실행할 때 컴파일러에 배열의 형태와 길이를 정확하게 알려주어야 에러가 발생하지 않는다. 표 8-1은 배열 표기법으로 변수를 선언하는 방법을 나타낸다.

표 8-1 배열 표기법의 배열 선언

크기	기억 영역 분류	선언 방법
Fixed	Static	`static int a[16][128]`
	Auto	`void foo1(void) { int a[16][128]; }`
	Parameter	`void bar1(int a[16][128]);`
	Heap	`int (*p2d)[128];`
Variable(C99)	Auto	`void foo2(int m, int n) { int a[m][n]; }`
	Parameter	`void bar2(int m, int n, int a[m][n]);`
	Heap	`void bar3(int m, int n ){ int (*p2d)[n]; }`

배열 표기법은 함수의 인자로 배열을 그대로 전달할 수 있다. 일반적으로 C/C++에서 2차원 배열을 함수의 인자로 사용하려면 포인터를 사용해야만 했다. 그리고 void foo(int m, int n) { int a[m][n]; }과 같이 배열의 길이가 정해지지 않은 가변 배열(VLA: variable length array)도 선언할 수 있다. 하지만 가변 배열은 C99[ISO/IEC 9899]의 확장 기능이기 때문에 따로 옵션을 설정해 주어야 한다.

인텔 컴파일러에서 C99 옵션은 사전에 설치된 GCC나 Visual Studio의 버전에 따라서 설정된다. 그래서 GCC나 Visual Studio가 C99를 지원하는지 확인해야 한다. 만약 C99를 지원하지 않는다면 인텔 컴파일러에 C99 옵션을 지정해 주어야 한다. 옵션 지정 방법은 다음과 같다.

Visual Studio 2010에서 **[프로젝트]** → [속성] → [C/C++] → [Language Intel C++]에서 [Enable C99 support]를 [예(/Qstd=c99)]를 선택한다.

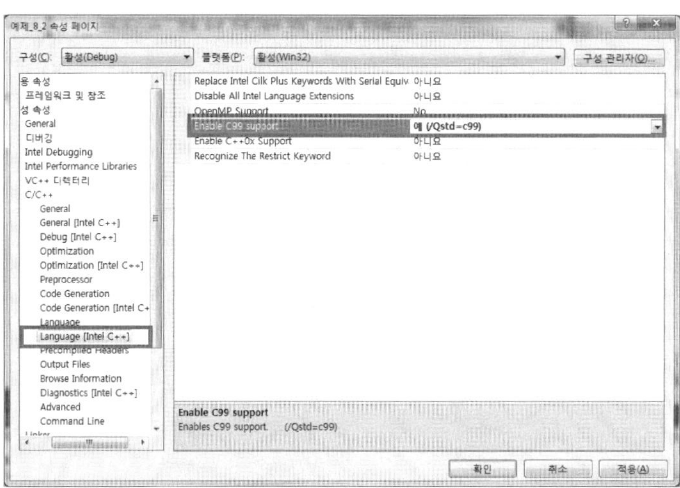

Visual Studio 2010에서 가변 배열을 사용하려면 인텔 컴파일러의 옵션을 더 설정해야 한다. **[프로젝트]** → [속성] → [C/C++] → [Command Line]에서 /Qvla를 입력한다.

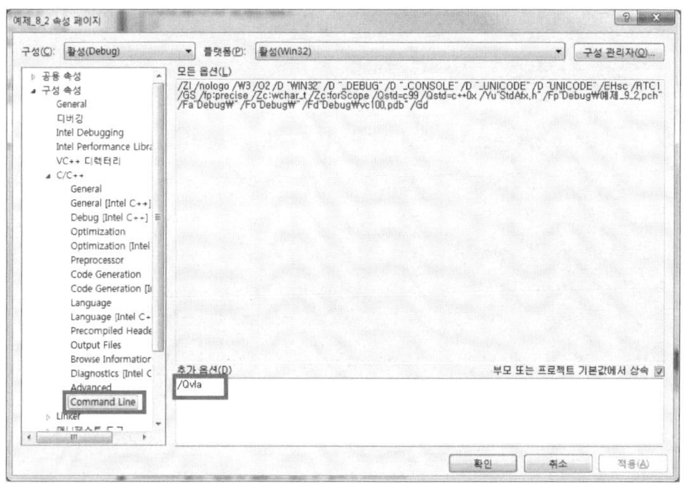

리눅스나 Mac 운영체제에서는 −std=c99 옵션을 설정해 주면 된다. 그리고 인텔 C++ Composer XE 2011 이상 버전에서는 /Qvla 옵션을 설정하지 않아도 된다.

05 배열 표기법의 사용

이 절에서는 배열 표기법의 다양한 사용법을 예제를 통해 알아본다.

5.1 다차원 배열을 함수의 인자로 전달

배열 표기법에서 함수의 인자로 배열을 그대로 사용할 수 있다. 예제 8-2에서는 일반적인
C/C++ 함수처럼 함수의 인자로 포인터를 사용한 함수와 함수의 인자로 배열을 그대로 사
용하는 함수를 비교하여 보여준다.

예제 8-2 배열을 함수 인자로 사용

```
#include <stdio.h>
const int MAX_VALUE1 = 5;
const int MAX_VALUE2 = 5;

void func1_1(int a[MAX_VALUE1][MAX_VALUE2])
{
    //인자로 넘겨받은 a 배열 전체에 1을 대입
    a[:][:] = 1;

}
void func1_2(int n, int (*a)[MAX_VALUE2])
{
    //인자로 넘겨받은 a 배열 전체에 2를 대입
    for(int i =0; i <n; i++)
        for(int j =0; j<MAX_VALUE2; j++)
            a[i][j] = 2;
}

//가변 배열은 int m, int n이 설정되지 않으면 에러 발생
void func2_1(int m, int n, int a[m][n])
{
    //넘겨받은 인자 a에 m, n까지만 3을 대입
    a[:][:] = 3;
}
```

```
void func2_2(int m, int n, int (*a)[MAX_VALUE2])
{
    //넘겨받은 인자 a에 m,  n까지만 4를 대입
    for(int i =0; i<m; i++)
        for(int j = 0; j<n; j++)
            a[i][j] = 4;
}

int _tmain(int argc, _TCHAR* argv[ ])
{
    int nA[MAX_VALUE1][MAX_VALUE2];

    nA[:][:] = 0;
    printf("nA[0][0] = %d, nA[2][2] = %d, nA[4][4] = %d\r\n\r\n"
                                    ,nA[0][0],nA[2][2],nA[4][4]);
    func1_1(nA);
    printf("func1_1 nA[0][0] = %d, nA[2][2] = %d
                        , nA[4][4] = %d\r\n",nA[0][0],nA[2][2],nA[4][4]);
    func1_2(MAX_VALUE1, nA);
    printf("func1_2 nA[0][0] = %d, nA[2][2] = %d
                        , nA[4][4] = %d\r\n",nA[0][0],nA[2][2],nA[4][4]);
    func2_1(3,3,nA);
    printf("func2_1 nA[0][0] = %d, nA[1][3] = %d, nA[1][4] = %d
                , nA[2][0] = %d\r\n",nA[0][0],nA[1][3],nA[1][4],nA[2][0]);
    func2_2(3,3,nA);
    printf("func2_2 nA[0][0] = %d, nA[1][3] = %d, nA[1][4] = %d
                , nA[2][0] = %d\r\n",nA[0][0],nA[1][3],nA[1][4],nA[2][0]);

    return 0;
}
```

기존 코드에서는 int nA[MAX_VALUE1][MAX_VALUE2];와 같은 2차원 배열을 함수의
인자로 사용하려면 int(*pa)[MAX_VALUE2]와 같은 타입의 포인터를 작성해야 한다. 이
런 코드는 포인터에 대한 이해가 부족하다면 사용하기 어렵다. 하지만 배열 표기법을 사용
하면 함수에 int a[MAX_VALUE1][MAX_VALUE2]와 같이 배열 형태 그대로 함수의 인자
로 사용할 수 있다.

또한 가변 배열도 함수의 인자로 사용할 수 있다. 하지만 가변 배열을 사용하려면 주의해야할 점이 몇 가지 있다. 가변 배열을 함수의 인자로 사용했을 때와 포인터를 함수의 인자로사용했을 때의 차이점을 확인해 보자. 가변 배열을 사용할 때는 함수를 호출할 때 배열의길이를 명시하여야 한다.

```
함수 선언 : void func2_1(int m, int n, int a[m][n]) { a[:][:] = 3;}
함수 호출 : func2_1(3,3,nA);
```

함수를 선언할 때 배열의 길이를 알려 줄 수 있도록 해야 하고, 함수를 호출할 때 배열의 길이를 명시해야 한다. 만약 가변 배열의 길이를 알려주지 않으면 컴파일 에러가 발생한다.함수 인자로 가변 배열을 사용하면 포인터를 사용할 때와 결과가 다르게 나타난다. 다음과같이 일반적으로 함수를 선언하는 것처럼 포인터를 함수의 인자로 사용하였다.

```
Void func2_2(int m, int n, int (*a)[MAX_VALUE2]) { …… a[i][j] = 4; }
```

이 func2_2( ) 함수의 결과는 다음과 같이 0, 1, 2, 5, 6, 7, 10, 11, 12 요소에 4가 대입되는것이다.

0(4)	1(4)	2(4)	3	4
5(4)	6(4)	7(4)	8	9
10(4)	11(4)	12(4)	13	14
15	16	17	18	19
20	21	22	23	24

그림 8-1 포인터를 함수 인자로 사용

하지만 가변 배열은 조금 다르다. 다음과 같이 가변 배열을 사용하는 함수를 정의하고 프로그램을 실행하였다.

```
void func2_1(int m, int n, int a[m][n]) { a[:][:] = 3;}
```

func2_1( ) 함수의 결과는 func2_2( ) 함수를 사용한 결과와 다르게 나타난다.

가변 배열을 함수 인자로 사용한 결과

```
C:\Windows\system32\cmd.exe
nA[0][0] = 0, nA[2][2] = 0, nA[4][4] = 0

func1_1 nA[0][0] = 1, nA[2][2] = 1, nA[4][4] = 1
func1_2 nA[0][0] = 2, nA[2][2] = 2, nA[4][4] = 2
func2_1 nA[0][0] = 3, nA[1][3] = 3, nA[1][4] = 2, nA[2][0] = 2
func2_2 nA[0][0] = 4, nA[1][3] = 3, nA[1][4] = 2, nA[2][0] = 4
계속하려면 아무 키나 누르십시오 . . .
```

가변 배열 사용(func2_1)과 포인터 사용(func2_2)의 결과는 같지 않다. 가변 배열을 함수 인자로 사용하는 컴파일러는 가변 배열을 메모리를 연속해서 처리하는 코드로 변경한다. 다음과 같이 [m][n]이 1차원 배열로 해석되어 [m*n]까지의 길이만큼 배열에 연속으로 접근하게 된다.

2차원	0 : 0	0 : 1	0 : 2	0 : 3	0 : 4	1 : 0	1 : 1	1 : 2	1 : 3	1 : 4	… …	3 : 4	4 : 0	4 : 1	4 : 2	4 : 3	4 : 4
1차원	0 (4)	1 (4)	2 (4)	3 (4)	4 (4)	5 (4)	6 (4)	7 (4)	8 (4)	9 (4)	… …	19	20	21	22	23	24

5.2 배열 선언에 포인터를 사용

배열 표기법으로 배열을 선언할 때, 포인터를 사용하면 배열의 길이를 지정해야 한다.

예제 8-3 배열에 포인터를 사용

```
#include <stdio.h>
#include <stdlib.h>    //malloc( ) 함수 사용
#include <iostream>    //new 연산자 사용

const int MAX_VALUE1 = 5;
const int MAX_VALUE2 = 5;

void func1_1(int m, int n)
{
    //m, n을 넘겨받고 n은 가변 배열의 길이를 결정하고 m은 메모리를 할당한다.
    int (*p2d)[n];  //배열 선언에 포인터가 기술되어 있는 배열 표기법 - 가변배열

    p2d = (int(*)[n])malloc(sizeof(int)*m*n);  //malloc( ) 함수에서 지원
// p2d = new int[m][n];    //new 연산자에서 지원하지 않는다.

    p2d[0:m][:] = 10;   //m에 주의해야 한다.

    printf("func1_1 p2d[0][0] = %d, p2d[2][2] = %d, p2d[4][4] = %d\r\n",
                                p2d[0][0],p2d[2][2],p2d[4][4]);

    free(p2d);
}
void func1_2(int m)
{
    int (*p2d)[MAX_VALUE2];//배열 선언에 포인터가 기술되어 있는 배열 표기법 - 일반배열
    //m을 넘겨받고 m만큼 메모리를 할당한다.
// p2d = (int(*)[n])malloc(sizeof(int)*m*128);    //malloc( ) 함수도 지원
    p2d = new int[m][MAX_VALUE2];          //new 연산자에서 지원

    p2d[0:m][:] = 0;           //m에 주의해야 한다.

    printf("func1_2 p2d[0][0] = %d, p2d[2][2] = %d, p2d[4][4] = %d\r\n",
                                p2d[0][0],p2d[2][2],p2d[4][4]);
// free(p2d);
    delete [ ] p2d;
}

int _tmain(int argc, _TCHAR* argv[ ])
```

```
{
    func1_1(MAX_VALUE1,MAX_VALUE2);
    func1_2(MAX_VALUE1);

    return 0;
}
```

func1_1은 가변 배열을 선언한 후에 메모리를 할당한 것이고, func1_2는 일반 포인터 배열을 선언한 후에 메모리를 할당한 것이다. 변수가 선언되는 방식은 서로 다르지만, 배열 표기법을 이용하여 배열의 요소에 접근할 때 메모리를 할당한 차원의 요소에는 길이를 꼭 지정해 주어야 한다. 그래서 func1_1과 func1_2 모두 p2d[0:m][:]와 같이 길이를 지정하였다. 만약 p2d[:][:]로 사용하면 컴파일 에러가 발생하게 된다.

아직 new 연산자에서 가변 배열에 메모리를 할당할 수 있도록 지원하지 않기 때문에 int (*p2d)[n]으로 가변 배열을 사용하면 변수 p2d의 메모리 할당은 new 연산자를 사용할 수 없다. p2d = new int[m][n];으로 선언하면 n의 길이를 알 수 없어서 컴파일러는 에러를 발생시킨다. 그래서 가변 배열을 포함한 포인터에 메모리를 할당하려면 malloc( ) 함수를 사용해야만 한다.

실행 결과

```
C:\Windows\system32\cmd.exe                                    _ □ ×
func1_1 p2d[0][0] = 10, p2d[2][2] = 10, p2d[4][4] = 10
func1_1 p2d[0][0] = 0, p2d[2][2] = 0, p2d[4][4] = 0
계속하려면 아무 키나 누르십시오 . . .
```

func1_1에서는 전체 배열에 10을 func1_2에서는 전체 배열에 0을 대입한 결과가 모두 에러 없이 정확하게 출력되는 것을 확인할 수 있다.

5.3 대입 동작의 불명확성

배열 표기법으로 대입을 할 때 우변(RHS: Right Hand Side)과 좌변(LHS: Left Hand Side)이 오버랩되는 경우에 그 동작이 불명확한 경우가 생긴다. 이 불명확성은 좌변에 대입하기 전에 우변이 실행될지 확신할 수 없기 때문이다. 다음 그림처럼 배열의 요솟값을 변경하고 싶은 경우를 통해 불명확성에 관해서 확인해 보자.

배열 요소	0	1	2	3	4	5	6	7	8	9
값	1	1	1	1	1	1	1	1	1	1

배열 요소	0	1	2	3	4	5	6	7	8	9
값	1	2	2	2	2	2	2	2	2	2

배열 표기법으로 다음처럼 생각할 수 있다.

```
a[1:s] = a[0:s] +1
```

이런 경우 우변이 먼저 실행된 후에 그 결과가 좌변에 대입되어야 한다. 하지만 앞에서 이야기한 것처럼 우변이 먼저 실행될지 확실하지 않아서 그 결과는 프로그래머의 생각과는 다르게 나타난다. 이런 불명확성을 없애려면 다음과 같이 임시 변수를 사용해야 한다.

```
temp[0:s] = a[0:s] +1;
a[1:s] = temp[0:s];
```

예제 8-4는 배열 표기법을 사용할 때 생기는 불명확성에 대해서 나타낸다.

예제 8-4 대입 연산의 불명확성

```c
#include <stdio.h>

int _tmain(int argc, _TCHAR* argv[ ])
{
    const int MAX_SIZE = 10;
    int* nA;
    int* nTemp;

    nA = new int [MAX_SIZE];
    nTemp = new int [MAX_SIZE];

    int nAfter, nBefore;

    nA[0:MAX_SIZE] = 1;
    nA[1:MAX_SIZE-1] = nA[0:MAX_SIZE-1]+1; //순차적으로 증가한다.
    printf("nA[0] = %d, nA[5] = %d, nA[MAX_SIZE-1] = %d\n",
                                    nA[0],nA[5],nA[MAX_SIZE-1] );

    nA[0:MAX_SIZE] = 1;
    nTemp[0:MAX_SIZE] = nA[0:MAX_SIZE]+1;       //임시 변수 nTemp를 선언하고
    nA[1:MAX_SIZE-1] = nTemp[0:MAX_SIZE-1];     //불명확함을 없앤다.
    printf("nA[0] = %d, nA[5] = %d, nA[MAX_SIZE-1] = %d\n",
                                    nA[0],nA[5],nA[MAX_SIZE-1] );

    delete [ ] nA;
    delete [ ] nTemp;

    return 0;
}
```

임시 변수 nTemp를 선언하여 불명확함을 없앴다. 그 결과를 확인해 보자.

실행 결과

```
C:\Windows\system32\cmd.exe
nA[0] = 1, nA[5] = 6, nA[MAX_SIZE-1] = 10
nA[0] = 1, nA[5] = 2, nA[MAX_SIZE-1] = 2
계속하려면 아무 키나 누르십시오 . . .
```

임시 변수를 사용하지 않으면 좌변의 값이 계속 변경되고 우변에도 영향을 주어서 배열의 값이 순차적으로 증가하였다. 하지만 임시 변수를 사용한 경우에는 프로그래머가 원하는 대로 출력되었다. 다만, 확실성이 보장된다면 오버랩되어도 문제가 발생하지 않는다.

```
a[:] += b[:];
```

이 같은 경우는 a[:] = a[:] + b[:]와 같이 명확하므로 문제가 되지 않는다.

5.4 집약 조작과 분산 조작

분산된 배열의 요소를 연속한 배열에 넣거나(집약: Gather) 그 반대로 집약된 배열 요소를 분산하여 배열에 넣는(분산: Scatter) 조작을 간결하게 표시할 수 있다. 예제 8-5를 통해서 집약과 분산에 대해서 알아보자.

예제 8-5 집약과 분산 : C/C++ 코드와 배열 표기법을 이용

```c
#include <stdio.h>

int _tmain(int argc, _TCHAR* argv[ ])
{
    const int MAX_SIZE = 10;

    int index[MAX_SIZE] = {0,1,2,3,4,5,6,7,8,9};
    int out[MAX_SIZE], in[MAX_SIZE] = {9,8,7,6,5,4,3,2,1,0};

    //집약 코드
    for(int i = 0; i < MAX_SIZE/2; i++)     //C/C++ 코드
        out[i] = in[index[i]];
    for(int i = 0; i < MAX_SIZE/2; i++) printf("out : [%d], ",out[i]);
    printf("\n");
//집약: 배열 표기법
```

```
    out[0:5] = in[index[0:5]];
    for(int i = 0; i < MAX_SIZE/2; i++) printf("out : [%d], ",out[i]);
    printf("\n");


    //분산 코드
    for(int i = 5; i < MAX_SIZE; i++)        //C/C++ 코드
        out[index[i]] = in[i];
    for(int i = 5; i < MAX_SIZE; i++) printf("out : [%d], ",out[i]);
    printf("\n");
//분산: 배열 표기법
    out[index[5:5]] = in[5:5];
    for(int i = 5; i < MAX_SIZE; i++) printf("out : [%d], ",out[i]);
    printf("\n");

    return 0;
}
```

예제 8-5는 집약을 이용하여 배열 out의 0에서 4요소에 배열 in의 0에서 4요소의 값을 복사하고, 분산을 이용하여 배열 out의 5에서 9요소에 배열 in의 5에서 9요소의 값을 복사하는 프로그램이다. 배열 index의 요솟값은 배열 out, in의 위치 정보로 사용한다. 그리고 C/C++ 코드를 추가하여 배열 표기법과 똑같이 동작하는지 확인한다.

실행 결과

```
 C:\Windows\system32\cmd.exe                                      _ □ ×
out : [9], out : [8], out : [7], out : [6], out : [5],
out : [9], out : [8], out : [7], out : [6], out : [5],
out : [4], out : [3], out : [2], out : [1], out : [0],
out : [4], out : [3], out : [2], out : [1], out : [0],
계속하려면 아무 키나 누르십시오 . . .
```

실행 결과를 보면 C/C++ 코드와 똑같이 동작하는 것을 확인할 수 있다. 분산과 집약을 사용할 때 주의할 점은 out[0:5] = in[index[0:5]];나 out[index[5:5]] = in[5:5];와 같이 분산이나 집약에 사용하는 배열과 위치 정보를 가지는 배열은 크기가 같아야 한다는 점이다.

5.5 배열 표기법에서 주의할 점

배열 표기법에는 C/C++로 배열 연산을 할 수 있는 모든 연산자를 사용할 수 있다. +, −, *, /, %, 〈, ==, 〉, 〈=, !=, 〉=, ++, −−, |, &, ^, &&, ||, !, −(단항 연산), +(단항 연산), +=, −=, *=, /=, *(포인터 참조) 모두를 사용할 수 있지만, 배열 표기법을 사용할 때는 주의해야 할 점이 있다. 배열 표기법을 사용할 때 주의 사항은 세 가지로 정리된다.

첫째 서로 차원이 같은 배열을 연산해야 한다.

```
A[:][:] = B[:][:]                    //(o)
A[:] = B[:][:] 또는           = B[:]      //(x)
```

서로 다른 차원의 배열을 연산하면 컴파일할 때 에러가 발생한다. 하지만 연산의 크기가 같다면 다른 차원도 연산할 수 있다.

둘째 연산의 크기가 같아야 한다.

```
A[0:4][1:3] = B[1:4][2:3]                         //(o)
A[1:5][1:3] = B[0:4][2:3] 또는 A[0:4][1:3] B[0:4][2:4]      //(x)
```

에러가 발생하는 A[1:5][1:3] = B[0:4][2:3]의 경우는 A[1~5](1, 2, 3, 4, 5) 5개의 요소에 접근하도록 설정한 것이고, B[0:4]는 B[0~4](0, 1, 2, 3) 4개의 요소에 접근하였다. 이렇게 연산의 크기가 다르면 에러가 발생한다.

셋째 서로 다른 차원의 배열을 연산할 때는 연산의 크기가 같아야 한다.

```
A[0:4][1:3] = B[1:4][2][2:3]      //(o)
A[1:5][1:3] = B[0:4][:][2:3]      //(x)
```

에러가 발생하지 않는 A[0:4][1:3] = B[1:4][2][2:3]는 비록 서로 다른 차원의 배열이지만 B[1:4][2][2:3]의 [2]가 고정되어 있어 A[0:4][1:3]와 연산하는 크기가 같아서 에러가 발생하지 않는다. 하지만 에러가 발생하는 A[1:5][1:3] = B[0:4][:][2:3]는 다른 차원의 연산일 뿐 아니라 연산의 크기가 서로 달라서 에러가 발생한다.

예제 8-5는 배열 표기법을 사용할 때 에러가 발생할 수 있는 상황을 모은 것이다.

예제 8-6 배열 표기법의 주의할 점

```c
#include <stdio.h>

int _tmain(int argc, _TCHAR* argv[ ])
{
    const int MAX_SIZE =  128;
    const int MAX_SIZE2= 256;

    int D = 0, C = 1;

    int nA1[MAX_SIZE], nB1[MAX_SIZE], nC1[MAX_SIZE2];
    int nA2[MAX_SIZE][MAX_SIZE2], nB2[MAX_SIZE][MAX_SIZE2],
                                        nC2[MAX_SIZE][MAX_SIZE2];
    int nA3[MAX_SIZE][MAX_SIZE][MAX_SIZE2];

    nC1[0:128] += nA1[:] * nB1[:];                  //OK
    nC2[3:2][3:2] = nA2[3:2][3:2] + nB2[5:2][5:2];  //OK
    nC2[0:4][0:2] = nA2[0:4][1:2] - nB2[0][1];      //OK
    nA2[:][:] = nA3[:][2][:] + C;                   //OK
    nC1[:] = D;                                     //OK
    nA1[0:128] = nA3[:][2][2];                      //OK
nA1[:] = dA1[:];                                    //OK
// nA1[0:4] += nB2[1:2][0:4];                       //error
// nA2[0:4][1:2] + nB2[1:2][0:4];                   //error
// nC1[:] = nA3[:][1][:];                           //error
// nA2[:][:] = nC1[0:MAX_SIZE2];                    //error

    return 0;
}
```

에러가 발생한 부분은 주석으로 처리하여 프로그램이 실행될 수 있도록 하였다. 에러가 발생한 부분을 정리하면 다음과 같다.

nA1[0:4] += nB2[1:2][0:4]; 서로 다른 차원의 배열을 연산하기 때문에 에러가 발생한다.

nA2[0:4][1:2] + nB2[1:2][0:4]; 연산의 크기가 달라서 에러가 발생한다.

nC1[:] = nA3[:][1][:]; 서로 다른 차원의 배열 연산일 뿐 아니라 연산의 크기가 달라서 에러가 발생한다.

nA2[:][:] = nC1[0:MAX_SIZE2]; 서로 다른 차원에 대한 연산을 시도하기 때문에 에러가 발생한다.

예제 8-6에서 에러가 발생하는 부분 이외에도 주목해야 할 부분이 있다. 이는 선언된 형이 달라도 배열 표기법으로 사용할 수 있다는 것이다. nA1[:] = dA1[:];에서 nA1은 int형이고 dA1은 double형이지만 문제없이 동작한다.

5.6 배열 표기법의 리덕션 함수

Cilk Plus에서는 배열 표기를 이용한 리덕션 조작을 지원하는 프로토타입(Prototypes)함수를 지원하고 있다. 그리고 11개의 내장된 리덕션 함수(Reduction Operations)를 제공한다.

프로토타입 함수

함수	설명
__sec_reduce(fun, identity, a[:])	identity를 초깃값으로 사용하고 fun 함수를 실행하여 a 배열을 조작한다. 현재는 거의 사용하지 않는다.
result __sec_reduce(initial, a[:], function-id)	initial을 초깃값으로 이용하여 function-id 함수를 통해서 a 배열을 조작한다.

fun 함수나 function-id 함수로 프로그래머가 정의한 함수를 이용할 수 있다. 하지만 그 함수의 인수는 C/C++의 기본 자료형으로만 정의되어야 한다(클래스나 구조체는 사용할 수 없음). 예제 8-7은 프로토타입의 리덕션 함수를 사용한 예제이다.

예제 8-7 프로토타입의 함수 사용

```c
#include <stdio.h>

//a = a 배열, b는 처음 초깃값(initial)
double mul(double a, double b)
{
   return(a*b);
}

int _tmain(int argc, _TCHAR* argv[ ])
{
   const int MAX_SIZE = 10;
   double a[MAX_SIZE]= {1,2,3,4,5,6,7,8,9,10};
   double b[MAX_SIZE];
   double result = 0;
   //result에 a 배열을 모두 나눈 값이 저장된다.
   result  = __sec_reduce(1, a[:], mul);
   printf("result = %.2f \r\n",result);
   //b 배열에 a 배열을 나눈 값이 저장된다.
   b[:]    = __sec_reduce(1, a[:], mul);
   for(int i = 0; i < MAX_SIZE; i+=2)
   {
       printf("b[%d] = %.2f, ",i,b[i]);
   }
   return 0;
}
```

Cilk Plus의 리덕션 내장 함수 중에서 배열의 모든 요소를 곱하는 함수가 없어 프로토타입 함수를 이용하여 배열의 모든 요솟값을 곱하기 동작하도록 하였다. 초깃값이 1이기 때문에

1*1이 연산되어 1이 된다. 다음은 2*1이 되어 2가 된다. 이렇게 반복하다가 9번째 요소에서는 362880이 되고, 마지막으로 10*362880이 되어 3628800이 된다.

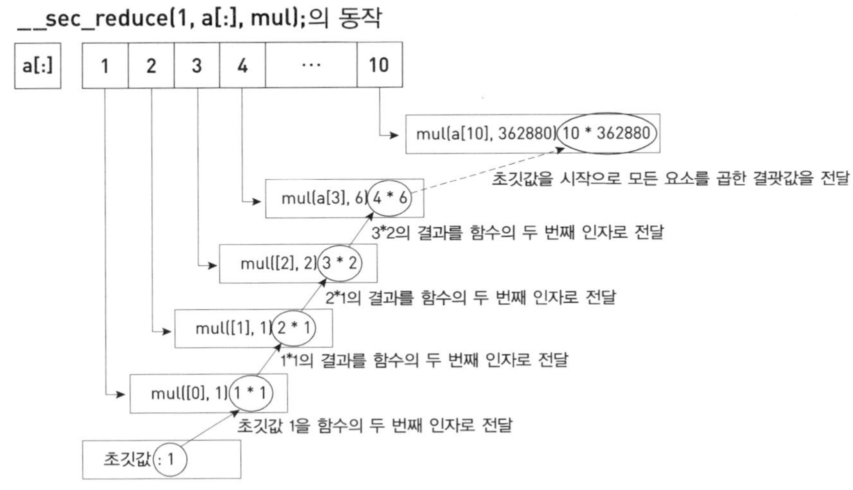

그림 8-2 리덕션 함수 동작 원리

그림 8-2는 리덕션 함수가 동작하는 원리를 그림으로 표현한 것이다. __sec_reduce(1, a[:], mul);는 초깃값 1로 시작해서 배열의 모든 요솟값의 곱하기를 연산한다.

실행 결과

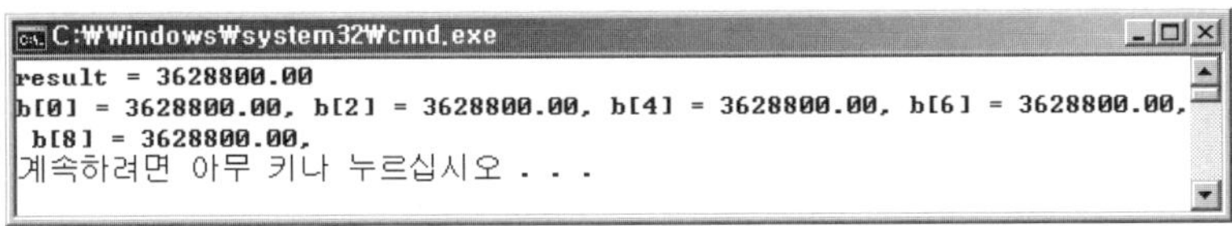

실행 결과를 보면 result의 값은 3628800이고, 반환값이 배열 b일 때 배열 b의 모든 요솟값에는 3,628,800이 저장된 것을 확인할 수 있다.

내장 함수(산술 연산)

함수	설명
__sec_reduce_add(a[:])	a 배열의 모든 요솟값의 합계를 구한다.
__sec_reduce_mul(a[:])	a 배열의 모든 요솟값의 곱하기를 구한다.
__sec_reduce_all_zero(a[:])	a 배열의 모든 요솟값이 0인지를 검사한다. 모두 0이면 true, 1개라도 0이 아니면 false를 반환한다.
__sec_reduce_all_nonzero(a[:])	a 배열의 모든 요솟값이 0이 아닌지를 검사한다. 모두 0이 아니면 true, 1개라도 0이 있으면 false를 반환한다.
__sec_reduce_any_nonzero(a[:])	a 배열의 요솟값 중에서 0이 아닌 값이 있는지를 검사한다. 요솟값 중에 1개라도 0이 아닌 요소가 있으면 true 아니면 false를 반환한다.
__sec_reduce_min(a[:])	a 배열의 요솟값 중에서 가장 작은 요솟값을 반환한다.
__sec_reduce_max(a[:])	a 배열의 요솟값 중에서 가장 큰 요솟값을 반환한다.
__sec_reduce_min_ind(a[:])	a 배열의 요솟값 중에서 가장 작은 요솟값을 가지는 배열의 위치를 반환한다.
__sec_reduce_max_ind(a[:])	a 배열의 요솟값 중에서 가장 큰 요솟값을 가지는 배열의 위치를 반환한다.

배열의 자료형은 C/C++의 기본 자료형이어야 한다. 예제 8-8은 리덕션 내장 함수를 사용한 프로그램이다.

예제 8-8 내장 함수의 사용(산술 연산)

```
#include <stdio.h>

int _tmain(int argc, _TCHAR* argv[ ])
{
    const int MAX_SIZE = 10;
    int a[MAX_SIZE]= {1,2,3,0,20,40,7,8,9,10};
    int b[MAX_SIZE];
    int result = 0;

    result = __sec_reduce_add(a[:]);
```

```
    printf("__sec_reduce_add = %d\r\n",result);
    result = __sec_reduce_mul(a[:]);
    printf("__sec_reduce_mul = %d\r\n",result);
    result = __sec_reduce_all_zero(a[:]);
    printf("__sec_reduce_all_zero = %d\r\n",result);
    result = __sec_reduce_all_nonzero(a[:]);
    printf("__sec_reduce_all_nonzero = %d\r\n",result);
    result = __sec_reduce_any_nonzero(a[:]);
    printf("__sec_reduce_any_nonzero = %d\r\n",result);
    result = __sec_reduce_min(a[:]);
    printf("__sec_reduce_min = %d\r\n",result);
    b[:] = __sec_reduce_max(a[:]);
    printf("__sec_reduce_max = ");
    for(int i = 0; i < MAX_SIZE; i++) printf("%d, ",b[i]);
    printf("\r\n");
    result = __sec_reduce_min_ind(a[:]);
    printf("__sec_reduce_min_ind = %d\r\n",result);
    result = __sec_reduce_max_ind(a[:]);
    printf("__sec_reduce_max_ind = %d\r\n",result);

    return 0;
}
```

함수의 이름과 동작이 상당히 직관적이기 때문에 함수를 사용하는 데 어려운 점은 없다. 하지만 min, max, min_ind, max_ind의 경우는 반환값으로 배열을 사용하면 함수의 결괏값은 찾은 요소의 다음 요솟값에 저장된다.

실행 결과

```
C:\Windows\system32\cmd.exe
__sec_reduce_mul = 0
__sec_reduce_all_zero = 0
__sec_reduce_all_nonzero = 0
__sec_reduce_any_nonzero = 1
__sec_reduce_min = 0
__sec_reduce_max = 1, 2, 3, 3, 20, 40, 40, 40, 40, 40,
__sec_reduce_min_ind = 3
__sec_reduce_max_ind = 5
계속하려면 아무 키나 누르십시오 . . .
```

실행 결과를 확인하면 __sec_reduce_max( ) 함수는 b 배열에 반환값이 저장되는데, b 배열에는 a 배열에서 최댓값 40을 찾은 이후의 요소 위치부터 결괏값이 채워져 있다.

내장 함수(시프트 연산)

함수	설명
b[:] = __sec_shift(a[:], signed shift_val, fill_val)	a 배열의 요솟값을 shift_val만큼 오른쪽 요솟값을 왼쪽으로 이동시키고, 이동되어 빈 요소는 fill_val로 채워 b 배열에 반환한다. a 배열의 값은 변하지 않는다.
b[:] = __sec_rotate(a[:], signed shift_val)	a 배열의 요솟값을 shift_val만큼 오른쪽 요솟값을 왼쪽으로 이동 시키고, 이동되어 빈 요소는 a 배열에서 이동된 요솟값으로 채워 b 배열에 반환한다. a 배열의 값은 변하지 않는다.

시프트 연산 함수는 배열 요소의 시프트 연산이지 배열 요소의 비트 시프트 연산이 아니다. 예제 8-9는 리덕션 내장 함수 중에서 시프트 연산을 사용한 프로그램이다.

예제 8-9 내장 함수의 사용(시프트 연산)

```c
#include <stdio.h>

int _tmain(int argc, _TCHAR* argv[ ])
{
    const int MAX_SIZE = 10;
    int a[MAX_SIZE]= {0,1,2,3,4,5,6,7,8,9};
    int b[10];

    printf("a : ");
    for(int i = 0; i < MAX_SIZE; i++) printf("%d, ",a[i]);
    printf("\r\nb : ");
    b[:] = __sec_shift(a[:], 2,6);
    for(int i = 0; i < MAX_SIZE; i++) printf("%d, ",b[i]);

    printf("\r\nb : ");
```

```c
    b[:] = __sec_rotate(a[:], 3);
    for(int i = 0; i < MAX_SIZE; i++) printf("%d, ",b[i]);
    printf("\r\n");

    return 0;
}
```

시프트 함수 __sec_shift( )는 배열의 요소를 시프트한다. 이런 동작은 시프트 연산자 〈〈와 유사하다. 그리고 __sec_rotate( ) 함수는 __sec_shift( ) 함수와 거의 비슷하게 동작하지만 시프트하여 빈 배열의 한쪽 끝 요소에 배열의 다른 쪽 끝 요솟값을 채우는 것이 다르다. 결과를 확인해 보면 함수의 동작을 이해하기 더 쉽다.

실행 결과

```
C:\Windows\system32\cmd.exe
a : 0, 1, 2, 3, 4, 5, 6, 7, 8, 9,
b __sec_shift : 2, 3, 4, 5, 6, 7, 8, 9, 6, 6,
b __sec_rotate : 3, 4, 5, 6, 7, 8, 9, 0, 1, 2,
계속하려면 아무 키나 누르십시오 . . .
```

배열 a는 0~9까지 순차적으로 채워져 있다. 배열 a에 __sec_shift(a[:],2,6);와 같이 시프트 함수를 사용하면 2~9가 2만큼 밀리고, 비어 있는 9번째 10번째 요소는 6으로 채워졌다. 배열 a에 __sec_rorate(a[:],3)를 사용한 경우는 3~9가 3만큼 밀리고, 밀려난 요소는 8, 9, 10번째 요소에 채워졌다.

그 외 내장 함수

위에서 설명한 내장 함수 이외에 유용한 내장 함수가 있다. a[:] = i++과 같이 순차적으로 증가하는 값을 배열 표기법으로 배열에 저장하는 방법은 현재 Cilk Plus에서는 지원하지 않는다. 하지만 내장 함수를 이용하여 초기화할 수 있다.

함수	설명
a[:] = _sec_implicit_index(int i)	a 배열을 초기화할 때 사용한다. 변수 i는 배열의 차원에 따른 초기화 방식의 설정값이다.

예제 8-10을 통해서 _sec_implicit_index( ) 함수가 어떤 식으로 사용되는지 알아보자.

예제 8-10 내장 함수를 이용한 배열 초기화

```
#include <stdio.h>

int _tmain(int argc, _TCHAR* argv[ ])
{
   const int MAX_SIZE = 5;
   const int MAX_SIZE2 = 5;
   int a[MAX_SIZE] = {2,3,5,8,9};
   int c[MAX_SIZE2][MAX_SIZE];

   a[:] = __sec_implicit_index(0);
   //a[0] = 0, a[1] = 1, a[2] = 2, a[3] = 3, a[4] = 4;
   printf("a : ");
   for(int i =0; i< MAX_SIZE; i++) printf("%d ",a[i]);
   printf("\r\n\r\n");

   c[:][:] = __sec_implicit_index(0);
   printf(" __sec_implicit_index(0)의 결과 \r\n");
   for(int i =0; i< MAX_SIZE; i++)
   {
       for(int j =0; j< MAX_SIZE; j++)
           printf("%d ",c[i][j]);
       printf("\r\n");
   }
   printf("\r\n");
   c[:][:] = __sec_implicit_index(1);
   printf(" __sec_implicit_index(1)의 결과 \r\n");
```

```c
    for(int i =0; i< MAX_SIZE; i++)
    {
        for(int j =0; j< MAX_SIZE; j++)
            printf("%d ",c[i][j]);
        printf("\r\n");
    }
    printf("\r\n");
    //2차원 배열을 초기화하자.
    for(int i =0; i < MAX_SIZE; i++)
        c[i:1][:] = __sec_implicit_index(1)+(i*MAX_SIZE);
    printf("2차원 배열 초기화 결과 \r\n");
    for(int i =0; i< MAX_SIZE; i++)
    {
        for(int j =0; j< MAX_SIZE; j++)
            printf("%d ",c[i][j]);
        printf("\r\n");
    }

    return 0;
}
```

1차원 배열에서 __sec_implicit_index(0) 함수의 경우는 배열에 0~MAX_SIZE까지 데이터를 순차적으로 채워 넣는다. 하지만 다차원 배열에서 __sec_implicit_index(0) 함수는 1차원 요솟값에 순차적으로 데이터를 채운다. [0][:]의 요소는 모두 0을 채우고, [1][:]의 요소는 1을 전부 채우고 [MAX_SIZE][:]의 요소는 MAX_SIZE를 전부 채운다.

그리고 다차원 배열에서 __sec_implicit_index(1) 함수는 2차원 요솟값에 순차적으로 데이터를 채운다. [0][:] 요소에는0~MAX_SIZE까지, [1][:] 요소에도 0~MAX_SIZE 을 전부 채우고, [MAX_SIZE][:]의 요소에도 0~MAX_SIZE를 전부 채운다. 참고로 __sec_implicit_index(1) 함수를 1차원 배열에서 사용하면 컴파일할 때 에러가 발생한다. 함수의 결과를 확인해 보면 함수의 기능을 쉽게 파악할 수 있다.

실행 결과

```
C:\Windows\system32\cmd.exe                        _ □ ×
a : 0 1 2 3 4

  __sec_implicit_index(0)의 결과
0 0 0 0 0
1 1 1 1 1
2 2 2 2 2
3 3 3 3 3
4 4 4 4 4

  __sec_implicit_index(1)의 결과
0 1 2 3 4
0 1 2 3 4
0 1 2 3 4
0 1 2 3 4
0 1 2 3 4

2차원 배열 초기화 결과
0 1 2 3 4
5 6 7 8 9
10 11 12 13 14
15 16 17 18 19
20 21 22 23 24
계속하려면 아무 키나 누르십시오 . . . _
```

1차원 배열 a에는 __sec_implicit_index(0);를 사용하여 순차적으로 초기화하였다. 그리고 배열 c는 __sec_implicit_index(0);와 __sec_implicit_index(1);를 사용하여 초기화하였다. 그리고 배열 c를 다음과 같이 사용하여 2차원 배열을 for 문을 하나만 이용하여 초기화하였다.

```
for(int i =0; i < MAX_SIZE; i++)
  c[i:1][:] = __sec_implicit_index(1)+(i*MAX_SIZE);
```

내장 함수 __sec_implicit_index(1)를 사용했을 때 2차원 요소에서 순차적으로 데이터가 저장되는 것을 이용하였다. c[i:1][[:]로 코드를 작성하여 [0:1][:], [1:1][:] … [MAX_SIZE:1][:] 까지 2차원 배열에 순차적으로 데이터가 저장되도록 하였다.

기본적으로 리덕션 함수는 병렬로 동작하기 때문에 for 문을 사용하는 것보다 빠르다. 하지만 리덕션 함수는 연속한 배열에만 효과가 있다. 따라서 배열에 연속으로 접근하는 경우라면 리덕션 함수를 이용할 수 있는지 검토해 보아야 한다.

5.7 함수 맵 사용

함수 맵은 배열 표기법을 활용하여 배열의 모든 요소에 대해서 같은 처리를 실행할 수 있다. 함수 맵의 사용법은 내장 함수와 비슷하다. 예를 들어 배열 a의 각 요솟값에 sin( ) 함수를 실행해서 그 결과를 배열 b에 저장하고 싶다면 b[:] = sin(a[:])와 같이 사용할 수 있다.

함수 맵은 함수를 병렬로 호출하여 실행하는 매우 강력한 기능이며 인텔에서 미리 정의한 sin( ), cos( ), pow( ) 등의 함수 이외에도 프로그래머가 새롭게 함수를 정의할 수 있다. 새롭게 정의하는 함수는 일반 함수로 정의할 수 있으며, 요소 함수로 정의하면 벡터화로 실행할 수 있다. 요소 함수에 대해서는 따로 다루도록 한다.

예제 8-11 함수 맵 사용

```c
#include <stdio.h>
#include <math.h>

double UserSqrt(double d){ return sqrt(d); }
double UserPlus(double d1, double d2){ return(d1 + d2); }

int _tmain(int argc, _TCHAR* argv[ ])
{
   const int MAX_SIZE = 5;
   double a[MAX_SIZE];
   double b[MAX_SIZE];
   double c[MAX_SIZE];
   double d = 5;

   a[:] = 3.0;
   for(int i =0; i< MAX_SIZE; i++) printf("a[%d] = %.2f ",i, a[i]);
   printf("\r\n");

   b[:] = sin(a[:]);
   for(int i =0; i< MAX_SIZE; i++) printf("b[%d] = %.1f ",i, b[i]);
   printf("\r\n");

   b[:] = pow(a[:], d);    //a[:]**d
   for(int i =0; i< MAX_SIZE; i++) printf("b[%d] = %.1f ",i, b[i]);
   printf("\r\n");
```

```
    b[:] = pow(d, a[:]);    //d**a[:]
    for(int i =0; i< MAX_SIZE; i++) printf("b[%d] = %.1f ",i, b[i]);
    printf("\r\n");
    c[:] = UserSqrt(a[:]); //사용자 정의 함수
    for(int i =0; i< MAX_SIZE; i++) printf("c[%d] = %.1f ",i, c[i]);
    printf("\r\n");

    b[:] = UserPlus(a[:],c[:]);//사용자 정의 함수
    for(int i =0; i< MAX_SIZE; i++) printf("b[%d] = %.1f ",i, b[i]);
    printf("\r\n");
// double b2[MAX_SIZE][MAX_SIZE];
// b[:] = var(a[:], b2[:][:]);//차원이 달라서 에러 발생

    return 0;
}
```

예제 8-11은 내부 벡터 함수 맵과 사용자가 정의한 함수 맵를 사용한 프로그램이다. 사용자 정의 함수는 일반 함수의 사용법과 같다.

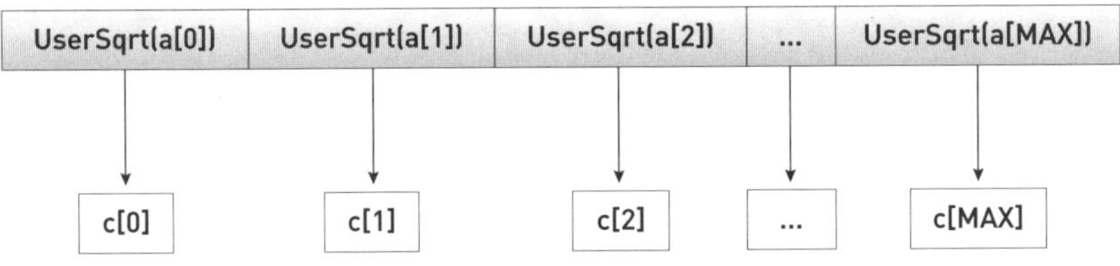

그림 8-3 함수 맵의 동작 원리

그림 8-3은 함수 맵의 동작에 대해서 설명한다. 배열 a를 함수 맵으로 처리한 결과가 배열 c의 요소에 각각 저장된다. 그림 8-3을 통해서 함수 맵이 리덕션 함수와 동작이 어떻게 다른지 알 수 있다.

실행 결과

```
C:\Windows\system32\cmd.exe
a[0] = 0.00 a[1] = 1.00 a[2] = 2.00 a[3] = 3.00 a[4] = 4.00
b[0] = 0.0 b[1] = 0.8 b[2] = 0.9 b[3] = 0.1 b[4] = -0.8
b[0] = 0.0 b[1] = 1.0 b[2] = 32.0 b[3] = 243.0 b[4] = 1024.0
b[0] = 1.0 b[1] = 5.0 b[2] = 25.0 b[3] = 125.0 b[4] = 625.0
c[0] = 0.0 c[1] = 1.0 c[2] = 1.4 c[3] = 1.7 c[4] = 2.0
b[0] = 0.0 b[1] = 2.0 b[2] = 3.4 b[3] = 4.7 b[4] = 6.0
계속하려면 아무 키나 누르십시오 . . .
```

실행 결과를 보면 함수 맵을 사용한 결과를 확인할 수 있다. 그리고 배열 표기법의 규칙은
함수 맵에서도 그대로 적용되어 차원이 다른 배열일 경우에는 에러가 발생한다.

5.8 배열 표기법의 제한

배열 표기법에는 다음과 같은 두 가지 제한이 있다.

- if 문의 조건부 구문에서는 이용할 수 없다.

- 함수는 배열 표기법으로 선언된 배열을 반환할 수 없다.

하지만 이 두 가지의 제한은 삼항 연산자와 포인터를 이용하여 해결할 수 있다. 예제 8-12
는 배열 표기법의 제한을 해결한 프로그램이다.

예제 8-12 제한을 해결하는 예제

```c
#include <stdio.h>

//m 크기 만큼만 x값을 y에 저장한다.
//y에 결과를 저장하여 반환한다.
void ReturnValue(int m, int x[m], int y[m])
{
    y[:] = x[:];
}
```

```c
int _tmain(int argc, _TCHAR* argv[ ])
{
    const int MAX_SIZE = 5;

    int a[MAX_SIZE] = {0,2,4,5,1};
    int b[MAX_SIZE] = {1,2,3,4,5};
    int c[MAX_SIZE] = {0,};
    int d[MAX_SIZE] = {0,};
```

//루프 구문에서 if else를 사용하였다.

```c
    for(int i =0; i < MAX_SIZE; i++)
    {
        if(a[i] > b[i])
            c[i] = a[i] - b[i];
        else
            d[i] = b[i] - a[i];
    }
    for(int i =0; i< MAX_SIZE; i++) printf("c[%d] = %d ", i, c[i]);
                                                printf("\r\n");

    for(int i =0; i< MAX_SIZE; i++) printf("d[%d] = %d ", i, d[i]);
                                                printf("\r\n");

    for(int i =0; i < MAX_SIZE; i++)
    {
        d[i] = c[i] = 0;
    }
```

//'?' 삼항 연산자를 사용하여 같은 결과를 나타낸다.

```c
    c[0:MAX_SIZE] = (a[0:MAX_SIZE] > b[0:MAX_SIZE])
    ? a[0:MAX_SIZE] - b[0:MAX_SIZE] : c[0:MAX_SIZE];

    d[0:MAX_SIZE] = (a[0:MAX_SIZE] <= b[0:MAX_SIZE])
    ? b[0:MAX_SIZE] - a[0:MAX_SIZE] : d[0:MAX_SIZE];

    for(int i =0; i< MAX_SIZE; i++) printf("c[%d] = %d ", i, c[i]);
                                                printf("\r\n");

    for(int i =0; i< MAX_SIZE; i++) printf("d[%d] = %d ", i, d[i]);
                                                printf("\r\n");
```

//포인터를 이용하여 반환한다.

```c
    for(int i =0; i< MAX_SIZE; i++) printf("a[%d] = %d ", i, a[i]);
                                                printf("\r\n");
```

```
    for(int i =0; i< MAX_SIZE; i++) printf("b[%d] = %d ", i, b[i]);
                                            printf("\r\n");
    ReturnValue(MAX_SIZE, &a[0],&b[0]);
    for(int i =0; i< MAX_SIZE; i++) printf("a[%d] = %d ", i, a[i]);
                                            printf("\r\n");
    for(int i =0; i< MAX_SIZE; i++) printf("b[%d] = %d ", i, b[i]);
                                            printf("\r\n");

    return 0;
}
```

if else 구문은 삼항 연산자 '?'로 대체할 수 있고, 함수의 반환값은 포인터를 함수의 인자로 사용하여 반환값을 대체할 수 있다(포인터를 대신해서 참조를 이용할 수 있다).

실행 결과

```
C:\Windows\system32\cmd.exe
c[0] = 0 c[1] = 0 c[2] = 1 c[3] = 1 c[4] = 0
d[0] = 1 d[1] = 0 d[2] = 0 d[3] = 0 d[4] = 4
c[0] = 0 c[1] = 0 c[2] = 1 c[3] = 1 c[4] = 0
d[0] = 1 d[1] = 0 d[2] = 0 d[3] = 0 d[4] = 4
a[0] = 0 a[1] = 2 a[2] = 4 a[3] = 5 a[4] = 1
b[0] = 1 b[1] = 2 b[2] = 3 b[3] = 4 b[4] = 5
a[0] = 0 a[1] = 2 a[2] = 4 a[3] = 5 a[4] = 1
b[0] = 0 b[1] = 2 b[2] = 4 b[3] = 5 b[4] = 1
계속하려면 아무 키나 누르십시오 . . .
```

실행 결과는 배열 표기법의 제한을 해결한 것을 보여준다.

5.9 배열 표기를 위한 프로그램 힌트

일반 연산 조작과 병렬 조작을 조합하여 사용

배열 표기법을 활용하여 배열을 조작하는 경우 일반 연산 조작과 병렬 조작을 조합할 수 있다. 인텔 컴파일러는 배열의 연산을 정확하게 벡터화하여 처리하기 때문에 일반 연산과 병렬 연산을 같이 실행해도 성능이 떨어지지 않는다. 예제 8-13은 FIR 필터를 예제로 구현한 것이다.

예제 8-13 FIR 필터

```c
#include <stdio.h>

int _tmain(int argc, _TCHAR* argv[ ])
{
    const int MAX_SIZE = 5;
    int a[MAX_SIZE] = {0,1,2,3,4};
    int b[MAX_SIZE] = {4,3,2,1,0};
    int c[MAX_SIZE] = {0,};
    int r = 0;
    int i =0, j =0, K = 2;
    //일반 루프
    for(i =0; i <MAX_SIZE-K; i++)
    {
        r = 0;
        for(j =0; j<K; j++)
        {
            r+=a[i+j] * b[j];
        }
        c[i] = r;
    }
    for(i = 0; i< MAX_SIZE; i++) printf("c[%d] = %d ",i, c[i]);
    printf("\r\n");
    //안쪽의 루프 벡터화
    for(i =0; i <MAX_SIZE-K; i++)
        c[i] = __sec_reduce_add(a[i:K] * b[0:K]);
    for(i = 0; i< MAX_SIZE; i++) printf("c[%d] = %d ",i, c[i]);
    printf("\r\n");
    //바깥쪽의 루프 벡터화
    c[0:MAX_SIZE-K] = 0;
    for(j = 0; j<K; j++)
        c[0:MAX_SIZE-K]+=a[j:MAX_SIZE-K] * b[j];
    for(i = 0; i< MAX_SIZE; i++) printf("c[%d] = %d ",i, c[i]);
    printf("\r\n");

    return 0;
}
```

for 문을 두 번 사용하는 FIR 필터에 배열 표기법을 사용하면 한 번의 for 문으로 작성할 수 있다. 알고리즘에 따라서 배열 표기를 내부에서 사용할 것인지, 외부에서 사용할 것인지를 결정해야 한다. 예제 8-13의 FIR 필터의 경우는 내부와 외부 모두 배열 표기법으로 적용할 수 있다.

실행 결과

```
C:\Windows\system32\cmd.exe
일반 FIR 필터 : c[0] = 3 c[1] = 10 c[2] = 17 c[3] = 0 c[4] = 0
내부 배열 표기 : c[0] = 3 c[1] = 10 c[2] = 17 c[3] = 0 c[4] = 0
외부 배열 표기 : c[0] = 3 c[1] = 10 c[2] = 17 c[3] = 0 c[4] = 0
계속하려면 아무 키나 누르십시오 . . .
```

실행 결과를 확인해 보면 순차 실행과 배열 표기법의 결과는 같다. 하지만 배열 표기법은 벡터화가 이루어지기 때문에 순차 실행보다 성능이 뛰어나다.

restrict 포인터 사용

배열 표기에서 대입 연산자를 사용할 때 좌변을 우변에서도 사용하여 그 결과를 좌변에 대입하는 때에도 모든 동작이 벡터화된다. 즉, x[:] += y[:]와 같은 경우에 우변의 더하기 연산에도 벡터화가 이루어지고, 좌변에 대입하는 연산에도 벡터화가 이루어진다. 이런 경우 컴파일러는 좌변의 데이터가 변하는 것을 막으려고 임시 배열을 생성하게 된다. 이렇게 임시 배열을 생성하게 되면 메모리 사용량이 늘어나게 되고, 오버헤드 또한 발생하게 된다. 이런 불필요한 오버헤드를 방지하기 위해서 C99의 restrict 포인터가 제공된다. restrict 포인터를 사용함으로써 임시로 복사되는 경우를 줄일 수 있다.

restrict 포인터를 사용하려면 **[프로젝트]** → [속성] → [C/C++] → [Language Intel C++]에서 [Recognize The Restrict Keyword]를 [예(/Qrestrict)]를 선택해야 한다.

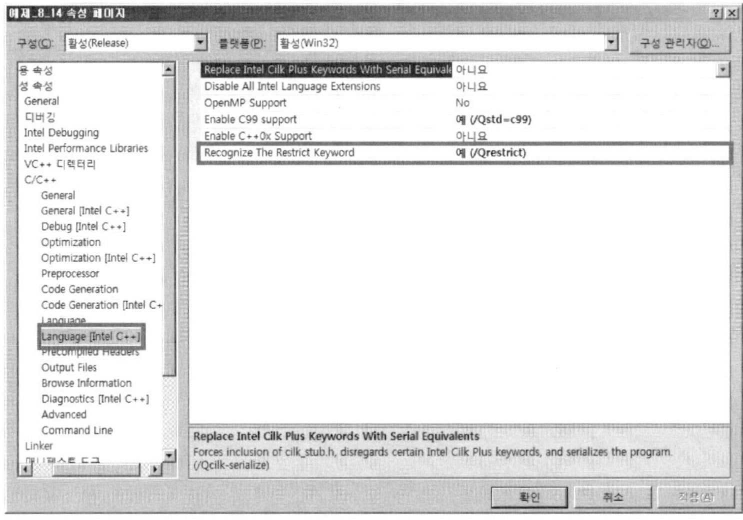

예제 8-14 restrict 포인터 사용

```c
#include <stdio.h>
#include <cilk\cilk.h>
#include <time.h>

#pragma intel optimization_level 0    //최적화 금지
void saxpy_vec1(int m, double a, double x[m], double y[m])
{
    y[:] += a * x[:];        //t[:] = y[:] + a*x[:]  //t라는 임시 변수가 생성됨
                             //y[:] = t[:]
}

#pragma intel optimization_level 0    //최적화 금지
void saxpy_vec2(int m, double a, double* restrict x, double y[m])
{
    y[:] +=a * x[0:m];  //restrict도 포인터이기 때문에 길이를 명시함
}

int _tmain(int argc, _TCHAR* argv[ ])
{
    const int MAX_SIZE = 10240000;
```

```cpp
    const int SKIP_SIZE = 1;
    double* pA;
    double* pB;
    pA = new double[MAX_SIZE];
    pB = new double[MAX_SIZE];
    int nAfter, nBefore;

    pA[0:MAX_SIZE] = 2;
    pB[0:MAX_SIZE] = 0;
    nBefore = clock( );
    cilk_for(int i =0; i < MAX_SIZE; i+= SKIP_SIZE)
        saxpy_vec1(SKIP_SIZE, 2.0, &pA[i], &pB[i]);
    nAfter = clock( );
    printf("pA[0] = %.1f, pA[MAX_SIZE-1] = %.1f, pB[0] = %.1f, pB[MAX_SIZE-1]
            = %.1f \r\n", pA[0], pA[MAX_SIZE-1], pB[0], pB[MAX_SIZE-1]);
    printf("임시 변수 생성 time %d \r\n", nAfter-nBefore);

    pB[0:MAX_SIZE] = 0;
    nBefore = clock( );
    cilk_for(int i =0; i < MAX_SIZE; i+= SKIP_SIZE)
        saxpy_vec2(SKIP_SIZE, 2.0, &pA[i], &pB[i]);
    nAfter = clock( );
    printf("pA[0] = %.1f, pA[MAX_SIZE-1] = %.1f, pB[0] = %.1f, pB[MAX_SIZE-1]
            = %.1f\r\n", pA[0], pA[MAX_SIZE-1], pB[0], pB[MAX_SIZE-1]);
    printf("restrict 포인터 time %d \r\n", nAfter-nBefore);

    delete [ ] pA;
    delete [ ] pB;

    return 0;
}
```

saxpy_vec1( ) 함수는 배열 x와 배열 y의 연산이 오버랩되기 때문에 컴파일러는 임시 배열을 생성하게 된다. 임시 배열 t[n]이 생성되고, t[:] = y[:]+a*x[:];와 같이 임시 배열에 그 결과를 저장하고 나서 y[:] = t[:] 연산을 수행한다. 하지만 saxpy_vec2( ) 함수는 restrict 포인터를 사용하여 오버랩되어도 최대한 효율적인 코드를 생성하도록 컴파일러에 지시하였다. 최적화 옵션을 적용하면 saxpy_vec1( ) 함수는 임시 변수를 생성하지 않고 restrict 포인터와 똑같이 동작해서 성능의 차이가 없어진다. 그래서 최적화 옵션을 해제하고 실행 했다.

실행 결과

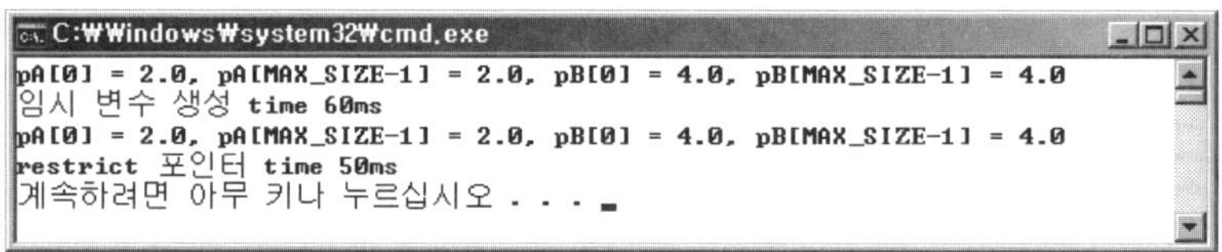

restrict 포인터를 사용했을 때 속도가 조금 더 빠르다. 다만, 속도의 차이가 심하지 않은 이유는 임시 배열의 연산도 벡터화로 동작하기 때문이다.

다차원 캐스팅

배열 표기법으로 다차원 배열 캐스팅을 할 수 있다. int array_1D[16];과 같이 1차원 배열이 있다고 가정하고 여기에서 배열의 5, 6번째 요소와 9, 10번째 요솟값을 1로 변경하길 원하면 array_1D[5:2] = 1; array_1D[9:2]=1;과 같이 프로그램을 작성할 수 있다.

프로그램의 결과는 배열 요소 5, 6, 9, 10에 1이 대입된다. 이런 프로그램이 잘못되었거나 나쁘진 않다. 하지만 이미지 데이터처럼 크기가 크고 자주 접근해야 한다면 배열을 사용하는 것이 불편해진다. 배열 표기법에서는 다차원 배열로 표기할 수 있기 때문에 array_1D를 2차원 배열로 캐스팅할 수 있다. int (*array_2D)[4];와 같이 선언하고 array_2D = (int (*)[4])array_1D;와 같이 캐스팅 연산을 할 수 있다. (*array_2D)[4];는 다음과 같은 2차원 배열로 인식된다.

0	1	2	3
4	5	6	7
8	9	10	11
12	13	14	15

예제 8-15는 하위 차원의 배열을 상위 차원의 배열로 캐스팅하는 프로그램이다.

예제 8-15 다차원 캐스팅

```c
#include <stdio.h>
#include <cilk/cilk.h>

int _tmain(int argc, _TCHAR* argv[ ])
{
    int arr_1D[16] = {0,};
    int (*arr_2D)[4];

    arr_2D = (int (*)[4])arr_1D;

    printf("arr_1D[5]=%d, arr_1D[6]=%d, arr_1D[9]=%d, arr_1D[10]=%d\r\n",
                        arr_1D[5], arr_1D[6], arr_1D[9], arr_1D[10]);

    arr_2D[1:2][1:2] = 10;

    printf("arr_1D[5]=%d, arr_1D[6]=%d, arr_1D[9]=%d, arr_1D[10]=%d\r\n",
                        arr_1D[5], arr_1D[6], arr_1D[9], arr_1D[10]);
}
```

2차원 배열로 캐스팅한 후 arr_2D[1:2][1:2] = 10;과 같이 2차원 배열의 요솟값을 변경하
였다.

실행 결과

```
C:\Windows\system32\cmd.exe
arr_1D[5]=0, arr_1D[6]=0, arr_1D[9]=0, arr_1D[10]=0
arr_1D[5]=10, arr_1D[6]=10, arr_1D[9]=10, arr_1D[10]=10
계속하려면 아무 키나 누르십시오 . . .
```

실행 결과를 보면 0의 값이 10으로 변경된 것을 확인할 수 있다. 2차원에서 3차원으로 캐스팅할 수도 있다.

```
const int XRES =  48
const int YRES 64
const int ZRES 48
float (*array_3D)[YRES][XRES] = (float (*)[YRES][XRES])array_1D;
                            array_3D[1:ZRES-2][1:YRES-2][1:XRES-2];
```

이와 같은 코드 역시 가능하다.

배열 표기의 활용

배열 표기법을 활용하면 많은 이점을 얻을 수 있다. 인접한 배열의 9개 요솟값의 평균을 구한 다음 배열에 저장하는 프로그램을 작성한다고 가정해 보자.

```
out[x][y] = (i[x-1][y-1] + i[x-1][y] + i[x-1][y+1] + i[x][y-1]
   + i[x][y] + i[x][y+1] + i[x+1][y-1] + i[x+1][y] + i[x+1][y+1]) / 9;
```

이런 프로그램은 배열 표기법으로 변경할 수 있다. 다만, 배열 표기법을 사용한다면 코드의 양이 더 늘어나고 가독성이 떨어진다는 단점이 있다. 하지만 배열 표기법을 적용하면 더욱 효율적인 프로그램으로 변경된다. 예제 8-16은 인접한 배열의 9개 요솟값의 평균을 구하는 알고리즘을 배열 표기법으로 작성한 것이다.

예제 8-16 배열 표기의 활용

```
#include <stdio.h>
#include <time.h>
#include <malloc.h>
#include <cilk/cilk.h>

const int  VLEN = 4;
const int  NROWS = 4;
const int width = 5120;
const int height = 5120;

//배열 표기법을 이용
void nine_point_average1(int i, int j, float **in, float** out)
{
    out[i:NROWS][j:VLEN] = in[i:NROWS][j:VLEN];
    out[i:NROWS][j:VLEN] += in[i+1:NROWS][j:VLEN];
    out[i:NROWS][j:VLEN] += in[i+2:NROWS][j:VLEN];
    out[i:NROWS][j:VLEN] += in[i:NROWS][j+1:VLEN];
    out[i:NROWS][j:VLEN] += in[i+1:NROWS][j+1:VLEN];
    out[i:NROWS][j:VLEN] += in[i+2:NROWS][j+1:VLEN];
    out[i:NROWS][j:VLEN] += in[i:NROWS][j+2:VLEN];
    out[i:NROWS][j:VLEN] += in[i+1:NROWS][j+2:VLEN];
    out[i:NROWS][j:VLEN] += in[i+2:NROWS][j+2:VLEN];

    out[i:NROWS][j:VLEN] = out[i:NROWS][j:VLEN]/9;
}

//순차 방법
void nine_point_average2(int i, int j, float **in, float **out)
{
    out[i][j] = in[i][j];
    out[i][j] += in[i][j];
    out[i][j] += in[i+2][j];
    out[i][j] += in[i][j+1];
    out[i][j] += in[i+1][j+1];
    out[i][j] += in[i+2][j+1];
    out[i][j] += in[i+0][j+2];
    out[i][j] += in[i+1][j+2];
    out[i][j] += in[i+2][j+2];
```

```cpp
    out[i][j] /= 9;
}

int _tmain(int argc, _TCHAR* argv[ ])
{
    int nAfter, nBefore;

    float** src;
    float** dst;

    //메모리 할당
    src = new float*[height];
    dst = new float*[height];

    cilk_for(int i = 0; i < height; i++)
    {
        src[i] = new float[width];
        dst[i] = new float[width];
    }

    src[0:height][0:width] = 1.0;   //모두 1로 초기화
    dst[0:height][0:width] = 0;

    nBefore = clock( );
    for (int i = 0; i < height-3; i++)
    {
        for (int j = 0; j < width-3; j++)
        {
            nine_point_average2(i,j, src, dst);
        }
    }
    nAfter = clock( );
    printf("일반 연산 시간 = %dms\r\n", nAfter - nBefore);
    printf("dst[0][0] =  %.1f, dst[256][256] = %.1f, dst[507][507] = %.1f\r\n"
                        , dst[0][0], dst[256][256], dst[507][507] );

    dst[0:height][0:width] = 0; //dst 값을 0으로 초기화

    nBefore = clock( );
    for (int i=0; i<height-NROWS-3; i+= NROWS)
```

```cpp
    {
        for (int j=0; j<width-VLEN -3; j+=VLEN)
        {
            nine_point_average1(i, j, src, dst);
        }
    }
    nAfter = clock( );
    printf("배열 표기 연산 시간 = %dms\r\n", nAfter - nBefore);
    printf("dst[0][0] =  %.1f, dst[256][256] = %.1f, dst[507][507] = %.1f\r\n"
                            , dst[0][0], dst[256][256], dst[507][507] );
    dst[0:height][0:width] = 0;

    //메모리 해제
    cilk_for(int i = 0; i < height; i++)
    {
        delete [ ] src[i];
        delete [ ] dst[i];
    }
    delete [ ] src;
    delete [ ] dst;
}
```

nine_point_average( ) 함수는 배열의 4개 요소를 하나의 단위로 계산하고 있다. 그리고
cilk_for를 이용하여 병렬 처리도 실행한다. 1로 초기화된 배열 9개의 요솟값을 더하고 9로
나누기 때문에 dst 배열의 모든 요솟값은 1이 된다.

실행 결과

```
C:\Windows\system32\cmd.exe
일반 연산 시간 = 296ms
dst[0][0] =  1.0, dst[256][256] = 1.0, dst[507][507] = 1.0
배열 표기 연산 시간 = 93ms
dst[0][0] =  1.0, dst[256][256] = 1.0, dst[507][507] = 1.0
계속하려면 아무 키나 누르십시오 . . .
```

배열 표기법이 순차 실행보다 3배 정도 더 빠르게 실행된다.

06 요소 함수

요소 함수(Elemental Function)는 데이터 병렬 알고리즘을 표현하는 언어 구조이다. 요소 함수는 보통의 C/C++ 언어로 작성되며, 1개의 배열 요소에 접근할 때는 보통의 함수와 똑같이 동작하고 여러 개의 배열 요소에 접근할 때는 데이터 병렬로 실행된다.

6.1 요소 함수의 동작과 선언

인텔 컴파일러는 요소 함수를 사용하여 여러 개의 요소를 한번에 조작하기 위해서 short 벡터를 생성한다. short 벡터는 프로세서가 지원하는 SIMD 명령어를 활용한 것으로 빠른 속도로 여러 개의 요소를 조작한다.

게다가 컴파일러는 데이터가 큰 요소 함수를 호출할 때는 요소 함수를 복사하고, 복사된 요소 함수를 다른 스레드에 할당하여 요소 함수를 동시에 실행한다. 그 결과 데이터 멀티 코어와 SIMD 명령어를 모두 활용하게 된다. 컴파일러에 short 벡터 함수를 생성하려면 __declspec (vector (clauses)) 구문을 사용해야 한다.

```
__declspec (vector (clauses)) return_type elemental_function_name(arguments)
```

clauses의 경우는 총 다섯 가지가 있다. 그 내용은 다음과 같다.

종류	설명
processor(cupid)	cpu id를 설정할 수 있다. 그 값은 core_2nd_gen_avx, atom, lrb, core_i7_sse4_2, petium_4_sse3 등을 사용할 수 있다.
vectorlength(n)	n은 반드시 2, 4, 8, 16이어야 한다.

→ 다음 페이지에 계속

← 전 페이지에 이어

종류	설명
vectorlengthfor(datatype)	datatype은 반드시 기본형이어야 한다. vectorlengthfor(float)를 호출할 경우 그 결과가 n = 4가 되면 인텔의 SSE2에서 SSE4.2 사이가 적용되고, n = 8이 되면 인텔의 AVX가 적용된다. 그리고 vectorlengthfor(int)를 호출할 경우 그 결과가 n=4가 되면 인텔 SSE2에서 AVX 사이가 적용된다.
linear(param1:step1[, param2:step2]……)	최적화 옵션 중의 하나이며 param은 스칼라 변수이고, step은 병렬로 실행할 때 계속 증가하는 변수이다.
scalar(param[,param]……)	param은 병렬로 실행할 때 변하지 않는 값이다.

참고로 vectorlength와 vectorlengthfor는 동시에 사용할 수 없다.

6.2 요소 함수의 사용과 제한 사항

예제 8-17은 몇 개의 요소 함수를 활용한 예제이다.

예제 8-17 요소 함수의 사용

```c
#include <stdio.h>
#include <cilk\cilk.h>
#include <time.h>


__declspec(vector)  double ef_add_doubles1(double a)
{
   return a+1;
}


__declspec (vector (scalar(a))) double ef_add_doubles2(double x, double a)
{
   return x + a;
}
```

```cpp
__declspec (vector (linear (r:1,a:1,b:1) )) void  ef_add_doubles3(double* r,
                                            double *a, double *b, int i)
{
  r[i] = a[i] + b[i];
}

int _tmain(int argc, _TCHAR* argv[ ])
{
   const int MAX_SIZE = 50000000;
   double* pSrc;
   double* pDest;
   double nAfter, nBefore;
   pSrc = new double[MAX_SIZE];
   pDest = new double[MAX_SIZE];
   pSrc[0:MAX_SIZE] = __sec_implicit_index(0);

   nBefore = clock( );
   pDest[0:MAX_SIZE] = ef_add_doubles1(pSrc[0:MAX_SIZE]);
   nAfter = clock( );
   printf("ef_add_doubles1 time = %.1f\r\n", float(nAfter-nBefore));
   nBefore = clock( );
   for(int i =0; i < MAX_SIZE; i++)
       pDest[i] = ef_add_doubles1(pSrc[i]);
   nAfter = clock( );
   printf("ef_add_doubles1 for time = %.1f\r\n", float(nAfter-nBefore));
   printf("\r\n");
   nBefore = clock( );
   pDest[0:MAX_SIZE] = ef_add_doubles2(pSrc[0:MAX_SIZE],42);
   nAfter = clock( );
   printf("ef_add_doubles2 time = %.1f\r\n", float(nAfter-nBefore));
   nBefore = clock( );
   for(int i = 0; i < MAX_SIZE;  i++)
       pDest[i] = ef_add_doubles2(pSrc[i],42);
   nAfter = clock( );
   printf("ef_add_doubles2 for time = %.1f\r\n", float(nAfter-nBefore));

   printf("\r\n");

   nBefore = clock( );
```

```
    for(int i = 0; i < MAX_SIZE; i++)
        ef_add_doubles3(&pDest[0],&pSrc[0],&pSrc[0],i);
    nAfter = clock( );
    printf("ef_add_doubles3 for time = %.1f\r\n", float(nAfter-nBefore));

    delete [ ] pSrc;
    delete [ ] pDest;

    return 0;
}
```

double ef_add_doubles1( ) 함수는 일반적으로 요소 함수를 선언하는 방식이다. 가장 기본이 되는 방식으로 특별한 제약이 없을 때 사용하면 된다.

ef_add_doubles2( ) 함수는 요소 함수의 인자로 고정된 변수를 사용해서 벡터화로 실행될 때 변수를 매번 복사하여 사용한다. 그래서 ef_add_doubles2( ) 함수에 scalar clauses를 명시하여 고정된 변수의 메모리를 한 번만 읽어서 사용하라고 컴파일러에 지시하였다.

ef_add_doubles3( ) 함수는 데이터가 순차적으로 증가하기 때문에 벡터화로 실행될 때마다 변수를 증가시킬 필요가 없다. 그래서 ef_add_doubles3( ) 함수는 liear clauses를 사용하여 컴파일러에 데이터가 순차적으로 증가한다고 명시하였다.

clauses의 사용 여부에 따라 속도의 차이가 있지만, 그 차이는 상당히 미비해서 단순히 벡터만을 정의해도 상당한 효과가 있다.

요소 함수의 제한 사항

다음과 같은 언어 구조는 요소 함수 내에서 사용할 수 없다.

1. goto 구문은 사용할 수 없다(통상의 루프 구문도 사용을 권장하지 않는다. for, while, do 등).

2. 16개 이상의 case를 가지는 switch 구문에서 사용할 수 없다(switch 구문은 사용을 권장하지 않는다).

3. 클래스나 구조체에 대해 조작을 할 수 없다.

4. cilk_spawn 키워드를 사용해서는 안 된다.

5. 배열 표기로 병렬화해서는 안 된다.

07 SIMD 프라그마

Cilk Plus나 OpenMP에 의한 병렬화가 자동 병렬화를 지원해 주는 것처럼 SIMD 프라그마는 컴파일러에 자동 벡터화를 지원해 준다. 프로그래머가 SIMD 프라그마를 사용하여 벡터화시킨 경우 SIMD 기능으로 구현된다.

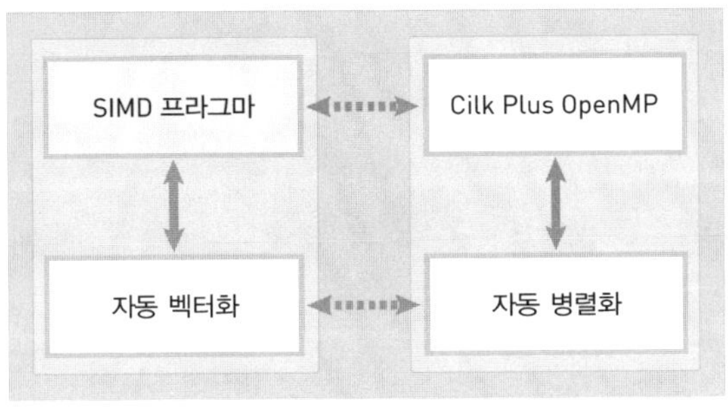

그림 8-4 SIMD 프라그마의 위치

그림 8-4는 SIMD 프라그마의 관계도를 나타낸다. SIMD 프라그마는 인텔 마이크로프로세서 이외의 프로세서에서도 지원된다. 그러나 인텔 CPU를 사용하면 추가적인 성능을 얻을 수 있다. 인텔 C++ complier XE 12.1 이하 버전에서는 SIMD 프라그마를 사용하려면 옵션을 설정해 주어야 한다. SIMD 프라그마는 따로 옵션 창이 존재하지 않고 명령어를 직접 입력해야 한다. **[프로젝트]** → [속성] → [C/C++] → [Command Line]에서 /Qsmid를 입력한다.

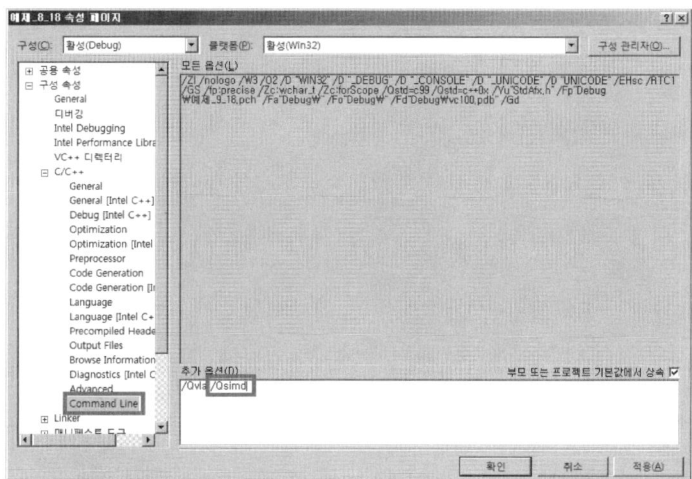

SIMD 프라그마의 성능은 윈도우에서는 /arch 또는 /Qx의 옵션에 영향을 받는다. 리눅스와 Mac 운영체제는 −m 또는 −x에 영향을 받는다.

다음 그림은 윈도우에서 설정할 수 있는 Qx 옵션을 보여준다. **[프로젝트]** → [속성] → [C/C++] → [Code Generation Intel C++]에서 [Intel Processor−Specific Optimization]을 자신의 CPU에 맞는 SIMD로 설정한다.

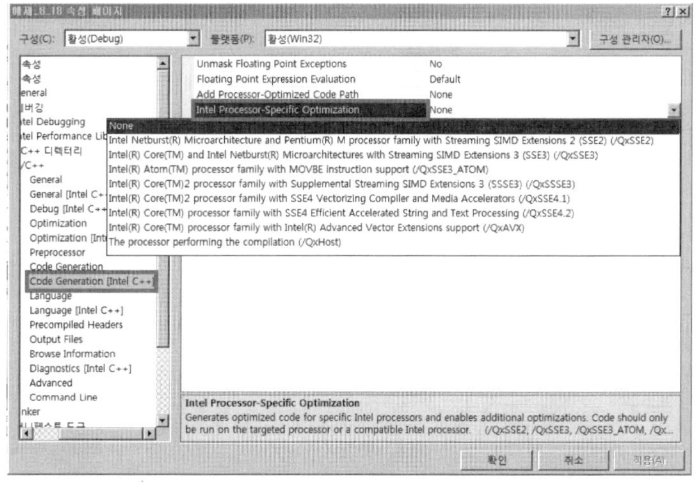

다음 그림은 윈도우에서 설정할 수 있는 Arch 옵션을 보여준다. **[프로젝트]** → [속성] → [C/C++] → [Code Generation]에서 [Enable Enhanced Instruction Set]을 자신의 CPU에 맞는 SIMD로 설정한다.

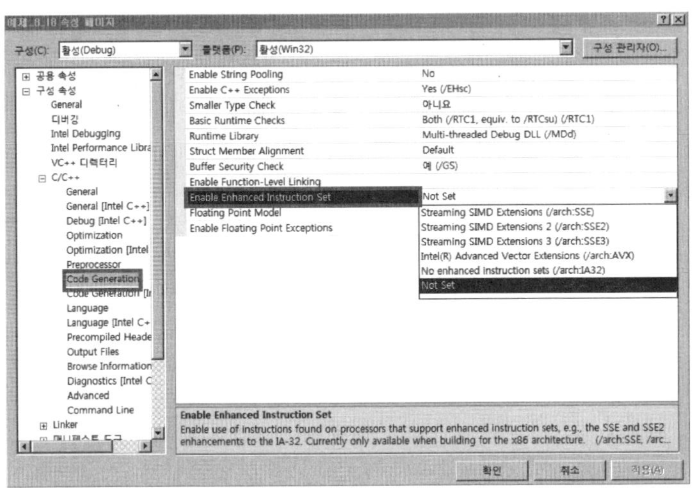

Qx와 Arch 옵션은 서로 배타적이기 때문에 같이 설정된 경우 나중에 설정된 옵션이 적용되며 또한 두 개의 옵션 모두 적용되어 있다는 경고창을 띄운다. 이러한 두 옵션을 설정하지 않으면 인텔 컴파일러는 CPU에 따라 기본값으로 적용한다.

예제 8-18 SIMD 프라그마의 사용

```
void add_floats(float *a, float *b, float *c, float *d, float *e, int n)
{
    int i;
#pragma simd
    for (i=0; i<n; i++)
    {
        a[i] = a[i] + b[i] + c[i] + d[i] + e[i];
    }
}
```

예제 8-18에서 벡터화 리포터 옵션을 설정하면 SIMD 프라그마가 for 문을 벡터화하였다
는 리포터를 확인할 수 있다. **[프로젝트]** → [속성] → [C/C++] → [Diagnostics Intel C++]
에서 [Vectorizer Diagnostic Level] 중에서 [/Qvec-report2] 이상을 선택한다.

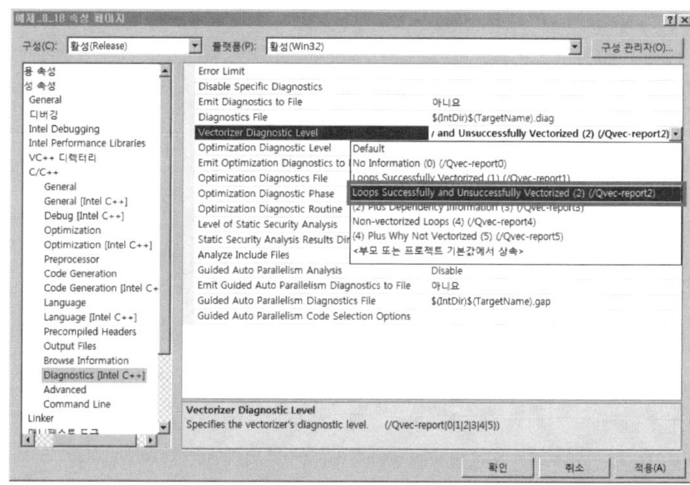

벡터화 리포터 옵션을 설정하여 실행하면 Visual Studio의 출력 창에는 다음 그림과 같이
출력된 것을 확인할 수 있다.

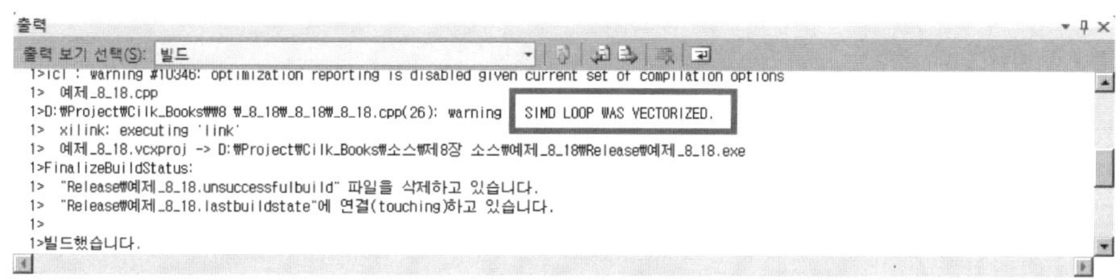

그림 8-5는 SIMD 프라그마가 벡터 알고리즘 중에서 어디에 있는지를 나타낸다.

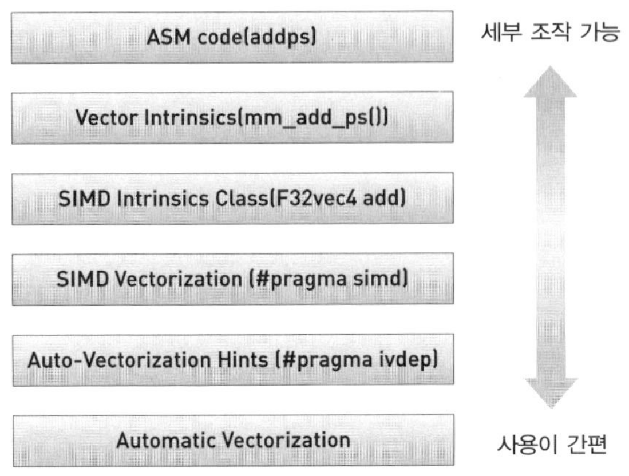

그림 8-5 SIMD 프라그마의 벡터 알고리즘에서의 위치

SIMD 프라그마는 Auto-Vectorization Hints와 상당히 유사하다. SIMD 프라그마는 for 문의 벡터화를 지시한다. 그래서 SIMD 프라그마를 이용하면 기존의 프로그램을 벡터화 프로그램으로 변경할 때 최소한의 코드 수정으로 뛰어난 성능을 얻을 수 있다. 하지만 벡터화 코드는 컴파일러에 의해서 결정된다. 그래서 SIMD 프라그마를 활용해도 for 문 내부의 코드를 컴파일러가 벡터화하기 어렵다면 벡터화로 변경되지 않는다. SIMD 프라그마의 문법은 다음과 같다.

```
#pragma simd [clause[ [,] clause]...]
```

SIMD 프라그마에도 clauses가 있으며 그 종류는 4깨가 있다.

종류	설명
vectorlength(n1[, n2]...)	n은 벡터의 길이(VL)를 지정한다. 2, 4, 8, 16으로만 설정할 수 있다.
private(var1[, var2]...)	스레드 내에서 각 스레드 별로 private 지시어로 지정된 변수를 스레드 로컬 메모리 영역에 생성하여 사용하도록 한다.

→ 다음 페이지에 계속

← 전 페이지에 이어

종류	설명
linear(var1:step1 [,var2:step2]...)	step은 정수형이며, 루프의 각 반복 var는 step으로 증가한다.
reduction(oper:var1 [,var2]···)	각 벡터화 연산에서 연산된 결괏값의 취합용으로 사용된다. oper는 +, − 등과 같은 연산자이다.

예제 8-19 SIMD 프라그마의 사용

```c
#include <stdio.h>
#include <math.h>
#include <time.h>

double reduction_simd(double* a, int nSize)
{
    int i;
    double x =0;
#pragma simd reduction(+:x)
    for(i = 0; i < nSize; i++)
        x = x+ (sqrt(a[i]) /sqrt(a[i]));
    return x;
}

double linear_simd( double *a, double *b, int nSize )
{
    double sum = 0;
#pragma simd vectorlength(16), linear(a:1,b:1), reduction(+:sum)
    for( int i=0; i< nSize; i++ )
        sum += (*a++) + (*b++);
    return sum;
}

void vectorlenght_simd16(double *a, double *b, int nSize)
{
    int i;
#pragma simd vectorlength(16)
    for(i =0; i< nSize; i++)
```

```
    {
        b[i] = sqrt(b[i]) - sqrt(a[i]);
    }
}

void private_simd(double*a, double *b, double* c, int nSize)
{
    int i;
    int t = 0;
#pragma simd private(t)
    for(i =0; i< nSize; i++)
    {
        if(a[i] > 0)
        {   t = a[i];   }

        if(b[i] < 0)
        {   t = b[i];   }

        c[i] = t;
    }

    printf("pirvate, c[0] = %.1f, c[1] = %.1f, c[2] = %.1f \n",c[0],
                                           c[1], c[2]);
}

void InitFunc(double* pData, int nSize)
{
    for(int i =0; i < nSize; i++)
    {
        pData[i] = i+1;
    }
}

int _tmain(int argc, _TCHAR* argv[ ])
{
const int MAX_SIZE = 16000000;
    double* pData1, *pData2, *pData3;
    double dReturn;
    float fBefore, fAfter;
```

```cpp
    pData1 = new double[MAX_SIZE];
    pData2 = new double[MAX_SIZE];
    pData3 = new double[MAX_SIZE];

    InitFunc(&pData1[0],MAX_SIZE);
    fBefore = clock( );
    dReturn = reduction_simd(&pData1[0],MAX_SIZE);
    fAfter = clock( );

    InitFunc(&pData1[0],MAX_SIZE);
    InitFunc(&pData2[0],MAX_SIZE);

    fBefore = clock( );
    vectorlenght_simd16(&pData1[0], &pData2[0],MAX_SIZE);
    fAfter = clock( );

    InitFunc(&pData1[0],MAX_SIZE);
    InitFunc(&pData2[0],MAX_SIZE);
    InitFunc(&pData3[0],MAX_SIZE);

    fBefore = clock( );
    private_simd(&pData1[0], &pData2[0], &pData3[0],MAX_SIZE);
    fAfter = clock( );

    InitFunc(&pData1[0],MAX_SIZE);
    InitFunc(&pData2[0],MAX_SIZE);

    fBefore = clock( );
    dReturn = linear_simd(&pData1[0], &pData2[0],MAX_SIZE);
    fAfter = clock( );

    delete [ ] pData1;
    delete [ ] pData2;
    delete [ ] pData3;

    return 0;
}
```

reduction_simd( ) 함수는 reduction clause를 사용하였다. 리덕션은 리듀서 동작과 거의 똑같다. 차이점은 리듀서는 스레드 간의 데이터를 취합하지만 리덕션은 벡터화로 처리된 데이터를 취합한다.

vectorlenght_simd16( ) 함수는 한 번에 처리하는 데이터의 크기를 16으로 지정하여 for 문을 실행한다. 예제 8-19는 double형(8byte)을 처리하기 때문에 i++로 명시하였지만, 프로그램을 실행할 때 i는 2씩 증가한다. 하지만 예제 8-19의 for 문은 최적화된 프로그램이 아니므로 컴파일러에 의해서 i는 1 또는 2씩 증가한다.

private_simd( ) 함수는 private clause를 사용하였다. pivate clause는 OpenMP의 private 지시어와 비슷하게 동작한다. private clause는 벡터화로 동작할 때 지역 변수를 새로 생성한다. private(t)로 설정한 후 c[i] = t;를 대입하면 벡터화된 for 문이 동작할 때만 c[i]에는 t의 값이 적용되고 벡터화된 for 문이 끝나면 c[i]는 기존의 값으로 돌아온다.

linear_simd( ) 함수에서 linear cluase는 설정된 변수의 순차적 증가를 명시한다. linear_simd( ) 함수는 데이터가 1씩 연속해서 증가하기 때문에 linear(a:1, b:1)와 같이 설정하였다. 그리고 linear_simd( ) 함수에서 몇 개의 cluase를 혼합하여 사용하였다.

Chapter 09

런타임 함수

이 장에서는 Cilk Plus에서 제공하는 런타임 함수에 대해 설명하고 사용법에 대한 예제를 다룬다. Cilk Plus에서는 워커 수를 제어하거나 할당할 수 있는 워커 수, 실행 중인 워커 ID, 최대 워커 수를 확인할 수 있는 런타임 함수를 제공한다.

01 런타임 함수

Cilk Plus는 프로그램을 실행할 때 프로그램의 동작을 제어하는 런타임 함수를 제공한다. 런타임 함수를 적용하려면 다음과 같이 헤더 파일을 추가해야 한다.

```
#include <cilk\cilk_api.h>
```

헤더 파일에는 다음과 같이 프로그래머가 사용할 수 있는 총 네 가지의 함수를 정의하고 있다. 이 네 가지 함수는 특성에 따라서 설정 함수와 상태 함수로 나눌 수 있다.

```
__cilkrts_set_param
__cilkrts_get_nworkers
__cilkrts_get_worker_number
__cilkrts_get_total_workers
```

1.1 설정 함수

설정 함수에는 __cilkrts_set_param( ) 함수가 있다. __cilkrts_set_param( ) 함수는 Cilk Plus 런타임 시스템의 워커 수를 제어한다. name과 value 두 개의 문자열을 함수의 인자로 사용하여 워커 수를 제어할 수 있다.

```
int __cilkrts_set_param(const char* name, const char* value);
```

name 워커를 의미한다. 'nworkers'로 사용된다.

value 런타임 시스템에서 적용할 수 있는 워커 수를 의미한다. 10진수로 사용하거나, 0x1과 같이 16진수, 01과 같이 8진수로 사용할 수 있다. 그래서 '4' 또는 '0x4' 또는 '04'와 같이 쓸 수 있다.

__cilkrts_set_param( ) 함수는 프로그램에서 cilk_spawn이나 cilk_for를 처음 사용하는 위치의 바로 직전에 한 번만 효과가 있다. 또한, 설정할 수 있는 최댓값을 넘으면 설정할 수 있는 최대 워커 수로 설정된다. 성공하면 0을 반환하고, 실패하면 0 이외의 값을 반환한다. 에러가 발생할 수 있는 원인으로는 인식할 수 없는 인수, 잘못된 값, 잘못된 장소에서의 함수 호출 등이 있다.

만약 __cilkrts_set_param( ) 함수를 사용하지 않는다면 워커 수는 환경 변수 CILK_NWORKERS에 정의된 수로 결정된다. 그리고 CILK_NWORKERS가 정의되지 않은 기본 워커 수는 CPU 코어의 개수로 결정된다.

예제 9-1 워커 수의 설정

```c
#include <stdio.h>
#include <cilk\cilk.h>
#include <cilk\cilk_api.h>

void func( )
{
    printf("현재 자식의 워커의 수 = %d\r\n", __cilkrts_get_nworkers( ));
}
void spawn( )
{
   cilk_spawn func( ); //spawn func( ) here
   printf("현재 부모의 워커의 수 = %d\r\n",__cilkrts_get_nworkers( ));
   cilk_sync;
}


int _tmain(int argc, _TCHAR* argv[ ])
{
   if(__cilkrts_set_param("nworkers", "8") != 0) //set number of workers
      printf("Error: __cilkrts_set_param 실패. \r\n");
   else
      printf("OK: __cilkrts_set_param 성공.\r\n");
// cilk_spawn func( );        //동작하지 않음
   spawn( );
}
```

예제 9-1에서는 워커 수를 8개로 변경한다.

실행 결과

```
C:\Windows\system32\cmd.exe
OK: __cilkrts_set_param 성공.
현재 자식의 워커의 수 = 8
현재 부모의 워커의 수 = 8
계속하려면 아무 키나 누르십시오 . . .
```

실행 결과를 보면 워커 수가 변경된 것을 확인할 수 있다. 참고로 인텔 Composer XE 2011 이전 버전에서는 주의해야 할 점이 있다. 다음과 같이 프로그램을 작성한다고 가정해 보자.

```c
if(__cilkrts_set_param("nworkers", "8") != 0) //set number of workers
    printf("Error: __cilkrts_set_param 실패 \r\n");
else
    printf("OK: __cilkrts_set_param 성공.\r\n");

cilk_spawn func( );
```

같은 부모 함수 안에서 __cilkrts_set_param( ) 함수를 사용하고 나서 cilk_spawn이나 cilk_for를 호출한다면 __cilkrts_set_param( ) 함수는 정상적으로 동작하지 않는다. 이런 제한은 아마 다음 버전에서 해결될 수도 있을 것이다.

1.2 상태 함수

상태 함수는 세 가지가 있으며, 함수의 기능에 따라서 워커 수, 실행 중인 워커 ID, 최대 워커 수를 확인할 수 있다.

__cilkrts_get_nworkers

```c
int __cilkrts_get_nworkers(void);
```

__cilkrts_get_nworkers( ) 함수는 Cilk Plus에서 태스크에 할당할 수 있는 워커 수를 반환한다. 그리고 __cilkrts_set_param( ) 함수로 워커 수를 변경할 수 없도록 고정하는 역할도 한다. 순차 프로그램에서 호출한 경우에는 1을 반환한다.

워커 ID는 차례대로 ID를 지정하지 않기 때문에 런타임 함수 __cilkrts_get_nworkers( )의

반환값보다 워커 ID의 번호가 큰 경우가 있다. 작업을 할당할 수 있는 워커 수가 4개라고
가정하면 워커 ID는 1, 3, 4, 5가 될 수 있다.

__cilkrts_get_worker_number

```
int __cilkrts_get_worker_number (void);
```

이 함수는 현재 실행하는 Cilk Plus의 워커 ID를 반환한다. 순차 프로그램에서는 −1을 반
환한다. 앞에서 이야기한 바와 같이 워커 ID는 차례대로 지정되지 않기 때문에
__cilkrts_get_nworkers ( ) 함수의 반환값보다 워커 ID가 더 큰 경우가 있다.

__cilkrts_get_total_workers

```
int __cilkrts_get_total_workers (void);
```

__cilkrts_get_total_workers( ) 함수는 Cilk Plus 시스템에서 사용할 수 있는 최대 워커의
개수를 반환한다. 또한, 런타임 함수 __cilkrts_get_nworkers( )와 같게
__cilkrts_set_param( ) 함수에 의해서 워커 수가 변경되지 않게 하는 역할도 한다. 순차 프
로그램에서 호출한 경우에는 1을 반환한다. 일반적으로 최대로 사용할 수 있는 워커 수는
기본값으로 설정된 워커 수이거나 __cilkrts_set_param( ) 함수로 설정된 워커 수의 2배에
서 3배 사이이다.

예제 9-2 Cilk Plus 런타임 함수 실행

```
#include <stdio.h>
#include <cilk/cilk.h>
#include <cilk/cilk_api.h>

void func(void)
```

```c
{
    printf("현재 자식의 워커 ID = %d\r\n", __cilkrts_get_worker_number( ));
}

void spawn( )
{
    cilk_spawn func( );
    printf("현재 부모의 워커 ID = %d\r\n", __cilkrts_get_worker_number( ));
    cilk_sync;
}

int _tmain(int argc, _TCHAR* argv[ ])
{
    if(__cilkrts_set_param("nworkers", "8") != 0)
        printf("Error: __cilkrts_set_param 실패.\r\n" );
    else
        printf("OK: __cilkrts_set_param 성공.\r\n" );

    printf("태스크에 할당 할 수 있는 워커 수 = %d\r\n", __cilkrts_get_nworkers( ));
    printf("현재 Main 워커 ID = %d\r\n", __cilkrts_get_worker_number( ));
    spawn( );
    printf("Get total workers = %d\r\n",__cilkrts_get_total_workers( ));

    return 0;
}
```

예제 9-2에서는 워커 수를 8개로 설정하고 일반 함수와 스폰된 자식 함수의 워커 ID를 확인한다.

실행 결과

```
OK: __cilkrts_set_param 성공.
태스크에 할당 할 수 있는 워커 수= 8
현재 Main 워커 ID = 0
현재 자식의 워커 ID = 0
현재 부모의 워커 ID = 3
Get total workers = 23
계속하려면 아무 키나 누르십시오 . . .
```

실행 결과를 보면 워커 수가 8개로 변경되었고, 일반 함수와 스폰된 자식 함수의 워커 ID가 서로 다른 것을 알 수 있다. 또 최대 설정할 수 있는 워커 수가 23개로 런타임 함수 __cilkrts_set_param( )로 설정한 워커 수의 3배 정도인 것도 알 수 있다.

02 그 외 런타임 함수

Cilk Plus 2.0 버전에서는 공개하지 않은 함수가 몇 개 있다.

__cilkrts_end_cilk

```
void __cilkrts_end_cilk(void);
```

__cilkrts_end_cilk( ) 함수는 Cilk Plus의 런타임 시스템을 중지시킨다.

__cilkrts_init

```
void __cilkrts_init(void);
```

__cilkrts_init( ) 함수는 Cilk Plus의 런타임 시스템을 초기화한다.

__cilkrts_get_force_reduce

```
int __cilkrts_get_force_reduce(void);
```

__cilkrts_get_force_reduce( ) 함수는 리듀서를 이용하여 병렬 처리할 때 리듀서의 결과를 병렬 실행 중에 합친다.

일반적으로 이 함수들은 사용할 필요가 없다. 하지만 다음과 같은 경우 디버깅을 위해서 한 번 사용해 볼 필요는 있다.

Cilk Plus에서는 cilkrts_set_param( ) 함수로 워커 수를 설정하였거나, cilkrts_get_nworkers( ) 함수나 cilkrts_get_total_workers( ) 함수를 사용하였다면 워커 수를 변경할 수 없다. 하지만 워커 수를 꼭 변경해야 할 필요가 있다면 런타임 함수 __cilkrts_end_cilk( )를 호출해 프로그램을 중지시키고 나서 cilkrts_init( ) 함수로 초기화 하여 Cilk Plus 런타임 시스템을 재가동시키면 워커 수를 변경할 수 있다. 하지만 현재까지의 Cilk Plus 버전에서는 런타임 함수 __cilkrts_end_cilk( )와 cilkrts_init( )은 정상적으로 동작하지 않는다.

03 환경 변수 설정

워커 수는 기본값으로 CPU 코어 수로 설정된다. 대부분 프로그램은 기본값이 가장 적절하다. 하지만 프로그래머가 워커 수를 변경해야 할 때가 생긴다. 다른 프로그램의 자원을 확보시켜 주고자 코어 수보다 적은 워커 수를 사용하거나, 과잉 경쟁 상태를 재현하기 위해서 이용할 수 있는 워커 수보다 더 많은 워커 수를 사용할 수 있다. 이럴 때 환경 변수를 이용하면 컴파일하지 않고 워커 수를 변경할 수 있다.

CILK_ NWORKERS

환경 변수 CILK_NWORKERS는 워커 수를 지정한다. 워커 수를 0으로 설정하면 기본값이 적용되고 음수(-)로 설정하면 1로 설정된다. 또 너무 큰 값이 설정되면(예로 5,000으로 설정) 프로그램을 실행할 때 런타임 에러가 발생한다. 윈도우의 명령어 프롬프트나 리눅스의 셸 환경에서 다음과 같이 설정할 수 있다.

> **윈도우**　set CILK_NWORKERS=N
>
> **리눅스, Mac OS X**　export CILK_NWORKERS=N
>
> (N은 사용자 지정 수)

Visual Studio에 인텔 Composer XE 2011을 적용한 경우는 **[프로젝트]** → [속성] → [디버깅] → [Environment]에서 CILK_NWORKERS=N으로 설정할 수 있다.

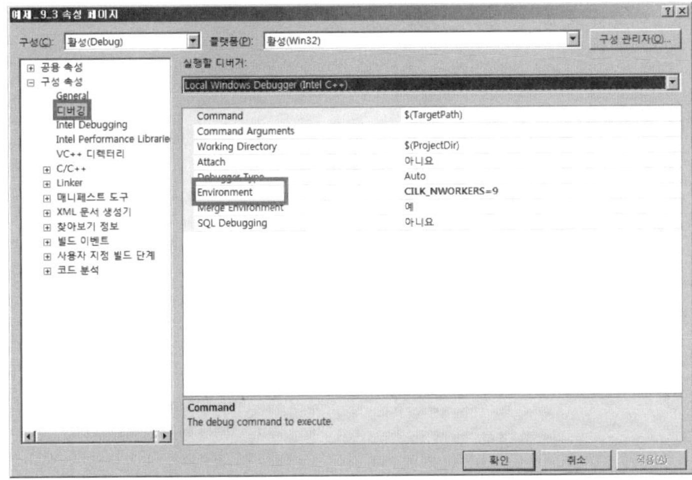

환경 변수를 9로 설정하였다. 환경 변수를 설정한 후에 컴파일하지 않고 실행하면 워커 수가 변경된다. [디버깅하지 않고 시작]을 선택한다.

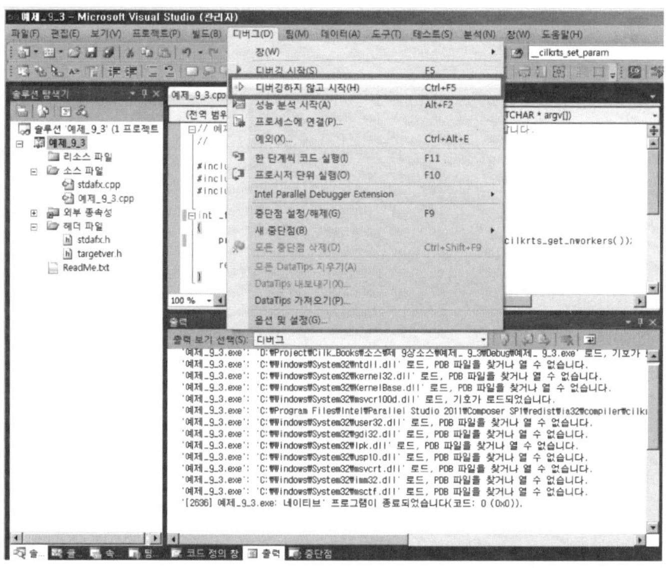

예제 9-3 환경 변수 9로 설정

```c
#include <stdio.h>
#include <cilk/cilk.h>
#include <cilk/cilk_api.h>

int _tmain(int argc, _TCHAR* argv[ ])
{
  printf("태스크에 할당할 수 있는 스레드 수= %d\r\n", __cilkrts_get_nworkers( ));

  cilk_for(int i =0; i < 10; i++)
  {
      printf("현재 워커 ID = %d\r\n",__cilkrts_get_worker_number( ));
  }

  return 0;
}
```

예제 9-3에는 스레드(워커) 수를 변경하는 런타임 함수가 없다.

실행 결과

```
C:\Windows\system32\cmd.exe
태스크에 할당할 수 있는 스레드 수= 9
현재 워커 ID = 0
현재 워커 ID = 2
현재 워커 ID = 0
현재 워커 ID = 1
현재 워커 ID = 8
현재 워커 ID = 4
현재 워커 ID = 5
현재 워커 ID = 3
현재 워커 ID = 6
현재 워커 ID = 7
계속하려면 아무 키나 누르십시오 . . .
```

실행 결과를 보면 스레드가 9개 생성된 것을 알 수 있다. Cilk Plus의 환경 변수의 개수는 1
개로 상당히 적은 편이다. 이는 다른 의미로는 프로그래머가 제어하거나 고려해야 할 사항
이 그만큼 줄어든 것으로 생각할 수 있다.

□4 Cilk Plus 언어의 특성 요약

이번 장에서 다룬 런타임 함수와 환경 변수까지 Cilk Plus를 사용하기 위한 요소들을 살펴
보았다. Cilk Plus는 키워드와 환경 변수, 프라그마, 헤더 파일 등으로 구성된다. 다음은
Cilk Plus에서 제공되는 주요 내용에 대해서 요약한 것이다.

	_Cilk_spawn	Cilk Plus에서 일반적인 함수 호출 방식을 병렬 실행 방식으로 변경하여 함수를 병렬로 실행시키는 키워드이다. 함수를 스레드로 실행시키는 것을 '스폰한다'라고 표현한다.
키워드	_Cilk_sync	스폰된 자식 함수의 스레드가 완료될 때까지 기다리는 동기화 키워드이다.
	_Cilk_for	C/C++로 작성된 for 문을 병렬 처리 루프로 변경한다. 이 키워드는 루프 구문을 하나 또는 그 이상의 루프로 나눈다. 나누어진 하나의 루프를 청크(chunk)라고 한다. 각 청크는 스폰되어 실행된다.

→ 다음 페이지에 계속

← 전 페이지에 이어

프라그마	cilk grainsize	cilk_for 키워드를 이용한 병렬 실행 시에 최소 작업 단위를 설정하기 위한 프라그마이다.
	simd	SIMD를 이용하여 벡터 병렬화를 하기 위한 프라그마이다.
정의된 매크로	__cilk	Cilk Plus의 버전을 포함한 매크로이다.
환경 변수	CILK_NWORKERS	워커(스레드) 수를 설정할 수 있는 환경 변수이다.
요소 함수	declspec(vector)	벡터 함수를 실행하기 위한 요소 함수이다.
컴파일러 옵션	/Qcilk-serialize (Windows) cilk-serialize (Linux, Mac OS)	Cilk Plus 프로그램을 순차적 프로그램으로 변환한다.
	/Qintel-extensions[-] (Windows) -[no]intel-extensions (Linux, Mac OS)	Cilk Plus의 언어 확장 기능을 설정하거나 해제한다. (언어 확장의 예: 배열 표기법)
헤더 파일	cilk.h	cilk_spawn, cilk_sync, cilk_for로 사용하기 위한 매크로가 정의되어 있다.
	cilk_api.h	런타임 함수가 정의되어 있다.
	cilk_stub.h	include하는 것만으로 Cilk Plus를 순차 프로그램으로 변환할 수 있다.
	reducer.h	리듀서의 공통 정의가 포함되어 있다.
	reducer_list.h reducer_max.h reducer_min.h reducer_opadd.h reducer_opand.h reducer_opor.h reducer_opxor.h reducer_ostream.h reducer_string.h	필요로 하는 각각의 리듀서 기능이 정의되어 있다.

Cilk Plus 프로그램 최적화

이 장에서는 Cilk Plus 프로그램의 최적화 방법에 대해서 알아본다. 일반적으로 Cilk Plus 런타임 시스템은 워커(스레드) 스케줄로 불리는 스케줄링 알고리즘을 사용하여 CPU의 코어를 효율적으로 이용한다. 프로그램을 최적화하려면 Cilk Plus의 동작에 대한 이해가 필요하다.

일반적으로 cilk_for 키워드는 데이터를 병렬로 처리할 때 유용하고 cilk_spawn은 재귀 호출에 사용할 때 유용하다. 그리고 메모리의 구성을 잘 이해하는 것만으로도 순차 프로그램과 병렬 프로그램에서 더 좋은 성능을 내도록 할 수 있다. 이런 각각의 상황을 예제를 통해서 알아보고 프로그램을 최적화하는 여러 가지 방법을 알아보자.

01 순차 프로그램의 최적화

최적화가 이루어진 순차 프로그램을 병렬 처리 프로그램으로 변환하면 더 높은 성능을 낼 수 있다. 펜티엄 4 이후의 모든 IA-32, 인텔 64 프로세서는 64바이트의 캐시 라인으로 구성되어 있다. 그래서 데이터에 접근할 때 데이터를 64바이트 단위로 연속해서 캐시에 읽고 쓰게 된다. 만약 접근하는 데이터가 캐시에 있다면 속도는 상당히 빨라진다. 데이터 접근 속도가 빨라지면 그만큼 프로그램 성능이 좋아진다.

```
for(int j=0; j < MAX_SIZE_J; j++)
{
    for(int i=0; i < MAX_SIZE_I; i++)
    {
        a[i][j] = a[i][j] + b[i][j];
    }
}
```

앞의 코드에서는 i가 MAX_SIZE_I만큼 메모리를 건너뛰기 때문에 캐시에 미리 들어와 있는 데이터를 활용하지 못하고 있다. 캐시에 있는 데이터를 사용하려면 앞의 코드를 다음과 같이 변경해야 한다.

```
for(int i=0; i < MAX_SIZE_I; i++)
{
    for(int j=0; j < MAX_SIZE_J; j++)
    {
        a[i][j] = a[i][j] + b[i][j];
    }
}
```

해당하는 코드의 j 요소는 메모리에 연속해 있기 때문에 캐시에 64바이트 단위로 쓰이게 된다. 그래서 캐시에 있는 데이터에 접근하기 때문에 속도가 매우 빨라진다.

예제 10-1 캐시 라인을 이용

```
#include <stdio.h>
#include <time.h>
#include <cilk/cilk.h>

const int  MAX_SIZE =  10240;

double a[MAX_SIZE][MAX_SIZE], b[MAX_SIZE][MAX_SIZE];
```

```
#pragma intel optimization_level 0     //최적화 사용 금지 /Od 옵션
void InitArray( )
{
    a[:][:] = 1.0;
    for(int i = 0; i < MAX_SIZE; i++)
        b[:][i] = i + 1;
}

#pragma intel optimization_level 0     //최적화 사용 금지 /Od 옵션
int _tmain(int argc, _TCHAR* argv[ ])
{
    float nBefore, nAfter;

    InitArray( );    //배열을 초기화

    //캐시를 사용하지 않는 결과
    nBefore = clock( );
    for(int j=0; j < MAX_SIZE; j++)
    {
        for(int i=0; i < MAX_SIZE; i++)      //캐시 라인 미사용
        {
            a[i][j] = a[i][j] + b[i][j];
        }
    }
    nAfter = clock( );
    printf("결과 c[MAX_SIZE-1][MAX_SIZE-1] = %.2f, 캐시 미사용 시간 = %.3f초. \n",
            a[MAX_SIZE-1][MAX_SIZE-1], (nAfter - nBefore)/CLOCKS_PER_SEC );

    InitArray( );    //배열을 초기화
    //캐시를 사용한 결과
    nBefore = clock( );
    for(int i=0; i < MAX_SIZE; i++)
    {
        for(int j=0; j < MAX_SIZE; j++)      //캐시 라인 사용
        {
            a[i][j] = a[i][j] + b[i][j];
        }
    }
```

```
    nAfter = clock( );
    printf("결과 c[MAX_SIZE-1][MAX_SIZE-1] = %.2f, 캐시 사용 시간 = %.3f초. \n",
            a[MAX_SIZE-1][MAX_SIZE-1], (nAfter - nBefore)/CLOCKS_PER_SEC );

    return 0;
}
```

예제 10-1에서는 캐시 라인을 사용한 코드와 사용하지 않는 코드의 시간을 비교하였다. 캐시 라인이 64바이트이기 때문에 메모리에 한번 접근하면 8개의 double형 데이터를 캐시에 저장할 수 있다. for(int j=0; j < MAX_SIZE; j++) //캐시 라인 사용의 경우 j 요소의 데이터를 1~8까지 캐시에 저장하기 때문에 캐시 라인을 사용하여 j 요소의 데이터를 읽을 수 있다. 이러면 메모리 접근은 1/8로 줄어든다.

실행 결과

```
C:\Windows\system32\cmd.exe
결과 c[MAX_SIZE-1][MAX_SIZE-1] = 10241.00, 캐쉬 미사용 시간 = 6.739초.
결과 c[MAX_SIZE-1][MAX_SIZE-1] = 10241.00, 캐쉬 사용 시간 = 0.468초.
계속하려면 아무 키나 누르십시오 . . . _
```

실행 결과를 보면 캐시 라인을 사용할 때와 그렇지 않았을 때의 시간 차이가 6초가량 발생했다. 반복 횟수가 같아서 똑같은 처리 속도를 생각할 수 있지만, 두 경우 결과가 서로 다르다. 캐시의 활용이 프로그램의 속도에 영향을 미치는 것을 알 수 있다. 하지만 캐시의 활용은 폴스 셰어링이 일어나게 하는데 이는 성능을 떨어뜨리는 원인이 되기도 한다. 폴스 셰어링에 대해서는 '12장 디버그'에서 다루도록 하겠다.

예제 10-1은 #pragma intel optimization_level 0을 이용하여 최적화를 금지하였다. 만약 최적화를 금지하지 않으면 컴파일러는 최적화를 적용한 프로그램으로 변환해 버리기 때문에 속도 차이를 확인할 수 없게 된다.

02 cilk_for 키워드의 위치

예제 10-1과 같이 2중 루프 구문에서는 cilk_for 키워드를 사용할 위치를 설정해야 한다. a[i][j]의 경우에는 i, j가 동시에 실행되어도 데이터 경합이 발생하지 않아서 for 문 두 곳 모두 cilk_for로 변경할 수 있다. 예제 10-2에서는 병렬화의 위치에 따라 시간을 측정하였다.

예제 10-2 병렬화 위치에 따른 시간 변화

```c
#include <stdio.h>
#include <math.h>
#include <time.h>
#include <cilk/cilk.h>

const int  MAX_SIZE =  10240;
double a[MAX_SIZE][MAX_SIZE], b[MAX_SIZE][MAX_SIZE];

#pragma intel optimization_level 0     //최적화 사용 금지 /Od 옵션
void InitArray( )
{
   a[:][:] = 1.0;
   for(int i = 0; i < MAX_SIZE; i++)
       b[:][i] = i + 1;
}

#pragma intel optimization_level 0     //최적화 사용 금지 /Od 옵션
int _tmain(int argc, _TCHAR* argv[ ])
{
   float nBefore, nAfter;
//순차 실행
   InitArray( );   //배열을 초기화
   nBefore = clock( );
   for(int i=0; i < MAX_SIZE; i++)
   {
       for(int j=0; j < MAX_SIZE; j++)
       {
           a[i][j] = log(a[i][j]) + sqrt(b[i][j]);
       }
```

```c
    }
    nAfter = clock( );
    printf("순차 실행 = %.3f초, 결과 c[MAX_SIZE-1][MAX_SIZE-1] = %.2f.\n",
            (nAfter - nBefore)/CLOCKS_PER_SEC, a[MAX_SIZE-1][MAX_SIZE-1]);
//외부 for를 cilk_for로 변경
    InitArray( );   //배열을 초기화
    nBefore = clock( );
    cilk_for(int i=0; i < MAX_SIZE; i++)
    {
        for(int j=0; j < MAX_SIZE; j++)
        {
            a[i][j] = log(a[i][j]) + sqrt(b[i][j]);
        }
    }
    nAfter = clock( );
    printf("외부 cilk_for = %.3f초, 결과 c[MAX_SIZE-1][MAX_SIZE-1] = %.2f.\n",
            (nAfter - nBefore)/CLOCKS_PER_SEC, a[MAX_SIZE-1][MAX_SIZE-1]);
//내부 for를 cilk_for로 변경
    InitArray( );   //배열을 초기화
    nBefore = clock( );
    for(int i=0; i < MAX_SIZE; i++)
    {
        cilk_for(int j=0; j < MAX_SIZE; j++)
        {
            a[i][j] = log(a[i][j]) + sqrt(b[i][j]);
        }
    }
    nAfter = clock( );
    printf("내부 cilk_for = %.3f초, 결과 c[MAX_SIZE-1][MAX_SIZE-1] = %.2f.\n",
            (nAfter - nBefore)/CLOCKS_PER_SEC, a[MAX_SIZE-1][MAX_SIZE-1]);
//for 모두를 cilk_for로 변경
    InitArray( );   //배열을 초기화
    nBefore = clock( );
    cilk_for(int i=0; i < MAX_SIZE; i++)
    {
        cilk_for(int j=0; j < MAX_SIZE; j++)
        {
```

```
            a[i][j] = log(a[i][j]) + sqrt(b[i][j]);
        }
    }
    nAfter = clock( );
    printf("2중 cilk_for = %.3f초, 결과 c[MAX_SIZE-1][MAX_SIZE-1] = %.2f\n",
            (nAfter - nBefore)/CLOCKS_PER_SEC, a[MAX_SIZE-1][MAX_SIZE-1]);

    return 0;
}
```

예제 10-2는 순차 실행, 외부 cilk_for, 내부 cilk_for, 2중 cilk_for 각 네 가지 상황의 시간을 측정하였다.

실행 결과

```
C:\Windows\system32\cmd.exe                                        _□×
순차 실행 cilk_for = 2.122초, 결과 c[MAX_SIZE-1][MAX_SIZE-1] = 101.19
외부 cilk_for = 0.890초, 결과 c[MAX_SIZE-1][MAX_SIZE-1] = 101.19
내부 cilk_for = 1.061초, 결과 c[MAX_SIZE-1][MAX_SIZE-1] = 101.19
2중 cilk_for = 0.890초, 결과 c[MAX_SIZE-1][MAX_SIZE-1] = 101.19
계속하려면 아무 키나 누르십시오 . . .
```

실행 결과를 확인하면 순차 실행이 시간이 가장 오래 걸리는 것을 알 수 있다. 다음이 내부 cilk_for, 그다음으로 2중 cilk_for와 외부 cilk_for 순이다.

내부 cilk_for가 외부 cilk_for보다 시간이 오래 걸리는 이유는 작업이 분할되는 알고리즘 때문이다. 내부 cilk_for는 for(int i=0; i 〈 MAX_SIZE; i++)의 반복 횟수만큼 cilk_for가 실행되어 MAX_SIZE만큼 작업 분할 알고리즘이 실행된다. 이때 작업 분할 알고리즘이 너무 많이 실행되어 오버헤드가 발생하여 외부 cilk_for보다 시간이 더 소비된다. 외부 cilk_for는 cilk_for(int i=0; i 〈 MAX_SIZE; i++)가 처음 한 번만 실행되기 때문에 작업 분할 알고리즘이 한 번만 적용된다.

2중 cilk_for와 외부 cilk_for가 같은 시간을 보이고 있다. 2중으로 cilk_for를 사용하면 외부의 cilk_for에 의해서 1차로 작업이 분할되어 병렬로 실행되고 나서, 내부 cilk_for 때문에 스레드 안에서 2차로 작업 분할이 일어난다.

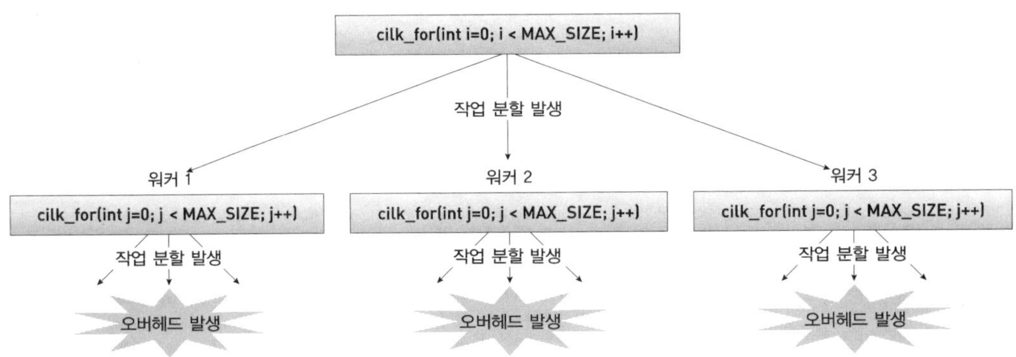

그림 10-1 2중 cilk_for에서 작업 분할 알고리즘에 따른 오버헤드 발생

그림 10-1은 2중 cilk_for를 사용할 때 작업 분할에 따른 오버헤드 발생을 그림으로 표현한 것이다. 2중 cilk_for를 사용해도 작업 분할 알고리즘에 의해서 오버헤드가 발생한다. 하지만 실행 시간이 외부 cilk_for의 실행 시간과 비슷한 이유는 오버헤드를 발생시킨 내부의 cilk_for도 병렬로 처리되어 오버헤드의 시간을 상쇄시키기 때문이다. 따라서 내부 cilk_for와 2중 cilk_for는 최적화된 방법이 아니므로 사용을 자제해야 한다.

03 cilk_spawn을 이용한 재귀 호출

OpenMP의 태스크 기능은 재귀 호출을 효율적으로 병렬화하기 어려웠다. 하지만 Cilk Plus는 재귀 호출에서 그 효과를 발휘한다. '5장 cilk_for 키워드'에서 설명한 것과 같이 cilk_for 문도 cilk_spawn과 cilk_sync로 이루어진 재귀 호출이다. 프로그래머가 cilk_spawn을 이용하여 함수 내에서 재귀 호출을 하면 Cilk Plus의 스케줄러에 의해서 워커(스레드)에 할당된다. 예제 10-3은 재귀 호출을 이용하여 퀵 정렬한 예제이다.

예제 10-3 cilk_spawn을 이용한 퀵 정렬

```cpp
#include <iostream>
#include <iterator>
#include <functional>
#include <algorithm>
#include <time.h>
#include <cilk/cilk.h>

const int MAX_SIZE = 10000000;

void spawn_qsort(int * begin, int * end)
{
    if (begin != end)
    {
        --end;
        //end는 제외하고 end값으로 파티션한다.
        int * middle = std::partition(begin,
                            end,std::bind2nd(std::less<int>( ),*end));
        //end값보다 크거나 작게 나누어지기 때문에 middle의 값으로 변경하다.
        std::swap(*end,*middle);
        cilk_spawn spawn_qsort(begin, middle);
        spawn_qsort(++middle, ++end);
        cilk_sync;
    }
}

int _tmain(int argc, _TCHAR* argv[ ])
{

    float nBefore, nAter;
    int *pData = new int[MAX_SIZE];

    for (int i = 0; i < MAX_SIZE; ++i)
        pData[i] = i;
```

```cpp
std::random_shuffle(&pData[0], &pData[MAX_SIZE-1]);
std::cout << MAX_SIZE <<"개"<< " 퀵 정렬 시작"  << std::endl;

nBefore = clock( );
spawn_qsort(&pData[0], &pData[MAX_SIZE-1]);    //sort
nAter = clock( );

//정렬이 실패된 경우
for (int i = 0; i < MAX_SIZE-1; ++i)
{
    if ( pData[i] >= pData[i+1] || pData[i] != i )
    {
        std::cout << "정렬 실패 위치 i="
            << i << " pData[i] = "
            << pData[i] << " pData[i+1] = " << pData[i+1]
        << std::endl;
        delete[ ] pData;
        return 0;
    }
}

std::cout << "퀵 정렬 완료" << std::endl;
std::cout << (nAter - nBefore) / CLOCKS_PER_SEC
        << " Sec" << std::endl;
delete[ ] pData;

return 0;
}
```

퀵 정렬은 피벗을 설정하고 피벗보다 작은 원소를 앞쪽으로 큰 원소는 뒤쪽으로 옮기면서
정렬을 실행한다. std::partition( ) 함수는 end값을 중심으로 파디션 연산을 한다. 끝 원소
(end)를 제외하고 *end값보다 작은 원소는 앞쪽으로, *end값보다 큰 원소는 뒤쪽으로 모
은다. 즉, begin, middle 영역은 *end값보다 작고, middle, end 영역은 *end값보다 크거

나 같아진다. 그리고 std::partition( ) 함수는 원소의 중간값을 반환하게 되는데 이 반환값 middle을 end값과 위치를 바꾸게 되면 middle 위치에 교점(end)값이 위치하게 된다. 이 과정을 계속해서 재귀 실행하게 되면 퀵 정렬이 완료된다. 예제 10-3에서는 10,000,000개 요소의 퀵 정렬을 더욱 쉽게 하고자 STL을 활용하였다.

실행 결과

만약 다음과 같이 2중으로 cilk_spawn을 호출하게 되면 결과는 1개의 cilk_spawn을 사용 했을 때보다 더 늦어지게 된다.

```
cilk_spawn spawn_qsort(begin, middle);
cilk_spawn spawn_qsort(++middle, ++end);
cilk_sync;
```

실행 결과

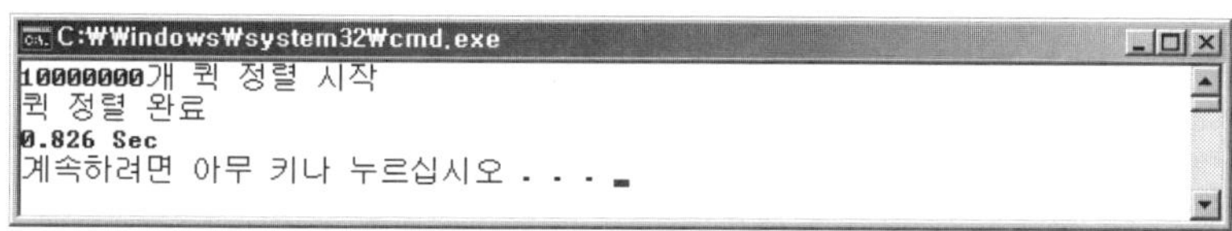

스폰된 자식 함수는 부모 함수의 스레드(이하 부모 스레드)에 작업이 할당되게 된다. 이처 럼 2중으로 cilk_spawn을 사용하게 되면 자식 함수 spawn_qsort(begin, middle);와 spawn_qsort(++middle, ++end);가 부모 스레드에 할당된다. 이러면 부모 스레드에 작업이 2개가 되고, 여유 있는 스레드에 의해서 스틸이 발생하여 자식 함수 spawn_qsort (++middle, ++end);는 다른 스레드에 의해서 작업이 진행된다. 재귀 호출이 많이 일어날 때 2중으로 cilk_spawn 키워드를 사용하게 되면 스폰과 스틸 동작도 많이 발생하여 오버헤드의 원인이 된다.

◘4 cilk_spawn 대신 cilk_for의 사용

'4장 cilk_spawn 키워드'의 예제 4-4는 cilk_spawn을 활용하여 속도를 증가시켰다. 하지만 예제 4-4는 Cilk Plus의 특성을 제대로 활용하지 못하고 있다.

예제 4-4 cilk_spawn의 올바른 사용 – 변경된 코드

```
cilk_spawn  CalcLog(pfData,nLoopHalf);
CalcLog(&pfData[nLoopHalf],nLoopHalf);
```

예제 4-4와 같이 cilk_spawn을 이용하여 데이터를 나누도록 프로그램을 작성하면 CPU의 코어 수가 증가할 때마다 데이터를 나누고 스폰된 자식 함수를 늘려야 한다. 4개의 코어에서는 4개의 자식 함수, 8개의 코어에서는 8개의 자식 함수를 호출해야 한다.

예제 4-4는 cilk_spawn 키워드보다는 cilk_for 키워드를 사용하여야 한다. 예제 10-4에서는 예제 4-4를 Cilk Plus 특성에 맞게 수정하였다.

예제 10-4 예제 4-4의 최적화

```
//cilk_for를 이용하여 데이터를 처리
void CalcLog_cilkfor(float* fpData, unsigned int nCount)
{
   cilk_for(unsigned int i = 0; i< nCount; i++)
   {
       fpData[i] = log(fpData[i]);
```

```
    }
}

int _tmain(int argc, _TCHAR* argv[ ])
{
//cilk_for를 이용하여 데이터를 직접 처리
    InitData(pfData,MAX_COUNT);
    nBefore = clock( );
    CalcLog_cilkfor(pfData,MAX_COUNT);
    cilk_sync;
    nAfter = clock( );
    printf("cilk_for에서 데이터 처리 실행 %0.2f초\r\n\r\n",
                                        (float)(nAfter - nBefore)/1000);

//cilk_for 키워드에서 기존 함수를 호출하여 데이터 처리
    InitData(pfData,MAX_COUNT);
    nBefore = clock( );
    cilk_for(int i =0; i < MAX_COUNT; i++)
        CalcLog(&pfData[i],1);
    cilk_sync;
    nAfter = clock( );
    printf("cilk_for에서 함수 호출 실행 %0.2f초\r\n\r\n",
                                        (float)(nAfter - nBefore)/1000);

    delete[ ] pfData;

    return 0;
}
```

예제 10-4는 예제 4-4에 두 가지 변화를 주었다. 일반 함수 CalcLog_cilkfor( )를 추가하여 cilk_for 키워드를 함수 내부에서 호출하였고, 예제 4-4에서 사용했던 함수 CalcLog( )를 cilk_for 키워드 내부에서 호출하였다.

실행 결과

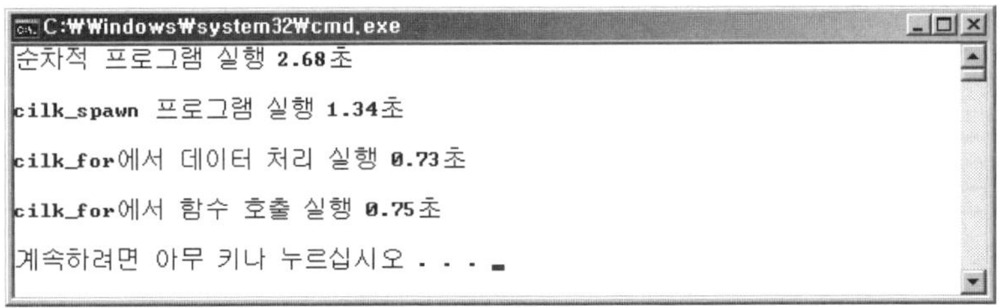

실행 결과는 네 가지 알고리즘에 대한 처리 시간을 보여준다. cilk_for 문을 사용한 두 가지 경우가 순차 실행보다 대략 4배 정도 빨라졌다. 이렇게 실행 속도가 빨라진 이유는 cilk_for 문을 사용하면 작업 분할 알고리즘에 의해서 CPU의 코어 수에 맞게 최적으로 작업이 분할되기 때문이다. 그리고 예제 10-4의 cilk_for 문에서 데이터를 바로 처리하는 경우가 cilk_for 문에서 함수를 호출하여 실행할 때보다 실행 시간이 조금 더 빠른데, cilk_for 문에서 함수를 호출하면 함수의 호출과 실행에 의해 약간의 오버헤드가 발생하기 때문이다. 하지만 일반적으로 이런 오버헤드는 상당히 드물게 발생하기 때문에 프로그램에는 큰 영향을 미치지 않는다.

05 동적 메모리 할당

윈도우나 일부 리눅스 운영체제에서 메모리 할당에 관련된 함수(malloc, free, new, delete)를 사용하면 많은 시간이 소요된다. 이 메모리 할당 함수들은 프로그램이 heap로부터 메모리를 할당하거나 해제할 때, heap의 데이터 구조가 깨지지 않게 운영체제 런타임 라이브러리에 의해서 뮤텍스의 록을 수반하게 된다.

Cilk Plus에서 여러 개의 스트랜드가 메모리 할당과 해제를 실행하면 성능이 떨어진다. 이런 동적 할당의 문제는 TBB(Intel Threading Building Blocks)의 scalable_malloc( ) 함수를 이용하여 해결할 수 있다. 예제 10-5는 TBB를 이용하여 메모리를 할당하고 해제하는 예제이다.

예제 10-5 TBB의 메모리 할당과 해제

```c
#include <stdio.h>
#include <time.h>
#include <cilk\cilk.h>
#include <tbb\scalable_allocator.h>
//c 메모리 할당/해제를 사용한다.
void c_Malloc( )
{
   cilk_for (int i = 0; i < 600000000; i++)
   {
       void *mem = malloc(sizeof(int));
       free(mem);
   }
}
//tbb 메모리 할당/해제를 사용한다.
void tbb_Malloc( )
{
   cilk_for (int i = 0; i < 600000000; i++)
   {
       void *mem =scalable_malloc(sizeof(int));
       scalable_free(mem);
   }
}

int _tmain(int argc, _TCHAR* argv[ ])
{
   float fBefore, fAter;
   fBefore = clock( );
   c_Malloc( );
   fAter = clock( );
   printf("c malloc 함수 실행 시간 = %.3f초 \r\n", (fAter - fBefore)/ CLOCKS_PER_SEC);
   fBefore = clock( );
   tbb_Malloc( );
   fAter = clock( );
   printf("tbb malloc 함수 실행 시간 = %.3f초 \r\n", (fAter - fBefore)/ CLOCKS_PER_SEC);

return 0;
}
```

int형 크기만큼의 메모리 할당과 해제를 600,000,000번의 반복하는 프로그램이다. Visual Studio 2011에서 TBB를 사용하려면 몇 가지 옵션을 설정해야 한다. 해당하는 옵션은 '12장 디버그'를 참고하면 된다.

실행 결과

CPU에 따라 속도의 차이가 있을 수 있지만 TBB의 scalable_malloc( ) 함수를 사용한 경우가 4초가량 더 빠르다.

06 그 외 최적화 방안

다음과 같이 루프 중 함수를 호출할 때는 병렬로 지정된 영역은 모두 병렬로 동작하게 된다.

```
cilk_for(int i =0; i < MAX_SIZE; i++)
{
    int ret = func( );
}
```

그래서 함수 안에 전역 변수를 다루고 있는지 확인하여 데이터 경합이 발생하지 않도록 해야 한다. 또 함수의 크기가 너무 크지 않도록 해야 한다. 그리고 다음과 같이 함수 호출이 연속해서 일어나는 경우도 주의해야 한다.

```
a( ) → b( ) → c( ) → d( )
```

시간이 가장 오래 걸리는 함수를 찾아 해당하는 함수의 내부를 병렬로 처리하거나 앞의 함수 내부에서 해당하는 함수를 병렬로 처리하도록 해야 한다. 예를 들어 d( ) 함수가 가장 시간이 오래 걸린다면 d( ) 함수 내부를 병렬로 처리하거나 c( ) 함수의 내부에서 d( ) 함수를 병렬로 처리해야 한다.

활용 예제

이 장에서는 보다 심도 깊은 Cilk Plus의 활용 예제를 다룬다. 사용자 정의 리듀서를 활용하는 방법을 자세히 살펴보고 재귀 함수 호출과 영상 처리를 고속화하기 위해 Cilk Plus를 활용하는 방법을 알아본다.

01 사용자 정의 리듀서

'7장 리듀서'에서 사용자 정의 리듀서에 대해서 설명하였다. 여기에서는 사용자 정의 리듀서의 작성법을 상세하게 설명한다.

사용자 정의 문자열 리듀서

예제 11-1은 여러 개의 문자를 받아서 문자열로 변환하는 함수이다. Cilk Plus에서 지원하는 string 리듀서와 거의 같게 동작한다. 다만, 예제 11-1의 사용자 정의 리듀서는 멤버 함수 get_value( )를 호출하면 char* 변수에 바로 대입할 수 있다.

예제 11-1 사용자 정의 리듀서 활용 1

```c
#include <stdio.h>
#include <cilk/cilk.h>
#include <cilk/reducer.h>
#include <list>

/* 소스에서 목적지로 이동하기 위해서 사용되는 구조체 */
struct element_t
{
   char src;
   element_t* pNext;
};
```

element_t 구조체는 문자가 연결되는 리스트이다. 하나의 노드로 취급되며, move_list_t 클래스에 의해서 관리된다.

예제 11-1 사용자 정의 리듀서 활용 2

```cpp
/ * Cilk 리듀서로 작성된 클래스, 실제 elements의 변경 작업을 한다. */
class move_list_t
{
private:
   char* pString;

public:
   //각 스트랜드의 View Data
   struct View
   {
       //friend로 선언한다.
       friend class move_list_t;

   public:
       View( ) : mv_head(NULL), mv_tail(NULL)
       {
            mv_head = NULL;
            mv_tail = mv_head;
```

```cpp
        m_nTotalLen = 0;

    }
    ~View( )
    {
        //스트랜드가 사라질 때에 오리지널 뷰에서만 메모리가 삭제됨
        element_t* tmp = mv_head;
        while (NULL != tmp)
        {
            mv_head = mv_head->pNext;
            delete tmp;
            tmp = mv_head;
        }

    }

private:
    element_t* get_element( )
    {
        element_t * element = new element_t;

        if(mv_head == NULL)
        {
            mv_head = element;
            mv_pos = element;
            element->pNext = mv_tail;
        }
        else
        {
            mv_pos->pNext = element;
            element->pNext = mv_tail;
            mv_pos = element;
        }

        return element;
    }

    void push_back(char src)
    {
```

```
            element_t* element = get_element( );
            element->src = src;
            m_nTotalLen++;
        }

        element_t* GetFirstElement( )
        {
            return mv_head;
        }
        element_t* GetLastElement( )
        {
            return mv_tail;
        }
        int GetTotalLen( )
        {
            return m_nTotalLen;
        }

    private:
    /* 움직일 리스트 mv_head = 시작점, mv_tail = 끝점, mv_pos = 현재 객체가 삽입된 지점 */
        element_t* mv_head, * mv_tail, *mv_pos;
        int m_nTotalLen;
    };
```

move_list_t 클래스 내부의 View 구조체는 스폰이 일어날 때마다 각 스폰된 자식 함수(스트랜드)가 가지는 구조체이다. View 구조체는 일종의 전역 변수를 지역 변수화시키고 알고리즘을 동작하는 구조체이다. 멤버 함수 push_back( )이 호출될 때마다 각 스트랜드에서 View 구조체를 이용하여 문자를 삽입하는 알고리즘을 수행하며, 이때 합쳐야 할 스트랜드가 있으면 Monoid 구조체의 멤버 함수 reduce( )가 호출되어 합쳐진다.

cilk_for 키워드에 의해서 생성된 여러 개의 뷰는 루프가 실행되는 동안 오리지널 뷰에 합쳐지게 되고 마지막엔 오리지널 뷰 하나만 남게 된다. 실제로 view( ) 함수가 호출될 때에 reduce( ) 함수가 호출되어 동기화 작업이 이루어진다. 그래서 뷰가 사라질 때마다 메모리를 해제하게 되면 메모리 에러가 발생한다. 그래서 예제 11-1에서 Monoid의 reduce( ) 함수에 로컬 뷰가 사라질 때마다 메모리를 해제하지 않으려고 mv_head에 NULL(right->mv_head = NULL;)을 대입하였다. 메모리의 해제는 오리지널 뷰의 소멸자에서 실행한다.

예제 11-1 사용자 정의 리듀서 활용 3

```cpp
public:
    //monoid
    struct Monoid: cilk::monoid_base<View>
    {
        /* 동기화한다.  스트랜드가 합쳐질 때 호출된다.*/
        static void reduce (View *left, View *right)
        {
            left->mv_pos->pNext = right->mv_head;
            left->mv_tail = right->mv_tail;
            left->mv_pos = right->mv_pos;
            left->m_nTotalLen += right->m_nTotalLen;
            //스트랜드가 사라질 때 로컬 뷰의 메모리 해제하지 않도록
            right->mv_head = NULL;
        }
    };

private:
    //하이퍼 오브젝트를 선언한다.  //스트랜드에 접근하기 위한 변수
    cilk::reducer<Monoid> imp_;

    element_t* Get_First_Element( ) { return imp_.view( ).GetFirstElement( ); }
    element_t* Get_Last_Element( ) { return imp_.view( ).GetLastElement( ); }
    int        Get_Total_Len( ) { return imp_.view( ).GetTotalLen( ); }

public:
    move_list_t( ) : imp_( ) { pString = NULL; }

    //할당된 메모리를 해제한다.
    ~move_list_t( )
    {
        if(pString)
```

```
            delete [ ] pString;
    }


    //리스트의 끝에 elements를 추가한다.
    void push_back(char src)
    {
        //view( ) <- monoid의 static void reduce (View *left, View *right)를 호출
        imp_.view( ).push_back(src);
    }


    //문자열을 반환한다.
    char* get_value( )
    {
        if(pString == NULL)
        {
            pString = new char[Get_Total_Len( )+1];

            //문자를 결합하여 문자열로 만든다.
            int i =0;
            for(element_t* pNode = Get_First_Element( );
pNode != Get_Last_Element( ); pNode = pNode->pNext, i++)
            {
                pString[i] = pNode->src;
            }
            pString[Get_Total_Len( )] = 0;
        }

        return pString;
    }

};
//move_list_t 클래스 끝
```

struct Monoid: cilk::monoid_base〈View〉 구조체의 중요한 역할은 각 스트랜드의 결과를 하나로 합치는 것이다. static void reduce(View *left, View *right) 함수가 오른쪽의

스트랜드가 가진 로컬 뷰를 왼쪽 스트랜드의 오리지널 뷰에 합치는 기능을 수행한다. 각 스트랜드가 동기화될 때 호출되어 뷰를 합치고 View *right 객체는 메모리에서 해제된다. cilk::reducer⟨Monoid⟩ imp_; 변수는 move_list_t 클래스에서 각 스트랜드에 접근하기 위해서 사용되는 하이퍼 오브젝트 변수이다.

move_list_t 클래스는 element_t 구조체를 스트랜드 별로 관리하는 클래스로서 마지막 결과 데이터를 합쳐서 제공한다. 이 클래스의 소멸자에서 각 스트랜드 별로 할당되었던 메모리를 해제한다. 멤버 함수 get_value( )는 모든 스트랜드의 합쳐진 결과를 문자열로 만들어 반환한다. 사용자 정의 리듀서도 일반 리듀서와 같이 리듀서 사용 중에 get_value( ) 함수를 호출하면 그 결과를 확신할 수 없다. 참고로 리듀서는 동기화 동작을 최소화하는 것이지, 동기화 동작이 일어나지 않도록 할 수는 없다.

예제 11-1 사용자 정의 리듀서 활용 4

```
int _tmain(int argc, _TCHAR* argv[ ])
{
   move_list_t userList;
   char *pString;
   std::list<char> stllist;

   printf("사용자 정의 리듀서 사용\r\n");
   cilk_for(char c = 'a'; c < 'z'; c++)
       userList.push_back(c);
   pString = userList.get_value( );
   printf("%s\r\n", pString);

   printf("\r\nStl List 사용\r\n");
   cilk_for(char c = 'a'; c < 'z'; c++)
       stllist.push_back(c);
   std::list<char>::iterator it;
   for(std::list<char>::iterator it = stllist.begin( );
                                       it != stllist.end( );it++)
   {
       printf( "%c",*(it));
   }
```

```
    printf("\r\n");

    return 0;
}
```

사용자 정의 리듀서가 알맞게 구현되었다면, 사용할 때 일반 C/C++의 클래스와 다를 바가 없다. main( ) 함수에서 userList와 같이 객체를 선언하고 나서, userList.push_back(c)와 같이 함수를 호출하면 된다.

실행 결과

```
C:\Windows\system32\cmd.exe                              _|□|×
사용자 정의 리듀서 사용
abcdefghijklmnopqrstuvwxy

Stl List 사용
abcdefnopqrstuvwxy
계속하려면 아무 키나 누르십시오 . . .
```

move_list_t 클래스를 사용할 때 정상적인 결과를 출력하는 것을 확인할 수 있다.

02 하노이의 탑

하노이의 탑은 재귀 함수의 예제로 많이 활용된다. 재귀 알고리즘은 Cilk Plus를 이용하여 병렬화하기 좋은 예이다. 예제 11-2는 하노이의 탑을 Cilk Plus로 변경할 때에 추가점과 주의점에 대해서 설명한다.

예제 11-2 하노이의 탑 1

```
/* 하노이의 탑 알고리즘 실행.*/
const int RUC_THRESH = 10;       //이하는 순차 실행으로 처리
```

```cpp
void hanoi(int n, char src, char mid, char dst, move_list_t& ml)
{
    if (1 == n)
    {
        ml.push_back(src, dst);
    }
    else if (n < RUC_THRESH)
    {
        hanoi_h(n, src, mid, dst, ml);
    }
    else
    {
    /* 하노이의 탑 알고리즘을 병렬로 작업한다. */
    cilk_spawn hanoi(n - 1, src, dst, mid, ml);
    ml.push_back(src, dst);
    hanoi(n - 1, mid, src, dst, ml);
    }
}
```

예제 11-2는 hanoi( ) 함수를 재귀 호출하는 구조이다. 멤버 함수 push_back( )을 실행하는 move_list_t 객체가 리듀서처럼 동작하지 않으면 리스트가 올바르게 갱신되지 않는 문제가 발생한다. 록 객체를 사용해도 되지만 하노이의 탑과 같이 많은 재귀 호출이 일어나면 성능에 문제가 발생하여 move_list_t 객체를 사용자 정의 리듀서로 작성하였다. 그리고 재귀 함수의 몸체는 작은데 재귀 호출이 자주 일어나면 스폰과 스틸에 의한 오버헤드가 발생하므로 RUC_THRESH 크기 이하는 순차 실행하도록 하였다.

예제 11-2 하노이의 탑 2

```cpp
/* 소스에서 목적지로 이동하기 위해서 사용되는 구조체 */
struct element_t
{
    char src, dst;
    element_t* next;
};
```

```
/* 메모리 할당이 너무 자주 일어나는 것을 방지하기 위해서 128개의 element_t마다 1번씩 할당한다. */
const int ELEMENT_BLOCK_SIZE = 128;
struct element_block_t
{
    element_block_t( )
    {
        for (int i = 1; i < ELEMENT_BLOCK_SIZE; ++i)
        {
            elist[i].next = &(elist[i - 1]);
        }
        elist[0].next = NULL;
    }
    element_t* get_first( )
    {
        return &(elist[ELEMENT_BLOCK_SIZE - 1]);
    }
    element_t* get_last( )
    {
        return elist;
    }

    element_t elist[ELEMENT_BLOCK_SIZE];
    element_block_t* next;
};
```

예제 11-2는 많은 재귀 호출이 일어나고 그만큼 메모리 할당도 일어난다. 이런 동작은 성능을 떨어뜨릴 수 있기 때문에 const int ELEMENT_BLOCK_SIZE = 128;로 설정하여 128개의 노드 이상이 될 때에만 메모리를 할당하도록 하였다. 그 외 부분은 문자열 사용자 정의 리듀서와 거의 같다.

쿼드 코어 CPU에서 하노이의 탑 예제 실행 시간

프로그램	스레드 수 : 1	스레드 수 : 4	스레드 수 : 8
순차적 실행	6.897 초	–	–
Cilk Plus	6.897 초	1.736 초	1.721 초

스레드 수를 조절하여 프로그램 처리 시간을 측정하였다. 순차 실행과 Cilk Plus에서 1개의 스레드로 실행한 시간은 같다. 그리고 스레드 수 4개와 8개는 거의 차이를 보이지 않는다. 이는 스레드 수가 증가한다고 하여도 실행 속도는 스레드 수에 비례하지 않는다는 것이다(다만, 예제 11-2를 8개의 코어를 가진 CPU에서 테스트한다면 4개와 8개는 시간 차이가 발생할 수 있다).

03 영상 처리

영상 처리 프로그램은 Cilk Plus를 이용하여 병렬화하기 좋은 또 하나의 예이다. 이번 절에서는 간단한 영상 처리 프로그램을 다루기 위한 준비 과정을 알아본다.

3.1 영상 처리 준비

영상 처리 알고리즘을 수행하려면 이미지를 관리하는 프로그램을 개발해야 한다. 하지만 이 책은 이미지 처리에 관련된 전문 서적이 아니므로 이미지 파일을 읽고 쓰는 것과 같은 기능은 오픈 소스인 CxImage 라이브러리를 사용하였다. 윈도우 API 함수를 활용할 수도 있지만, 병렬 프로그램 이외의 부가적인 작업이 더 커지는 경우가 있어서 CxImage 라이브러리를 이용하였다. 일반적으로 사용하는 OpenCV가 아닌 CxImage를 사용한 이유는 CxImage가 보다 간단하게 Image 예제를 구현할 수 있기 때문이다.

CxImage 라이브러리 내려받기

LINK http://www.codeproject.com/KB/graphics/cximage.aspx
http://www.xdp.it/download.htm

해당하는 사이트에서 원하는 버전을 내려받아 컴파일하면 동적 라이브러리(DLL)와 정적 라이브러리(LIB) 파일을 얻을 수 있다. Visual Studio 10(2010 버전)에서 사용하려면 cximage701_full 버전을 내려받아 유니코드 릴리스 버전으로 라이브러리를 컴파일하면 된다. cximage701_full 버전을 Visual Studio 2010으로 프로젝트를 열면 프로젝트 변환이 일어나게 되는데, 이때는 그냥 마침을 클릭하면 변환이 완료된다.

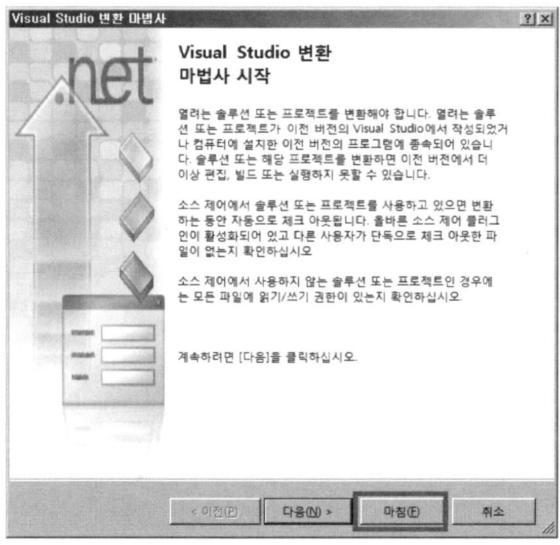

CxImage Visual Studio 2008 버전을 2010 버전으로 변환

CxImage 라이브러리는 그림 파일로 사용되는 형식을 대부분 지원하기 때문에 CxImage 라이브러리를 사용하면 어렵지 않게 이미지 처리를 실행할 수 있다. 이에 관련된 자세한 내용은 이 책에서 다루지 않는다.

3.2 CxImage 라이브러리 사용하기

CxImage 라이브러리를 Visual Studio에서 사용하려면 헤더 파일과 라이브러리 파일을 추가해야 한다. 일반적으로 라이브러리를 추가하는 방법과 같다.

헤더 파일 추가

CxImage 라이브러리 프로젝트에 포함된 헤더 파일을 하나의 폴더(include)에 복사하여 인터페이스로 사용할 수 있도록 한다. 그리고 다음과 같은 코드를 추가한다.

```
#include "../include/ximage.h"
```

라이브러리 추가

bmp, jpeg, png, tiff, zip, mng 형식의 파일을 사용하고자 한다면 CxImage 라이브러리에서 각각의 라이브러리를 생성하고 나서 추가하여 사용해야 한다. 프로젝트 폴더 안에 lib 폴더를 추가하고 다음과 같은 코드를 추가한다.

```
#pragma comment(lib, "../lib/cximage.lib")
#pragma comment(lib, "../lib/Jpeg.lib")
#pragma comment(lib, "../lib/png.lib")
#pragma comment(lib, "../lib/Tiff.lib")
#pragma comment(lib, "../lib/zlib.lib")
#pragma comment(lib, "../lib/jasper.lib")
#pragma comment(lib, "../lib/libdcr.lib")
#pragma comment(lib, "../lib/libpsd.lib")
#pragma comment(lib, "../lib/mng.lib")
```

CxImage 라이브러리 객체 생성

CxImage 라이브러리 객체를 생성하는 코드는 다음과 같다.

```
CxImage    xImage;
```

예제에서 사용되는 CxImage 라이브러리 함수

함수	설명
Load	설정된 경로의 이미지를 불러온다.
GetDIB	Image Buffer를 가져온다.
CreateFromArray	메모리로부터 이미지를 생성한다.
Save	설정된 경로로 이미지를 저장한다.

이것으로 영상 처리를 하기 위한 CxImage 라이브러리에 대한 기본적인 설명은 끝났다.

04 Cilk Plus를 활용한 영상 처리

이제 예제를 통해서 영상 처리에서 Cilk Plus를 활용하는 방법과 성능에 대해서 알아보자.

4.1 음 영상 처리

음 영상 처리란 색을 반전시키는 프로그램이다. 예제 11-3에서는 8bit gray 이미지를 처리하기 때문에 256단계의 색 레벨을 반전시키도록 한다. 음 영상 처리 공식은 다음과 같다.

> 256 – 원본 영상 = 음 영상

C로 구현한 프로그램

```
for( int i = 0; i < ImageSize; i++)
{
    pDest[i] = 255-pSrc[i];
}
```

다음 이미지는 영상을 음 영상 처리했을 때의 결과이다.

원본영상   음 영상

그림 11-1 음 영상 처리된 이미지

음 영상 처리에 대해서 순차 코드, OpenMP, Cilk Plus, SIMD와 혼합 각각의 실행에 대해서 성능을 비교해 보자.

예제 11-3 음 영상 처리

```
unsigned int WIDTH;
unsigned int HEIGHT;
```

```
unsigned int IMAGE_SIZE;
const unsigned int BMP_HEADER_LENGTH = 1064;        //bmp 헤더 길이+팔레트 1064

CxImage SrcImage;

//파일에서 이미지 로딩
SrcImage.Load(L"../image/Source.bmp",CXIMAGE_FORMAT_BMP);

WIDTH = SrcImage.GetWidth( );
HEIGHT = SrcImage.GetHeight( );
IMAGE_SIZE = WIDTH*HEIGHT;      //이미지 사이즈
//이미지 데이터 버퍼를 생성한다.
unsigned char* pSrcImage = new unsigned char[IMAGE_SIZE];
unsigned char* pRAWA = (unsigned char*)SrcImage.GetDIB( );
//bmp 헤더를 제외한 데이터만 가져온다.
memcpy(pSrcImage,pRAWA+BMP_HEADER_LENGTH,IMAGE_SIZE);
```

CxImage를 활용하여 BMP 이미지를 불러와서 이미지 정보를 추출하는 코드이다. BMP 파일에는 BMP 파일 헤더, BMP 정보 헤더와 색상 팔레트와 이미지 버퍼가 존재한다. 이 정보가 1,068바이트이기 때문에 이 정보를 제외한 순수 이미지 정보만을 메모리에 복사해 온다. 다음은 순차 실행으로 구현한 음 영상 처리 코드이다.

예제 11-3 음 영상 처리 – 순차 코드

```
void C예제_11_3Dlg::NegativeImageSerial(unsigned char * pSrc,
                                        unsigned char * pDest, int ImageSize)
{
    for( int i = 0; i < ImageSize; i++)
    {
        pDest[i] = 255-pSrc[i];
    }
}
```

다음은 OpenMP로 구현한 음 영상 처리 코드이다.

예제 11-3 음 영상 처리 – OpenMP 코드

```
void C예제_11_3Dlg::NegativeImageOpenMP(unsigned char * pSrc,
                                        unsigned char * pDest, int ImageSize)
{
#pragma omp parallel
    {
#pragma omp for
        for( int i = 0; i < ImageSize; i++)
        {
            pDest[i] = 255-pSrc[i];
        }
    }
}
```

다음은 Cilk Plus를 이용한 음 영상 처리 코드이다. C 코드에서 변경된 내용은 for 문을
cilk_for 키워드로 대체한 것뿐이다. 코드의 변화가 상당히 적다.

예제 11-3 음 영상 처리 – Cilk Plus 코드

```
void C예제_11_3Dlg::NegativeImageCilk(unsigned char * pSrc,
                                      unsigned char * pDest, int ImageSize)
{
    cilk_for( int i = 0; i < ImageSize; i++)
    {
        pDest[i] = 255-pSrc[i];
    }
}
```

각 프로그램의 성능을 비교하기 위해 시간을 측정해 보자.

예제 11-3 음 영상 처리 – 시간 측정

```
CStopWatch watch;

watch.Start( );
NegativeImageSerial(pSrcImage, pDestSerial, IMAGE_SIZE);
watch.End( );
SerialTime = watch.GetDurationMilliSecond( );
```

시간을 보다 정확하게 측정하기 위해서 기존의 예제에서 사용하던 clock( ) 함수를 대신해서 CStopWatch 클래스를 작성하여 사용하였다.

시간 측정 결과

프로그램	순차 실행	Cilk Plus	OpenMP
시간(msec)	35.30	11.0	10.43

다음은 각 프로그램의 시간 측정 결과를 그래프로 표현한 것이다.

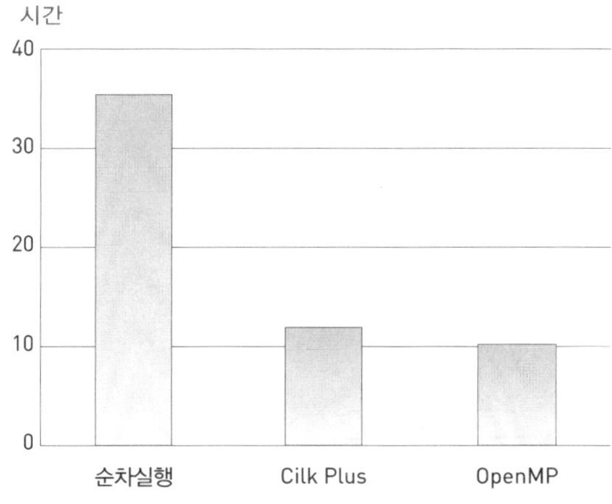

음 영상 처리 측정 결과

그래프를 보면 병렬 처리로 실행했을 때 속도가 더 빨라진 것을 확인할 수 있다. 그리고 OpenMP와 Cilk Plus는 속도 편차가 거의 없음을 알 수 있다. 하지만 예제 11-3을 여러 번 실행해 보면 Cilk Plus와 OpenMP의 속도 편차가 아주 조금씩 있다는 것을 알 수 있다. 이는 앞에서 여러 번 설명한 스케줄 방식의 차이 때문이다.

SIMD와 혼합

AVX, SSE로 불리는 SIMD 병렬 처리 방식은 명령어 수준의 데이터 병렬 처리 방식이다. 현재 대부분의 CPU가 SIMD를 지원하기 때문에 하드웨어를 바꾸지 않고도 병렬 처리 효과를 얻을 수 있다. 가장 좋은 병렬 처리 방식은 SIMD와 Cilk Plus 또는 OpenMP를 혼합해 사용하여 그 효과를 더 높이는 방식이다. SIMD의 프로그램에 대해서는 Intel 64 and IA-32 Architectures Software Developer's Manual을 참고하거나 시중에 출판된 SIMD 관련 서적을 참고하길 바란다.

다음은 OpenMP와 SIMD를 혼합한 코드를 사용하였다.

예제 11-3 음 영상 처리 – OpenMP와 SIMD의 혼합 코드

```cpp
void C예제_11_3Dlg::NegativeImageSIMDOpenMP(unsigned char * pSrc,
                                    unsigned char * pDest, int ImageSize)
{
    __m128i Mask;
    Mask = _mm_set1_epi8(255);
#pragma omp parallel
    {
        __m128i Image;
#pragma omp for
        for( int i = 0; i < ImageSize; i+=16)
        {
            Image = _mm_loadu_si128((__m128i*)(pSrc+i));
            Image = _mm_sub_epi8(Mask,Image);
            _mm_stream_si128( (__m128i*)(pDest+i),Image);
        }
    }
}
```

다음은 Cilk Plus와 SIMD를 혼합한 코드를 사용하였다.

예제 11-3 음 영상 처리 – Cilk Plus와 SIMD의 혼합 코드

```
void C예제_11_3Dlg::NegativeImageSIMDCilk(unsigned char * pSrc,
                                    unsigned char * pDest, int ImageSize)
{
    __m128i Mask;
    Mask = _mm_set1_epi8(255);
    cilk_for( int i = 0; i < ImageSize; i+=16)
    {
        __m128i Image;
        Image = _mm_loadu_si128((__m128i*)(pSrc+i));
        Image = _mm_sub_epi8(Mask,Image);
        _mm_stream_si128( (__m128i*)(pDest+i),Image);
    }
}
```

SIMD를 Cilk Plus 또는 OpenMP와 혼합하여 사용할 때 주의할 점은 변수 __m128i Image를 병렬 구간 외부에 선언하면 데이터 경합이 발생한다는 것이다. 따라서 데이터 경합을 피하려고 __m128i Image 변수를 병렬 구간 내부에서 선언하여 스레드의 내부 메모리로 사용하였다.

10회 평균 실행 시간 – 최적화 옵션 실행

프로그램	순차 실행	Cilk Plus	OpenMP	Cilk+SIMD	OpenMP+SIMD
시간(msec)	20.01	11.2	10.7	1.76	1.73

다음 그래프는 10회 평균 처리 시간을 그래프로 표현한 것이다.

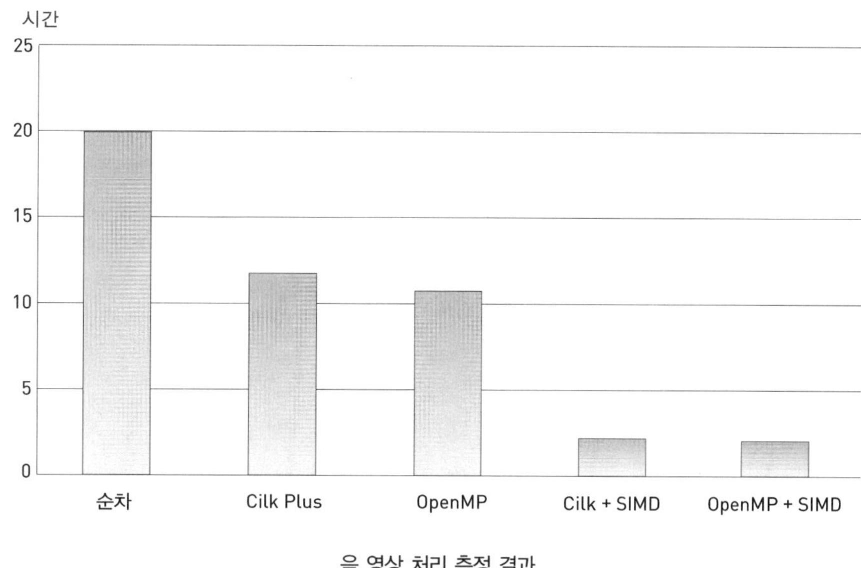

음 영상 처리 측정 결과

보통 SIMD의 16개 패키지 연산만으로 순차 실행보다 대략 4배 이상의 속도 향상을 얻을 수 있다. 여기에다 Cilk Plus나 OpenMP와 혼용하면 병렬 처리 속도가 더욱 빨라진다. 예제 11-3에서 Cilk Plus의 환경 변수를 이용하여 워커 수를 4개로 설정하였고, OpenMP의 스레드 수를 4개로 설정하였다. 순차 실행과 혼용 실행의 시간 편차가 10배가량 발생한다.

음 영상 처리와 같이 간단한 연산을 처리하는 코드에 최적화 옵션을 적용하면 컴파일러가 순차 처리 코드를 SIMD 코드로 변환시키기 때문에 정확한 속도의 편차를 확인하기 어렵게 된다. 그래서 순수 병렬 처리 시간만을 비교하기 위해서 최적화 옵션을 사용하지 않았다.

4.2 Sharpen 필터

Sharpen 필터는 이미지를 더 뚜렷한 느낌이 나도록 이미지를 변환하는 영상 처리이다. Sharpen 필터의 처리 방법은 다음과 같다.

−1	−1	−1
−1	x9	−1
−1	−1	−1

기준 픽셀을 9배 곱하고 나서 주위에 있는 픽셀값을 뺀다. 수식으로 표현하면 다음과 같다.

```
Dest(x,y) = 9*src(x, y) - src(x-1, y-1) - src(x, y-1) - src(x+1, y-1)
  - src(x-1, y)- src(x, y-1) - src(x-1, y+1) - src(x, y+1) - src(x+1, y=1)
```

Sharpen 필터는 10회의 메모리 입출력이 발생하며 1회의 곱셈과 8회의 뺄셈 연산으로 이루어져 있다. 일반 연산의 비율이 음 영상 처리보다 많이 늘어났다. 다음 영상은 Sharpen 필터를 처리한 이미지이다.

원본영상   **Sharpen 필터 처리**

그림 11-2 Sharpen 필터 처리한 이미지

다음 예제에서는 외부 for 문을 cilk_for 키워드를 사용하여 병렬 처리하였다.

예제 11-4 Sharpen 필터 처리 – Cilk Plus 코드

```
void C예제_11_4Dlg::SharpenImageCilkfor(unsigned char * pSrc,
                unsigned char * pDest, int ImageWidth, int ImageHeight)
{
    int EndY = ImageHeight-1;
    int EndX = ImageWidth-1;

    cilk_for(int y = 1; y < EndY; y++)
    {
        for(int x = 1; x < EndX; x++)
        {

            int Pos = 0;
            int PosDest = 0;
            int Value = 0;

            Pos = y*ImageWidth+x;   //중심값
            PosDest = Pos;
            Value = pSrc[Pos]*9;
            Pos++;
            Value -= pSrc[Pos];
            Pos-=2;
            Value -= pSrc[Pos];
            Pos = (y-1)*ImageWidth+x-1;
            Value -= pSrc[Pos];
            Pos++;
            Value -= pSrc[Pos];
            Pos++;
            Value -= pSrc[Pos];
            Pos = (y+1)*ImageWidth+x-1;
            Value -= pSrc[Pos];
            Pos++;
            Value -= pSrc[Pos];
            Pos++;
            Value -= pSrc[Pos];
            if( Value < 0) Value = 0;
```

```
            if( Value > 255) Value = 255;
            pDest[PosDest] = (unsigned char)Value;
        }
    }
}
```

다음은 Cilk Plus와 SIMD를 혼합한 코드를 사용하였다.

예제 11-4 Sharpen 필터 처리 – Cilk Plus와 SIMD의 혼합 코드

```
void C예제_11_4Dlg::SharpenImageSIMDCilkfor(unsigned char * pSrc, u
                nsigned char * pDest, int ImageWidth, int ImageHeight)
{
    int EndY = ImageHeight-1;
    int EndX = ImageWidth-1;

    __m128i Mask = _mm_set1_epi16(9);
    __m128i ZeroData = _mm_setzero_si128( );

    cilk_for(int y = 1; y < EndY; y++)
    {
        for(int x = 1; x < EndX; x+=16)
        {
            int Pos = 0;
            int PosDest = 0;
            int Value = 0;
            __m128i ImageHigh;
            __m128i ImageLow;
            __m128i ResultHigh;
            __m128i ResultLow;

            Pos = y*(ImageWidth)+x;//CenterValue
            PosDest = Pos;
            ImageLow = _mm_loadu_si128((__m128i*)(pSrc+Pos));
            ImageHigh = _mm_unpackhi_epi8(ImageLow,ZeroData);
            ImageLow = _mm_unpacklo_epi8(ImageLow,ZeroData);
```

```
ResultHigh = _mm_mullo_epi16(ImageHigh,Mask);
ResultLow = _mm_mullo_epi16(ImageLow,Mask);

Pos++;
ImageLow = _mm_loadu_si128((__m128i*)(pSrc+Pos));
ImageHigh = _mm_unpackhi_epi8(ImageLow,ZeroData);
ImageLow = _mm_unpacklo_epi8(ImageLow,ZeroData);

ResultHigh = _mm_sub_epi16(ResultHigh,ImageHigh);
ResultLow = _mm_sub_epi16(ResultLow,ImageLow);

Pos-=2;

ImageLow = _mm_loadu_si128((__m128i*)(pSrc+Pos));
ImageHigh = _mm_unpackhi_epi8(ImageLow,ZeroData);
ImageLow = _mm_unpacklo_epi8(ImageLow,ZeroData);

ResultHigh = _mm_sub_epi16(ResultHigh,ImageHigh);
ResultLow = _mm_sub_epi16(ResultLow,ImageLow);

Pos = (y-1)*ImageWidth+x-1;

ImageLow = _mm_loadu_si128((__m128i*)(pSrc+Pos));
ImageHigh = _mm_unpackhi_epi8(ImageLow,ZeroData);
ImageLow = _mm_unpacklo_epi8(ImageLow,ZeroData);

ResultHigh = _mm_sub_epi16(ResultHigh,ImageHigh);
ResultLow = _mm_sub_epi16(ResultLow,ImageLow);

Pos++;

ImageLow = _mm_loadu_si128((__m128i*)(pSrc+Pos));
ImageHigh = _mm_unpackhi_epi8(ImageLow,ZeroData);
ImageLow = _mm_unpacklo_epi8(ImageLow,ZeroData);

ResultHigh = _mm_sub_epi16(ResultHigh,ImageHigh);
ResultLow = _mm_sub_epi16(ResultLow,ImageLow);

Pos++;

ImageLow = _mm_loadu_si128((__m128i*)(pSrc+Pos));
```

```
ImageHigh = _mm_unpackhi_epi8(ImageLow,ZeroData);
ImageLow  = _mm_unpacklo_epi8(ImageLow,ZeroData);

ResultHigh = _mm_sub_epi16(ResultHigh,ImageHigh);
ResultLow  = _mm_sub_epi16(ResultLow,ImageLow);

Pos = (y+1)*ImageWidth+x-1;

ImageLow  = _mm_loadu_si128((__m128i*)(pSrc+Pos));
ImageHigh = _mm_unpackhi_epi8(ImageLow,ZeroData);
ImageLow  = _mm_unpacklo_epi8(ImageLow,ZeroData);

ResultHigh = _mm_sub_epi16(ResultHigh,ImageHigh);
ResultLow  = _mm_sub_epi16(ResultLow,ImageLow);

Pos++;

ImageLow  = _mm_loadu_si128((__m128i*)(pSrc+Pos));
ImageHigh = _mm_unpackhi_epi8(ImageLow,ZeroData);
ImageLow  = _mm_unpacklo_epi8(ImageLow,ZeroData);

ResultHigh = _mm_sub_epi16(ResultHigh,ImageHigh);
ResultLow  = _mm_sub_epi16(ResultLow,ImageLow);

Pos++;

ImageLow  = _mm_loadu_si128((__m128i*)(pSrc+Pos));
ImageHigh = _mm_unpackhi_epi8(ImageLow,ZeroData);
ImageLow  = _mm_unpacklo_epi8(ImageLow,ZeroData);

ResultHigh = _mm_sub_epi16(ResultHigh,ImageHigh);
ResultLow  = _mm_sub_epi16(ResultLow,ImageLow);

ResultLow = _mm_packus_epi16(ResultLow,ResultHigh);

_mm_storeu_si128( (__m128i*)(pDest+PosDest),ResultLow);
        }
    }
}
```

SIMD 혼용에서는 오버플로를 방지하기 위해서 byte형을 short형으로 변환하는 과정 때문에 코드가 길어졌지만, Sharpen 필터의 동작은 같다. 또 데이터 경합(Data Race)이 발생할 수 있는 변수에 대해서는 병렬 처리 내부에서 선언하여 데이터 경합을 방지하였다.

최적화 옵션 적용 전 10회 평균 실행 시간

프로그램	순차 실행	Cilk	OpenMP	Cilk+SIMD	OpenMP+SIMD
시간(msec)	145.53	82.29	81.44	13.53	12.13

다음 그림은 최적화 옵션을 적용하기 전 10회 평균 처리 시간을 그래프로 표현한 것이다.

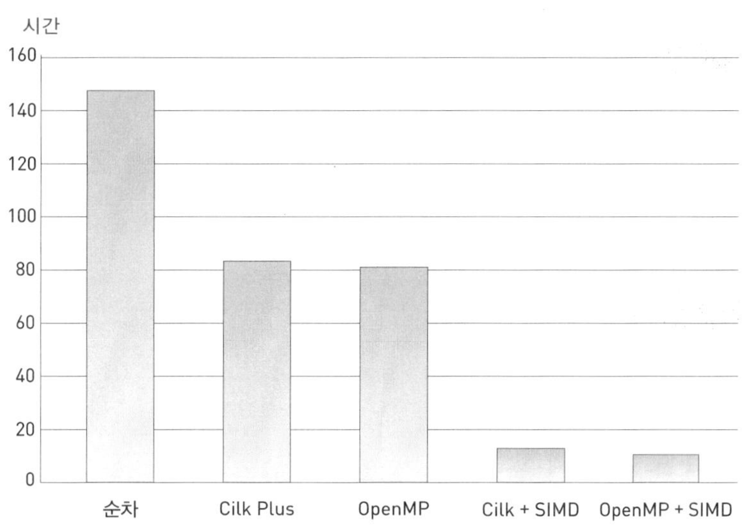

Sharpen 필터 최적화 옵션 적용 전 실행 결과

그래프에서 시간의 비율로만 순차 실행과 혼합 실행이 대략 10배 차이로 음 영상 처리와 비슷한 결과를 보인다. 하지만 Sharpen 필터와 같이 메모리 입출력보다 일반 연산이 더 많

이 포함된 코드에서는 최적화 옵션을 설정하면 순차 실행과 혼합 실행의 시간 편차 비율은
더 벌어진다.

최적화 옵션 설정 후 10회 평균 실행 시간

프로그램	순차 실행	Cilk	OpenMP	Cilk+SIMD	OpenMP+SIMD
시간(msec)	35.96	12.36	13.92	2.51	2.77

다음 그림은 최적화 옵션을 적용한 후 10회 평균 처리 시간을 그래프로 표현한 것이다.

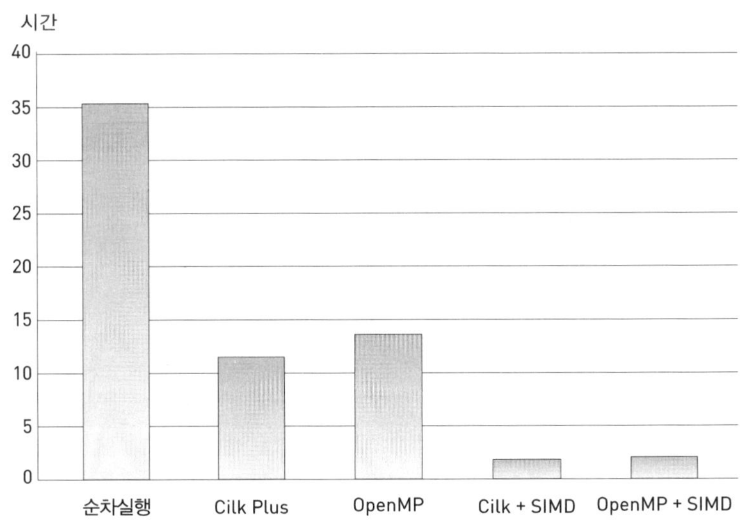

Sharpen 필터 최적화 옵션 적용 후 실행 결과

최적화 옵션을 사용하면 Cilk Plus는 3배가량, 혼합 실행은 거의 15배가량 시간 편차 비율
이 생긴다. 컴파일러가 메모리 입출력은 쉽게 최적화를 적용하지만 일반 연산은 최적화를
적용하기 어렵기 때문이다.

Chapter 12

디버그

병렬 프로그램은 순차 프로그램에서 발생하는 버그뿐만 아니라 데이터 경합, 데드 록 같은 버그도 발생한다. 이번 장에서는 Cilk Plus를 이용한 병렬 처리 프로그램에서 발생할 수 있는 버그들을 살펴보고 디버그하는 방법에 대해서 알아본다.

01 데이터 경합

데이터 경합(Data Race 또는 Race Condition)은 Data Race라는 사전적 의미 그대로 데이터끼리 경쟁 상태에 빠진 것을 말한다. 여기에서 Race는 경합 또는 경쟁의 의미이다. 데이터 경합은 가장 대표적인 동기화(synchronization) 버그로서 적어도 두 개 이상의 스레드가 동기화에 관련된 조치가 없는 전역 변수나 공유 변수에 동시에 접근하여 그 값을 변경하는 경우 발생한다. 쉽게 말해서 스레드 간에 세마포어, 뮤텍스 등의 제한 없이 공유 변수에 접근하여 생기는 것이 데이터 경합이다.

데이터 경합 자체만으로는 프로그램에 어떤 영향이 있을지 알 수 없다. 아무런 문제가 없는 것처럼 동작할 수도 있으며, 어떤 경우에는 심각한 오류가 발생하여 많은 문제를 일으킬 수도 있다. 멀티 스레딩 프로그램을 개발해 본 적이 있다면 데이터 경합이 얼마나 어렵고, 해결하기 어려운 문제인지 알 수 있을 것이다.

멀티 스레딩 프로그램에서 발생한 데이터 경합의 대표적인 사례로 1985년에 Threrac-25(살인 기계)와 2003년에 Northeastern에서 발생한 정전(Blackout) 사태가 있다. Threac-25 사태는 방사선 치료 설비 문제로 인류 역사상 최초로 소프트웨어의 직접적인 영향을 받아 사망자가 발생한 사건이다. 그리고 미국의 Northeastern에서 발생한 정전 사태는 데이터 경합의 문제로 말미암은 것으로, 6조 원이라는 어마어마한 재산 피해를 입혔다.

병렬 프로그램을 개발할 때 버그를 쉽게 잡지 못하는 이유는 병렬 프로그램이 순차 프로그램과는 다른 프로그램 진행 순서를 따르기 때문이다. 전통적인 순차 프로그래밍의 방식에서는 프로그래머가 의도한 순서에 따라서 프로그램이 동작한다. 따라서 프로그래머가 프로그램을 제작할 때 어떻게 동작할지 예상할 수 있다. 만일 프로그래머의 의도와 다른 결과가 나오면 프로그램의 진입 시점부터 완료 시점까지 따라가면서 잘못된 위치를 찾아서 문제를 수정하면 된다.

하지만 병렬 프로그래밍에서는 기존의 순차 프로그램과는 다른 상황에 놓이게 된다. 병렬 구간에서 두 개 이상의 스레드가 경쟁적으로 같은 자원에 접근하는 상태가 발생한다. 이때 어떤 스레드가 자원을 어떻게 변경할지 알 수 없다. 문제는 쉽게 발생하지만 원인을 찾기 어렵고 해결하기는 더욱 어려운 상태가 된다. 데이터 경합은 병렬 프로그램의 효율성을 방해하는 가장 귀찮은 문제이고 Cilk Plus 프로그래밍에서도 데이터 경합은 발생한다.

공유 메모리가 데이터 경합과 밀접한 관계가 있기 때문에 데이터 경합을 살펴보기에 앞서 공유 메모리에 대해서 먼저 알아보자.

1.1 공유 메모리

일반적으로 공유 메모리는 병렬 구간의 초깃값을 지정하여 스레드 작업을 분배하거나, 완료 시점에 스레드가 연산한 결과를 취합하여 순차 영역으로 전달하는 용도로 사용된다. 공유 메모리는 꼭 이와 같은 용도로만 사용해야 하지만 실제 프로그램을 개발하다 보면 초기화와 결과 취합, 연산 등에 복합적으로 사용하게 되어 문제가 발생할 확률이 높아진다. 이렇게 되면 프로젝트는 점점 더 어려운 상황에 부딪히게 된다.

공유 메모리 병렬 프로그래밍 모델에서 흔하게 나타나는 오류 중의 하나가 데이터 경합이다. 데이터 경합의 발생은 데이터를 여러 스레드가 동시에 참조하거나 변경할 때 나타난다. 즉 병렬 구간 이외에 다른 곳에서 선언된 변수나 전역 변수를 병렬 구간에서 사용할 때 데이터 경합이 발생하는 것이다.

공유 메모리의 사용

병렬 처리 모델의 일반적인 구조는 다음과 같다.

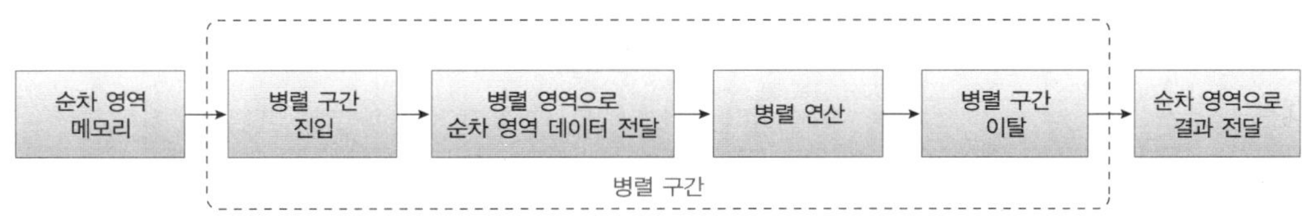

그림 12-1 병렬 처리 모델 구조

병렬 처리 프로그램 구조에서는 그림 12-1과 같이 병렬 구간에 진입하면 순차 영역의 데이터는 병렬 처리 영역에 전달된다. 이때 보통 데이터는 병렬 처리 메모리에 전달되는데, 병렬 처리 메모리는 물리적 또는 논리적으로 분리된 공간이다. 이렇게 전달된 데이터는 병렬 처리로 연산하여 결과를 얻게 되고, 그 결과를 다시 순차 영역에 있는 메모리로 전달하여 병렬 처리를 완료하게 된다.

그런데 이렇게 순차 구간(병렬 구간 이외)과 병렬 구간에서 메모리를 입출력할 때 일정한 시간이 걸리게 된다. 간단한 병렬 처리 프로그램을 개발할 때는 이런 메모리 입출력 과정을 생략하여 시간을 더 줄일 수 있다고 생각한다. 물론 성공하면 조금 더 빠른 병렬 처리 모듈을 얻게 될지도 모른다. 하지만 많은 경우 실패하고, 실패의 결과로 밤낮으로 디버깅해야 하며, 문제를 해결하기 위해서 다시 모듈을 제작하거나, 록 객체를 사용해 문제를 수정해서 형편없는 성능의 모듈을 얻을 수도 있다.

이제 본격적으로 데이터 경합의 문제에 대해서 알아보자.

1.2 데이터 경합의 예

예제 12-1은 자식 함수 StrandFunc1( ), StrandFunc2( ), StrandFunc3( )이 병렬로 실행되며, 프로그램을 실행할 때 전역 변수 g_nValue와 지역 변수 nResult의 변화를 통해서 데이터 경합 상태를 확인할 수 있다.

예제 12-1 프로그램의 데이터 경합 상태

```
#include <stdio.h>
#include <cilk\cilk.h>

int g_nValue = 0;
const int MAX_SIZE = 1000;

void StrandFunc1(int nValue)
{
    if(nValue > 0)
        for(int i =0; i< MAX_SIZE; i++)
            printf("");
    g_nValue = 1;
}

int StrandFunc2(int *pnValue)
{   return *pnValue;    }

void StrandFunc3( )
{   g_nValue = 2;    }

int _tmain(int argc, _TCHAR* argv[ ])
{
    int nResult = 0;
    int nInputNumber = 0;

    printf("원하는 숫자를 입력하시오 : ");
    scanf("%d",&nInputNumber);

    cilk_spawn StrandFunc1(nInputNumber);
    nResult = cilk_spawn StrandFunc2(&g_nValue);
    cilk_spawn StrandFunc3( );
```

```
//cilk_sync;
   printf("g_nValue = %d, nResult = %d \r\n",g_nValue, nResult);

   return 0;
}
```

예제 12-1에서는 데이터 경합 상태가 특정한 상황에서 발생하도록 하였다. 입력받은 숫자가 1 이상이라면 자식 함수 StrandFunc1( )에서 루프를 실행하여 데이터 경합을 발생시킨다. 자식 함수 StrandFunc1( )과 StrandFunc3( )은 같은 전역 변수 g_nValue에 대입을 시도하고 있다. 이 경우에 데이터 경합이 발생하게 된다. 어느 시점에서 자식 함수 StrandFunc2( )가 전역 변수 g_nValue를 읽어 들이냐에 따라서 지역 변수 nResult의 값이 바뀌게 된다.

실행 결과

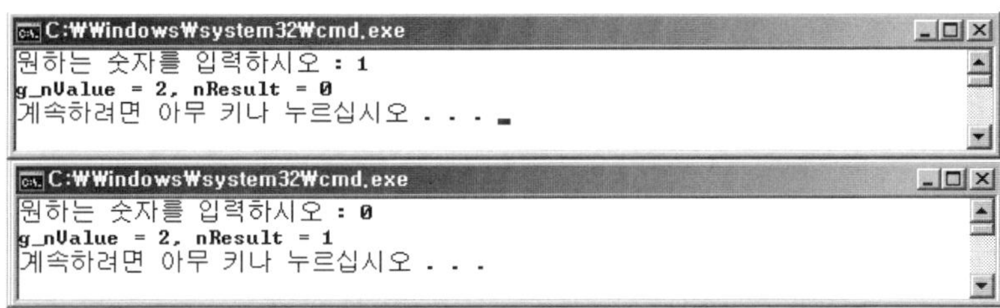

실행 결과를 보면 입력된 숫자에 따라서 지역 변수 nResult의 결과가 다른 것을 확인할 수 있다. 예제 12-1은 의도적으로 데이터 경합을 발생시켰기 때문에 결과를 예측할 수 있지만 복잡하게 개발된 프로그램에서는 데이터 경합 상태를 찾아 수정하기가 무척 어렵다.

예제 12-1에서는 cilk_sync 키워드를 주석 처리하였다. cilk_sync 키워드는 모든 스폰된 자식 함수가 종료될 때까지 기다린다. 이는 단순히 스레드의 작업 종료를 기다리는 동기화 작업이지, 데이터 경합을 해결하기 위한 데이터 동기화 작업과는 다르다. 예제 12-1에서 주석을 제거하면 자식 함수 StrandFunc1( )에서 변경한 g_nValue=1이 적용될 것이다.

실행 결과

```
C:\Windows\system32\cmd.exe
원하는 숫자를 입력 하시오 : 1
g_nValue = 1, nResult = 0
계속하려면 아무 키나 누르십시오 . . .
```

실행 결과를 보면 변수를 가장 늦게 변경한 자식 함수 StrandFunc1( )의 결과가 적용된 것
을 확인할 수 있다. 간혹 데이터 경합이 프로그램의 실행에 영향을 주지 않을 때도 있다. 예
제 12-2는 데이터 경합이 프로그램에 영향을 주지 않는 경우를 나타낸다.

예제 12-2 데이터 경합이 영향을 주지 않는 경우

```c
#include <stdio.h>
#include <cilk\cilk.h>

bool gbFind = false;

bool FindEvenNumberFunc(int nValue)
{
    return nValue%2;
}

int _tmain(int argc, _TCHAR* argv[ ])
{
    cilk_for(int i =0; i< 100; i++)
    {
        if(FindEvenNumberFunc(i))
        {
            gbFind = true;
        }
    }

    printf("gbFind의 값은 %d이다.\r\n",gbFind);

    return 0;
}
```

예제 12-2는 입력받은 데이터에 홀수가 있는지 찾는 프로그램이다. 홀수를 찾으면 전역 변수 gbFind에 true를 대입한다. 만약 홀수를 찾지 못하면 전역 변수 gbFind는 변경되지 않는다. 예제 12-2에서 여러 개의 스레드로 작업을 진행하여도 전역 변수 gbFind에 true 이외의 값은 대입할 수 없다. 데이터에 홀수가 하나도 없다면 여러 개의 스레드는 변수 gbFind에 true값을 대입하지 않을 것이고, 데이터에 홀수가 하나라도 있다면 어떤 스레드가 변수 gbFind에 true값을 대입해도 결과는 항상 같다. 그래서 전역 변수 gbFind에 데이터 경합이 발생해도 프로그램의 결과에는 영향을 주지 않는다.

실행 결과

```
C:\Windows\system32\cmd.exe                                    _ □ ×
gbFind의 값은 1이다.
계속하려면 아무 키나 누르십시오 . . .
```

실행 결과를 보면 데이터 경합이 발생했지만, 정상적인 데이터가 출력된 것을 확인할 수 있다. 하지만 예제 12-2는 데이터 경합이 발생했기 때문에 나중에라도 프로그램을 변경하게 되면 어떤 결과를 가져올지 알 수 없다.

02 데이터 경합의 해결

병렬 프로그램을 개발할 때는 순차 프로그램과는 달리 데이터 경합이 발생하는지를 꼭 확인해야 한다. 간단한 병렬 모듈일수록 프로그래머에게 이 과정을 생략하고자 하는 욕구가 발생한다. 성공하게 되면 빠르게 동작하는 병렬 처리 모듈을 얻게 되겠지만 실패하면 며칠 밤낮을 고생하며 버그를 찾아야 하며 납기가 지연될 수도 있다.

병렬 프로그램에서 데이터 경합을 해결하는 몇 가지의 방법이 있다. 프로그램 자체의 알고리즘을 개선하는 방법과 리듀서나 록 객체를 이용하여 데이터 경합을 해결할 수 있다. 리듀서와 록의 결정적 차이점은 데이터의 결정성이 있느냐 없느냐의 차이다. 결정성이란 '모든 결과는 그 결과를 발생시킨 이전의 사건에 의해서 결정된다.'라고 할 수 있다. 좀 더 쉬운 의미로 순차적인 결과를 유지해야 한다는 의미이다. 리듀서는 이 결정성을 보장하지만 록은 데이터 록을 건 스레드에만 데이터를 갱신할 수 있기 때문에 결정성 있는 결과를 얻을 수 없다. 데이터 경합이 발생하면 해결하는 방법은 크게 네 가지로 정리할 수 있다.

- 전역 변수 대신 지역 변수를 이용한다.

- 최대한 변수 사용을 배제한다.

- 리듀서를 이용한다.

- 록을 이용한다.

예제를 통해 데이터 경합을 해결하는 각각의 방법을 알아보자.

2.1 지역 변수 이용

예제 12-3은 배열의 요솟값을 변경하는 상황에서 경합이 발생한다. 이 예제를 전역 변수 대신 지역 변수를 이용해서 데이터 경합을 해결해 보자.

예제 12-3 경합을 발생시킨 예

```
#include <stdio.h>
#include <cilk\cilk.h>
#include <windows.h>   //타이머 함수 사용

const int MAX_SIZE = 5;
int g_nArray[MAX_SIZE*MAX_SIZE];   //경합이 발생

int _tmain(int argc, _TCHAR* argv[ ])
{
    int nIndex = 0;
    int nArray[MAX_SIZE][MAX_SIZE];

    //nArray 배열에 순차적으로 데이터를 초기화한다.
```

```
    for(int i =0; i < MAX_SIZE; i++)
    {
        for(int j = 0; j < MAX_SIZE; j++)
        {
            nArray[i][j] = (i*MAX_SIZE)+j;
        }
    }

    //경합을 발생시킨다.
    cilk_for(int i =0; i < MAX_SIZE; i++)
    {
        for(int j = 0; j < MAX_SIZE; j++)
        {
            nIndex = (i*MAX_SIZE)+j;
            Sleep(10);
            g_nArray[nIndex] = nArray[i][j];
        }
    }
    //결과를 출력한다.
    for(int i =0; i < MAX_SIZE; i++)
    {
        for(int j = 0; j < MAX_SIZE; j++)
        {
            printf("%d ", g_nArray[(i*MAX_SIZE)+j]);
        }
        printf("\r\n");
    }

    return 0;
}
```

예제 12-3은 병렬 구간 안에서 nIndex 변수를 사용하여 배열의 요소에 접근하여 데이터 경합을 발생시킨다. 그리고 문제를 쉽게 재현하기 위해서 Sleep( ) 함수를 사용하였다.

실행 결과

```
C:\Windows\system32\cmd.exe
0 10 7 17 19
0 15 16 12 13
0 5 1 2 3
0 6 11 18 8
20 21 22 23 24
계속하려면 아무 키나 누르십시오 . . .
```

데이터 경합이 발생하여 데이터가 섞이고, 요솟값도 정상적이지 않다. 이럴 때는 전역 변수 대신 지역 변수를 이용할 수는 없는지 살펴봐야 한다.

예제 12-3에서 nIndex 변수는 병렬 구간 내부의 for 문 안에서만 사용되고 있다. 이런 경우는 for 문 안에서 변수를 정의하여 지역 변수로 사용함으로써 해결할 수 있다.

예제 12-4 전역 변수를 지역 변수로 변경

```
cilk_for(int i =0; i < MAX_SIZE; i++)
{
    for(int j = 0; j < MAX_SIZE; j++)
    {
        int nIndex = 0;        //지역 변수로 선언한다.
        nIndex = (i*MAX_SIZE)+j;
        Sleep(10);
        g_nArray[nIndex] = nArray[i][j];
    }
}
```

Cilk Plus나 OpenMP를 이용한 병렬화 프로그램은 병렬 영역 밖에 있는 변수를 전역 변수로 인식한다. 그래서 순차 프로그램에서는 정상적으로 동작하지만 병렬 프로그램으로 변경하면 데이터 경합이 발생한다. 하지만 병렬 구문 내에서 선언된 변수는 지역 변수로 사용되기 때문에 공유 메모리를 사용하지 않아서 데이터 경합이 발생하지 않는다.

실행 결과

```
C:\Windows\system32\cmd.exe
0 1 2 3 4
5 6 7 8 9
10 11 12 13 14
15 16 17 18 19
20 21 22 23 24
계속하려면 아무 키나 누르십시오 . . .
```

지역 변수를 사용하면 프로그래머가 원하는 결과를 얻을 수 있다.

2.2 변수 사용 배제

코드를 작성하는 방식에 따라서 변수를 사용하지 않고 프로그램을 개발할 수 있다. 데이터
경합은 최대한 변수를 사용하지 않음으로써 해결할 수 있다. 예제 12-5는 변수를 사용하지
않고 코드를 작성하였다.

예제 12-5 변수를 사용하지 않는 예

```
cilk_for(int i =0; i < MAX_SIZE; i++)
{
    for(int j = 0; j < MAX_SIZE; j++)
    {
        Sleep(10);
        g_nArray[(i*MAX_SIZE)+j] = nArray[i][j];    //바로 배열의 인덱스로 사용한다.
    }
}
```

nIndex 변수를 사용하지 않고 (i*MAX_SIZE)+j를 이용해 배열의 요소에 바로 접근하도록
코드를 수정하였다.

실행 결과

```
C:\Windows\system32\cmd.exe
0 1 2 3 4
5 6 7 8 9
10 11 12 13 14
15 16 17 18 19
20 21 22 23 24
계속하려면 아무 키나 누르십시오 . . .
```

이 방법 역시 공유 메모리를 사용하지 않는 코드로 변경하였기 때문에 데이터 경합이 발생
하지 않는다.

2.3 리듀서 이용

데이터 경합을 해결하는 또 다른 방법은 스레드 간에 경합을 발생시키지 않는 리듀서 객체
를 활용하는 것이다. nIndex 변수를 리듀서로 정의한다.

예제 12-6 리듀서 이용

```cpp
#include <cilk\reducer_opadd.h>    //리듀서를 사용한다.
/* 중간 생략 */
//리듀서 객체를 선언한다.
cilk::reducer_opadd<int> nIndex;
//경합을 발생하게 한다.
cilk_for(int i =0; i < MAX_SIZE; i++)
{
    for(int j = 0; j < MAX_SIZE; j++)
    {
        nIndex.set_value((i*MAX_SIZE)+j); //리듀서 객체를 사용한다.
        Sleep(10);
        g_nArray[nIndex.get_value( )] = nArray[i][j];
    }
}
```

nIndex 변수를 reducer_opadd를 사용하여 리듀서 변수로 변경하였다. set_value( ) 함수를 이용하여 데이터를 초기화하였고, 데이터를 읽을 때에도 nIndex 변수로 직접 사용하지 않고 get_value( ) 함수를 이용하였다. 참고로 reducer_opadd에는 연산자 '+=, =, -=, ++, --'만이 재정의되어 있기 때문에 nIndex = (i*MAX_SIZE)+j;로 사용하게 되면 컴파일할 때 '=오퍼레이트가 없다'라는 에러가 발생하게 된다.

실행 결과

```
C:\Windows\system32\cmd.exe
0 1 2 3 4
5 6 7 8 9
10 11 12 13 14
15 16 17 18 19
20 21 22 23 24
계속하려면 아무 키나 누르십시오 . . .
```

실행 결과와 같이 리듀서를 사용해도 데이터 경합을 해결하는 결과를 얻을 수 있지만, 예제 12-3 같은 경우는 리듀서를 사용하는 것이 성능 면에서 비효율적이다. 하지만 일반 변수를 사용하는 것보다 코드 변화에 대응하기 쉽고 변수의 사용 의도를 쉽게 파악할 수 있기 때문에 프로그램 개발에 유리하다.

참고로 리듀서 객체는 참조만 할 때보다 병렬 구간에서 값이 변경되고, 그 결과를 순차 구간에 취합하여 사용할 때에 그 효력을 더 발휘한다. 즉 리듀서 객체는 초기화, 결과 취합, 연산 등과 같이 복합적으로 사용되는 변수에 사용할 때 더 효율적으로 사용된다.

2.4 록 이용

록(Lock)을 이용하여도 데이터 경합을 해결할 수 있다. 그러나 Cilk Plus에서는 록을 지원하지 않는다. 하지만 다행히도 다른 병렬 처리 프로그램 언어의 록 객체를 활용할 수 있다. 예제 12-7은 TBB(Thread Building Blocks)의 록 객체를 이용하여 데이터 경합을 해결하였다.

예제 12-7 TBB의 뮤텍스를 이용

```
#include <tbb\mutex.h>       //tbb의 mutex 사용
/* 중간 생략 */
int _tmain(int argc, _TCHAR* argv[ ])
{
    int nIndex = 0;
    int nArray[MAX_SIZE][MAX_SIZE];
    tbb::mutex lock;           //tbb의 록 객체를 선언한다.
/* 중간 생략 */
    //경합을 발생하게 한다.
    cilk_for(int i =0; i < MAX_SIZE; i++)
    {
        for(int j = 0; j < MAX_SIZE; j++)
        {
            lock.lock( );
            nIndex = (i*MAX_SIZE)+j;
            Sleep(10);
            g_nArray[nIndex] = nArray[i][j];
            lock.unlock( );
        }
    }
/* 중간 생략 */
}
```

include〈tbb\mutex.h〉 헤더를 선언하고 나서 tbb::mutex lock으로 록 객체를 생성하였다. 그리고 코드 중에 병렬로 처리되는 시작 부분에서 lock.lock( ) 함수로 록을 실행하고 끝 부분에서 lock.unlock( ) 함수로 록을 해제한다.

실행 결과

```
C:\Windows\system32\cmd.exe                        _□×
0 1 2 3 4
5 6 7 8 9
10 11 12 13 14
15 16 17 18 19
20 21 22 23 24
계속하려면 아무 키나 누르십시오 . . .
```

TBB의 록 객체인 뮤텍스를 사용해도 순차 처리와 같은 결과를 얻을 수 있다. 하지만 병렬 구간 내에서 록을 이용하는 것은 프로그램 성능에 상당한 악영향을 미친다. 만약 록을 사용해야 하는 경우가 생긴다면 리듀서로 대체하는 방안을 생각해야만 한다. 록의 문제에 대해서는 바로 다음 절에 언급하도록 한다.

Visual Studio 2010 개발 환경에서 사용자가 TBB를 한 번도 사용해본 경험이 없다면 Visual Studio 2010의 옵션을 설정해야 한다.

[프로젝트] → [속성] → [C/C++] → [General] → [Additional Include Directories]에서 [편집]을 선택하여 [C:\Program files\Intel\Compser XE 2011 SP1\tbb\include\tbb]를 선택한다. 만약 다른 버전의 인텔 컴포저가 설치되어 있다면 해당하는 컴포저의 tbb 헤더 파일이 포함된 include 폴더를 선택해야 한다.

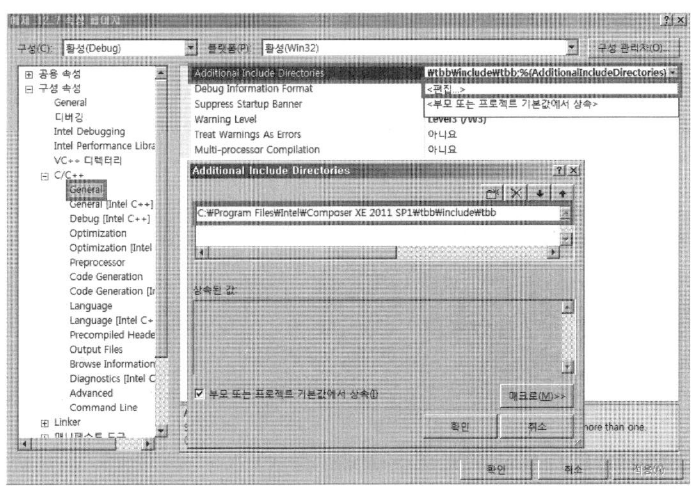

TBB include 파일 설정

[프로젝트] → [속성] → [C/C++] → [Preprocess] → [Preprocessor Definitions]에서 [편집]을 선택하여 [TBB_USE_DEBUG]를 설정한다. 릴리스 모드에서는 설정하지 않아도 된다.

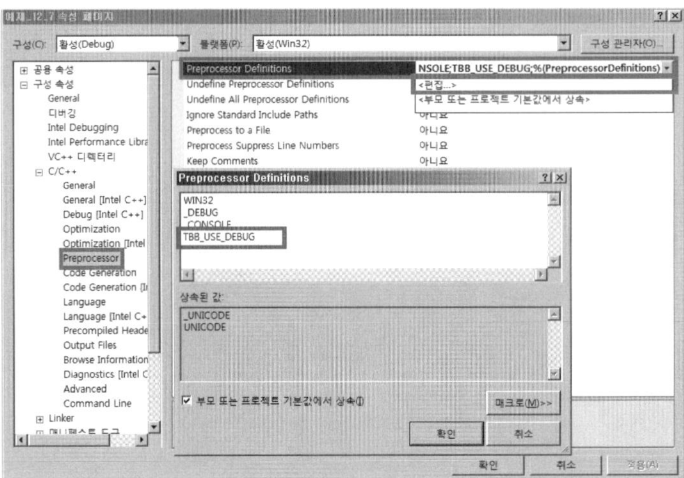

TBB Debug 설정

[프로젝트] → [속성] → [C/C++] → [Code Generation] → [Runtime Library]에서 [Multi-threaded Debug DLL(/MDd)]로 설정되었는지 확인한다.

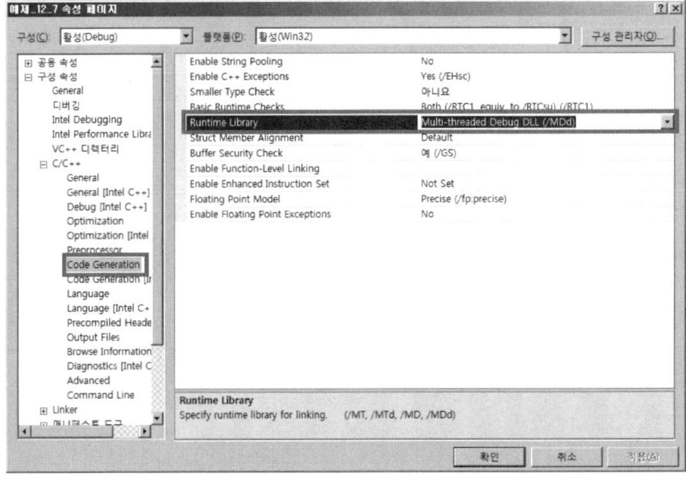

TBB Runtime Library 설정

[프로젝트] → [속성] → [Linker] → [General] → [Additional Library Directories]에서 [C:\Program files\Intel\Compser XE 2011 SP1\tbb\lib\ia32\VC10]으로 설정한다. tbb\lib 폴더 안에는 ia32와 intel64 폴더가 있다. 32bit와 64bit 환경에 대한 것으로 현재 설치된 운영체제의 버전에 맞춰 선택하면 된다. 그리고 ia32 또는 intel64 폴더 안에는 각각의 vc 버전 폴더가 있어 설치된 vc 버전 폴더를 선택하면 된다.

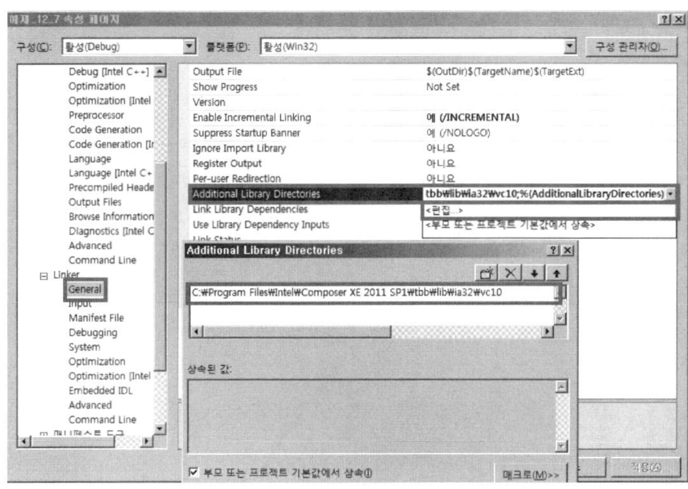

TBB Library 설정

[프로젝트] → [속성] → [Linker] → [Input] → [Additional Dependencies]에서 [tbb_debug.lib] 또는 [tbb.lib]로 설정한다. 디버그 모드에서는 [tbb_debug.lib]을 릴리스 모드에서는 [tbb.lib]을 추가한다.

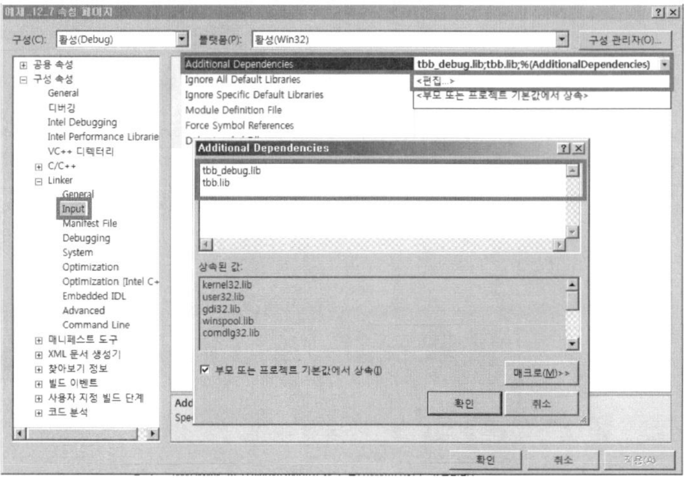

TBB lib 파일 설정

03 록의 문제

앞에서 언급했듯이 Cilk Plus에서는 록 객체을 제공하진 않지만, 다행히도 TBB, 윈도우, 리눅스의 록 객체를 사용할 수 있다. TBB의 뮤텍스는 윈도우의 CIRTICAL_SECTION 객체나 리눅스의 pthreadmutex 객체와 같게 동작한다. 만약 Cilk Plus를 이용한 프로그램에서 록 객체를 사용해야 할 경우가 생기면 병렬 프로그램에 최적화된 TBB의 록 객체를 사용하는 것을 추천한다. 하지만 록 객체만으로도 문제가 생길 수 있기 때문에 잘못 사용하면 문제는 해결하지 못하고 더 어려운 상황에 빠질 수 있다. Cilk Plus에서는 록으로 생길 수 있는 문제를 네 가지 정도로 정리할 수 있다.

- 록의 결정성 문제

- 데드 록의 발생

- 록의 충돌

- 록의 전달

각각의 상황에 대해서 상세히 알아보자.

3.1 록의 결정성 문제

Cilk Plus에서 록 객체를 이용하여 데이터 경합을 해결할 수 있지만, 여러 개의 스레드에서 데이터를 변경하는 차례는 결정할 수 없다. 각 스레드가 록 객체를 취득하려고 기다리지만, 록 객체를 취득하는 순서는 전혀 순차적이지 않다. 이때는 스레드의 실행 순서에 따라 데이터 순서가 섞이게 된다. 예제 12-8은 '7장 리듀서'에서 사용한 예제 7-12를 리듀서 대신 TBB의 록 객체를 활용한 예로 변경한 것이다.

예제 12-8 록의 결정성 문제

```
#include <iostream>    //cout 사용
#include <list>         //stl list 사용
#include <cilk\cilk.h>
#include <tbb\mutex.h>
#include <windows.h>

//using namespace를 사용
using namespace std;   //std::을 사용하지 않으려고

void MakeList(char cStart, char cEnd)
{
    tbb::mutex lock;
    list<char> stllist;

    cilk_for(char c = cStart; c <= cEnd; c++)
    {
        lock.lock( );
        Sleep(10);
        stllist.push_back( (char)c);
        lock.unlock( );
    }

    //stl list를 이용하여 문자열을 출력한다.
    for(list<char>::iterator it = stllist.begin( ); it != stllist.end( ); it++)
```

```
        cout << (*it);
    cout<<endl;      //줄 바꿈 하기
}

int _tmain(int argc, _TCHAR* argv[ ])
{
    MakeList('A','Z');
    return 0;
}
```

예제 12-8은 MakeList( ) 함수에서 여러 개의 스레드가 병렬로 실행된다. 각 스레드는 stllist.push_back( ) 함수를 동작시키기 위한 록 객체를 취득하려고 서로 경쟁하게 된다. 이러면 프로그래머는 각각의 스레드가 록 객체를 취득하는 순서를 알 수 없다. 즉 push_back( ) 함수를 실행하는 스레드의 순서는 무작위가 되고, push_back( ) 함수에 들어가는 데이터 또한 무작위가 된다. 이러한 문제를 '결정성이 없다'라고 한다.

실행 결과

```
C:\Windows\system32\cmd.exe
ANOWXYZBCDEFGHIJKLMUQRSTPU
계속하려면 아무 키나 누르십시오 . . .
```

알파벳 대문자가 차례대로 나오길 기대했지만, 전혀 다른 결과를 보여준다. 하지만 다행히도 결정성의 문제는 가감 연산에서는 문제가 되지 않는다.

3.2 데드 록의 발생

여러 개의 데이터를 보호하기 위해서 각기 다른 록 객체를 이용하면 데드 록이 일어날 가능성이 상당히 커진다. 데드 록이 발생하면 서로 다른 스레드가 상대방이 가진 록 객체를 해제하기만 기다리기 때문에 프로그램은 영원히 멈춘 상태가 된다.

예제 12-9 데드 록의 발생

```c
#include <stdio.h>
#include <cilk\cilk.h>
#include <tbb\mutex.h>

//록 객체를 두 개 선언
tbb::mutex FirstLock;
tbb::mutex SecondLock;

void Spawn1( )
{
    FirstLock.lock( );
    printf("Spawn1 작업 수행\r\n");

    SecondLock.lock( );
    printf("2번째 작업 수행\r\n");

    SecondLock.unlock( );
    FirstLock.unlock( );
}

void Spawn2( )
{
    SecondLock.lock( );
    printf("Spawn2 작업 수행\r\n");

    FirstLock.lock( );
    printf("2번째 작업 수행\r\n");

    FirstLock.unlock( );
    SecondLock.unlock( );
}

int _tmain(int argc, _TCHAR* argv[ ])
{
    cilk_spawn Spawn1( );
    cilk_spawn Spawn2( );

    return 0;
}
```

예제 12-9는 일부러 데드 록 상태가 발생하도록 구현한 프로그램이다. 0번 스레드는 FirstLock 객체를 소유하고, 1번 스레드는 SecondLock 객체를 소유하고 작업을 수행한다. 2번째 작업을 수행하려면 0번 스레드는 1번 스레드의 SecondLock 객체의 사용이 끝나기를 기다리고, 1번 스레드는 0번 스레드의 FirstLock 객체의 사용이 끝나기를 기다린다. 각각의 스레드는 자신의 록 객체를 가진 채로 상대방이 록 객체를 해제할 때를 기다린다.

실행 결과

데드 록 상태가 되어 프로그램이 더는 수행되지도 종료되지도 않는 상태가 된 것을 확인할 수 있다. 록 객체를 여러 개 사용하여 발생하는 데드 록은 자주 발생하진 않지만 한 번 발생하면 그 원인을 찾기가 상당히 어렵다.

데드 록은 록 객체를 해제하지 않은 경우에도 발생하게 된다. 예제 12-10에서는 1개의 록 객체를 사용하고 해제하지 않아서 데드 록이 발생하도록 하였다.

예제 12-10 록 해제를 하지 않아 데드 록 발생

```
//록 객체를 한 개 선언
tbb::mutex FirstLock;
void Spawn1( )
{
    FirstLock.lock( );
    printf("Spawn1 작업 수행\r\n");
}

void Spawn2( )
{
    FirstLock.lock( );
```

```
    printf("Spawn2 작업 수행\r\n");
    FirstLock.unlock( );
}
```

예제 12-9와 같은 코드에서 록 객체를 한 개만 선언하여 사용하였다. Spawn1( ) 함수에서
FirstLock 객체를 해제하지 않아서 Spawn2( ) 함수는 FirstLock 객체를 소유할 수 없다.
이 때문에 Spawn2( ) 함수는 데드 록에 빠지게 된다. 뜻밖에도 록 객체를 해제하지 않아서
발생하는 데드 록은 자주 일어난다.

실행 결과

```
C:\Windows\system32\cmd.exe                                    _ □ ×
Spawn1 작업 수행
Assertion m.state!=HELD failed on line 36 of file ../../src/tbb/mutex.
cpp
Detailed description: mutex::scoped_lock: deadlock caused by attempt t
o reacquire held mutex
```

다행히도 TBB에서는 이런 데드 록 상황이 발생하게 되면 예외 상황으로 처리하여 프로그
래머에게 알려준다. 그리고 록 객체를 두 번 초기화하는 경우에도 데드 록이 발생한다.

```
void Spawn1( )
{
    FirstLock.lock( );
    printf("Spawn1 작업 수행\r\n");
    //프로그램 수행
    FirstLock.lock( );
    FirstLock.unlock( );
}
```

하나의 스레드가 같은 록 객체를 두 번 초기화하면 데드 록이 발생하게 된다. 다행히 이 또한 TBB에서는 예외를 발생시키기 때문에 데드 록 상황을 쉽게 파악할 수 있다.

3.3 록의 충돌

Cilk Plus에서는 병렬화된 스레드가 록 객체를 사용해 자원에 접근할 때는 록 객체를 가진 스레드만이 자원을 참조하고 변경할 수 있다. 다른 스레드는 록 객체를 취득하려고 대기해야 한다. 이처럼 록 객체를 취득하려고 스레드가 대기하는 상황을 록의 충돌이라고 한다. 록 객체를 사용하는 장소(코드 내의 부분)나 록 객체의 획득과 해제에 걸리는 시간은 프로그램의 성능에 중대한 영향을 미치게 된다. 따라서 록 객체를 사용하려면 충분한 고려가 필요하다.

예제 12-11 록의 충돌 발생

```c
#include <stdio.h>
#include <math.h>
#include <time.h>
#include <cilk\cilk.h>
#include <cilk\reducer_opadd.h>     //리듀서 사용
#include <tbb\mutex.h>              //TBB 뮤텍스 사용

//리듀서를 사용하여 총합을 연산하고 결괏값을 반환
int GetSumReduce(int Size)
{
    double dSum = 0.0, dSqrt = 0.0;
    cilk::reducer_opadd<double>re_dSum;
    re_dSum.set_value(0);
    cilk_for(int i = 0; i< Size; i++)
    {
        double local_dSqrt = sqrt((float)i+1);    //제곱근을 계산, 지역 변수로 변경
        re_dSum += (local_dSqrt/local_dSqrt)/Size;
    }
    dSum = re_dSum.get_value( );
```

```cpp
        return dSum;
}

//TBB의 Mutex를 사용하여 총합을 연산하고 결괏값을 반환
int GetSumMutex(int Size)
{
    double dSum = 0.0, dSqrt = 0.0;
    tbb::mutex lock;                        //TBB의 록 객체를 선언
    for(int i = 0; i< Size; i++)
    {
        dSqrt = sqrt((float)i+1);   //제곱근을 계산
        lock.lock( );               //록을 사용
        dSum = dSum +  (dSqrt/dSqrt)/Size;
        lock.unlock( );             //록을 해제
    }
    return dSum;
}

//순차적으로 총합을 연산하고 결괏값을 반환
double GetSumSerial(int Size)
{
    double dSum = 0.0, dSqrt = 0.0;
    int i = 0;
    for(int i = 0; i< Size; i++)
    {
        dSqrt = sqrt((float)i+1);   //제곱근을 계산
        dSum = dSum +  (dSqrt/dSqrt)/Size;
    }
    return dSum;
}

int _tmain(int argc, _TCHAR* argv[ ])
{
    const int MAX_SIZE = 1000000;
    double Result = 0.0;
    float nAfter, nBefore;

    //총합 계산
```

```c
    nBefore = clock( );
    Result = GetSumReduce(MAX_SIZE);
    nAfter = clock( );
    printf( "Reduce 총합 결과 : %.2f 소요시간 : %.4f초\n",
        Result, (float)(nAfter-nBefore)/CLOCKS_PER_SEC);

    nBefore = clock( );
    Result = GetSumMutex(MAX_SIZE);
    nAfter = clock( );
    printf( "Mutex 총합 결과 : %.2f 소요시간 : %.4f초\n",
        Result, (float)(nAfter-nBefore)/CLOCKS_PER_SEC);

    //총합 계산
    nBefore = clock( );
    Result = GetSumSerial(MAX_SIZE);
    nAfter = clock( );
    printf( "Serial 총합 결과 : %.2f 소요시간 : %.4f초\n",
        Result, (float)(nAfter-nBefore)/CLOCKS_PER_SEC);

    return 0;
}
```

예제 12-11은 '7장 리듀서'의 예제 7-2를 조금 수정한 코드이다. GetSumMutex( ) 함수 안의 병렬 처리 구간에서 록 객체를 사용하였고, 리듀서 객체를 이용한 GetSumReduce( ) 함수와 순차적으로 계산하는 GetSumSerial( ) 함수도 같이 실행하여 데이터 처리 시간을 비교할 수 있도록 하였다.

실행 결과

```
C:\Windows\system32\cmd.exe
Reduce 총합 결과 : 1.00 소요시간 : 0.0110초
Mutex 총합 결과 : 1.00 소요시간 : 0.0310초
Serial 총합 결과 : 1.00 소요시간 : 0.0220초
계속하려면 아무 키나 누르십시오 . . .
```

록 객체를 사용한 경우 록 충돌이 발생하여 순차적 실행보다 시간이 더 오래 걸리는 것을
확인할 수 있다.

3.4 록의 전달

Cilk Plus에서는 스폰된 자식 함수와 부모 함수는 같은 록 객체를 이용할 수 있다. 즉 부모
함수의 록 객체를 자식 함수에 전달할 수 있다. 이는 Cilk Plus의 순차적 방법론에 따라서
부모 함수와 자식 함수는 같은 스레드로 실행되는 것을 보증하기 때문에 가능하다. 하지만
이때 잠재적인 문제가 발생할 수 있다. 참고로 대부분의 동기화 객체는 동기화 객체를 취득
한 스레드에서 해제를 해주어야 한다. 예제 12–12를 통해서 록 객체가 부모 함수에서 자식
함수로 전달될 때 발생할 수 있는 문제에 대해서 알아보자.

예제 12–12 록의 전달

```c
#include <stdio.h>
#include <windows.h>
#include <cilk\cilk.h>
#include <tbb\mutex.h>              //tbb의 mutex사용

void ChildFunc(tbb::mutex &m, int &nData)
{
    //Sleep(100);                   //두 번째 문제 재현
    m.lock( );
    nData++;
    m.unlock( );
    //for(int i =0; ; i++);         //첫 번째 문제 재현
}

int _tmain(int argc, _TCHAR* argv[ ])
{
    int nData = 0;
    tbb::mutex mutex;

    try
```

```
    {
        printf("parent 실행\r\n");
        cilk_spawn ChildFunc(mutex, nData);
        mutex.lock( );
        throw nData;
    }   //암묵적 cilk_sync가 호출된다.

    catch(int cat)
    {
        printf("Catch = %d\r\n", cat);
        mutex.unlock( );
    }

    printf("parent = %d\r\n",nData);
    return 0;
}
```

예제 12-12는 두 가지 잠재적인 문제점을 내포하고 있다.

첫 번째 문제는 Cilk Plus 프로그램의 병렬 영역 내에서 throw와 catch를 사용하는 경우
에 try 구문의 끝에는 암묵적 cilk_sync가 포함되어 있어 스폰된 자식 함수가 종료되길 기
다린다. 그런데 만약 자식 함수 ChildFunc( )가 종료되지 않으면 throw가 발생하여도 예
외를 처리하지 못하고 계속 자식 함수 ChildFunc( )가 끝나기만을 기다리게 되어, 부모 함
수(main( ) 함수)에서 사용한 록 객체를 해제할 수 없게 된다.

두 번째 문제는 부모 함수에서 자식 함수보다 먼저 뮤텍스를 사용하는 경우이다. 부모 함수
에서 사용한 록 객체를 해제하지 않았는데 자식 함수에서 록 객체를 초기화하여 데드 록에
빠지게 된다. 이는 앞에서 설명한 록 객체를 두 번 초기화한 경우와 같다.

실행 결과

```
C:\Windows\system32\cmd.exe
parent 실행
```

ChildFunc( ) 함수에서 for(int i =0; ; i++);의 주석을 제거하면 첫 번째 문제가 재현되고, Sleep(100);의 주석을 제거하게 되면 두 번째 문제가 재현된다. 결과는 똑같이 데드 록에 빠지게 된다.

3.5 록 객체를 사용할 때 고려 사항

록 객체가 코드의 어디에 있느냐와 록 객체의 소유에서 해제까지를 포함한 코드의 길이가 얼마냐 등에 따라 프로그램의 성능에 중대한 영향을 미친다. 록 객체를 사용하려면 충분한 검토가 필요하다. 만약 록을 꼭 사용해야 한다면 다음의 기준을 따라야 한다.

1. 록 객체를 사용하는 구문을 최대한 짧게 한다.
록 객체를 사용할 때에는 록 대상이 되는 데이터의 변경 이외에는 처리하지 않고 록 객체를 최대한 짧게 사용한다.

2. 루프 내에서는 최대한 록의 이용을 피한다.
록 객체의 구문을 짧게 한다고 해도 루프 내에서 록 객체를 사용하면 록 객체를 누적해서 사용하기 때문에 병렬 프로그램의 성능에 영향을 주게 된다.

3. 록의 소유와 해제는 같은 구문 { } 내에서 실행한다.
록 객체의 소유와 해제를 다른 함수나 구문에서 사용하면 데드 록의 원인이 된다.

4. cilk_spawn이나 cilk_sync에 걸쳐서 록을 사용하지 않는다.
Cilk Plus에서는 록을 걸쳐서 사용하지 말아야 한다.

5. 여러 개의 록 객체를 사용하는 경우는 항상 같은 차례로 소유하고 해제한다.
여러 개의 록 객체를 사용할 경우는 항상 같은 차례로 소유하고 해제하여 데드 록의 가능성을 최소한으로 한다. 특히 소유의 차례는 매우 중요하다.

◲4 폴스 셰어링

폴스 셰어링(False Sharing)은 메모리 공유형의 병렬 처리에서 잘 일어나는 문제이다. 2개 이상의 코어가 같은 캐시 사이에서 값을 변동하여 성능을 떨어뜨린다. 폴스 셰어링이 까다로운 버그인 이유는 이 버그가 CPU의 특성에 영향을 받기 때문이다. CPU의 코어에서는 메모리와 CPU의 레지스터 간에 속도 차이가 발생하게 된다. 이 때문에 병목 현상이 발생하게 되고 이 병목 현상을 줄이려고 CPU는 캐시 메모리를 사용한다.

일반적으로 프로그램이 동작할 때 배열이나 변수의 데이터를 가져오는 경우 메모리(RAM)에 있는 데이터를 캐시로 가져오게 되는데 이때 데이터의 크기만큼 가져오는 것이 아니라 64바이트만큼 한꺼번에 캐시에 가져오게 된다. 이를 캐시 라인이라고 한다. 프로그램에서 캐시 메모리에 있는 데이터를 읽는 속도는 RAM에서 읽는 속도와 10배가량 차이가 난다.

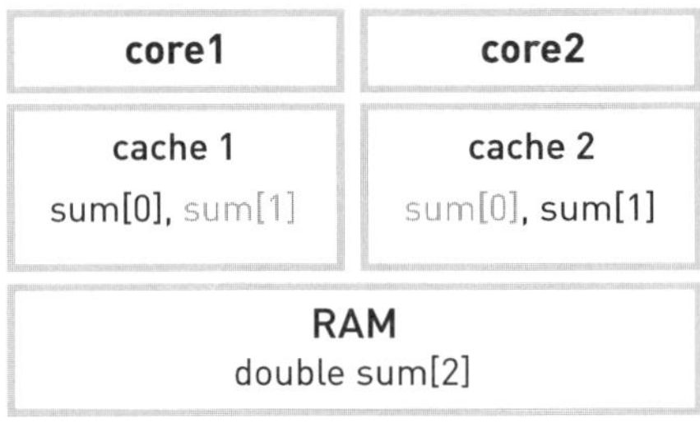

그림 12-2 폴스 셰어링에 대한 이해

그림 12-2는 듀얼 코어 시스템에서 데이터 sum[2]에 대해서 병렬 처리하는 프로그램이다. double sum[2]와 같이 배열을 선언하게 되면 RAM에 연속해서 sum[0], sum[1]이 할당된다. 이 상황에서 core1의 스레드는 sum[0]의 요솟값만 사용하고, core2의 스레드는 sum[1]의 요솟값만 사용하게 되면 폴스 셰어링이 발생할 가능성이 상당히 커진다.

core 1에서 사용되는 변수 sum[0]을 캐시에 올리면 64byte로 캐시에 올라가기 때문에 sum[1]또한 cache 1에 올라가게 된다. 그런 다음 core 2에서 사용하는 변수 sum[1]을 캐시에 올리게 된다. CPU의 특성상 sum[1]을 사용한다고 해도 sum[1]이 캐시 라인에 가져올 때의 시작점이 되지 않기 때문에 sum[0]까지 같이 가져오게 된다. 이 경우는 데이터를 공유하진 않지만 같은 데이터 요소가 포함된 캐시 라인을 가지게 된다.

core 1에서 sum[0]을 변경하게 되면 cache 2의 sum[0]의 값이 변경되었기 때문에 core 2는 다시 캐시 라인에서 데이터를 가져오게 되고, core 2에서 sum[1]을 변경하게 되면 cache 1의 sum[1]의 값이 변경되었기 때문에 core 1은 다시 캐시 라인을 읽는다. 이렇게 접근할 필요가 없는 캐시 라인에 접근하게 되는 버그를 폴스 셰어링이라 한다. 예제 12-13은 폴스 셰어링이 발생한 상황과 발생하지 않은 상황에 대한 예이다.

예제 12-13 폴스 셰어링의 예

```c
#include <stdio.h>
#include <time.h>
#include <cilk\cilk.h>
//#include <cilk\cilk_stub.h> //순차적으로 실행, 테스트 시에 사용
int nArray1[32];
int nArray2[32];
//데이터를 100,000,000번 증가시킨다.
void f(int *array_ptr)
{
    for (int i = 0; i < 100000000; i++)
    {
        ++array_ptr[0];
    }
}


int _tmain(int argc, _TCHAR* argv[ ])
{
    float fBefore, fAfter,fResult;

    fBefore = clock( );
    cilk_spawn f(&nArray1[0]);
    cilk_spawn f(&nArray1[1]);
    cilk_sync;
```

```
    fAfter = clock( );
    fResult = (fAfter - fBefore)/1000;
    printf("폴스 셰어링 시간 : %.4f, nArray1[0]=%d,  nArray1[1]=%d\r\n",
                                        fResult,nArray1[0],nArray1[1]);

    nArray1[0] = 0;

    fBefore = clock( );
    cilk_spawn f(nArray1);
    cilk_spawn f(nArray2);
    cilk_sync;
    fAfter = clock( );
    fResult = (fAfter - fBefore)/1000;
    printf("정상계산 시간 : %.4f, nArray1[0]=%d,  nArray2[0]=%d\r\n",
                                        fResult, nArray1[0], nArray2[0]);
    return 0;
}
```

예제 12-13에서는 nArray1[0], nArray1[1]을 각각 다른 스레드에서 증가하도록 하였다.
nArray[0]과 nArray1[1]은 메모리에 연속해 있기 때문에 각각 다른 스레드에서 접근하면
폴스 셰어링이 발생한다. 그리고 nArray1[32], nArray2[32]로 선언하여 두 배열이 최소한
128바이트만큼 떨어지게 하여 폴스 셰어링이 발생하지 않도록 하였다.

실행 결과

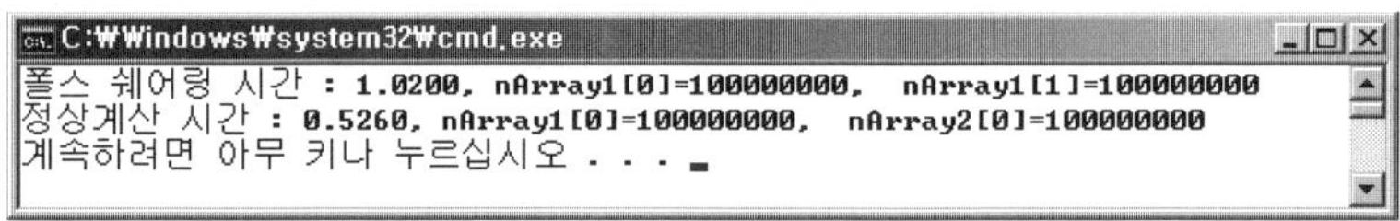

결과 데이터는 같지만, 연산 처리 속도는 폴스 셰어링이 발생한 경우가 더 늦다. 참고로 예
제 12-13을 순차 프로그램으로 변환하여 실행하면 연산 처리 시간은 같다. //#include
⟨cilk\cilk_stub.h⟩ 주석을 풀어서 실행해 보자.

실행 결과

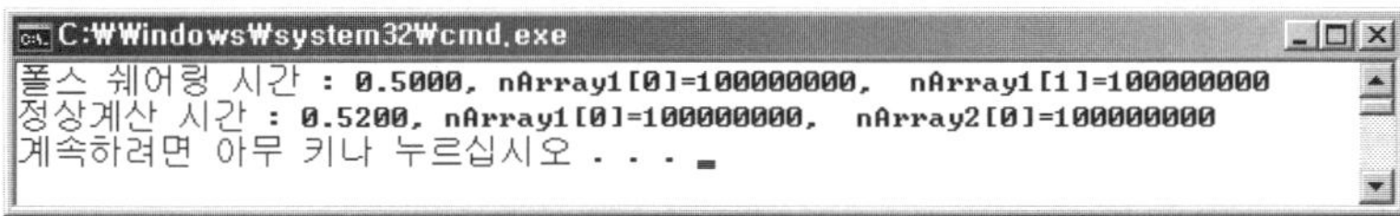

폴스 셰어링이 발생하지 않는다. 폴스 셰어링은 병렬 처리에서만 볼 수 있는 아주 특별한 문제이며, 멀티 CPU에서 더욱 강하게 나타난다.

05 Cilk Plus 병렬 프로그램 디버깅

병렬 프로그램에서 오류가 발생하면 디버그 모드로 전환하여 버그를 잡기가 꽤 어렵다. 앞에서 설명한 데이터 경합이나 데드 록과 같은 병렬 프로그램에서만 나타나는 버그가 아니라면 순차 프로그램에서 발생하는 버그는 병렬 프로그램에서도 똑같이 나타난다.

일반적인 버그는 브레이크 포인터를 한 단계씩 이동하는 전통적인 디버그 방식을 사용하면 되지만 병렬 프로그램에서 브레이크 포인터를 이용하여 한 단계씩 진행하다 보면 브레이크 포인터가 다른 스레드로 넘나들게 되어, 버그의 상황이나 메모리 변화를 확인하기 매우 어렵다. 이럴 때는 병렬 프로그램을 싱글 스레드로 실행시키거나 순차 프로그램으로 변경하여 버그를 찾아야 한다.

5.1 Cilk Plus 병렬 프로그램을 순차 프로그램으로 수행

Cilk Plus에서 싱글 스레드로 실행하는 방법은 9장에서 설명한 환경 변수 CILK_NWORKERS를 1로 설정하면 된다. 만약 순차 프로그램과 똑같이 동작하길 원하면 cilk_stub.h 헤더 파일을 추가해서 실행하면 된다. Cilk Plus는 다른 멀티 스레딩 기술보다 순차 프로그램으로 쉽게 바꿀 수 있다.

cilk_stub.h 헤더 파일의 구성

```
#undef __cilk
#define CILK_STUB
#define _Cilk_spawn
#define _Cilk_sync
#define _Cilk_for for
```

cilk_spawn과 cilk_sync는 아무런 동작을 하지 않게 정의하고, cilk_for는 for로 정의해 놓았다.

예제 12-14 Cilk Plus의 순차 프로그램화

```
#include <stdio.h>
#include <cilk\cilk_stub.h>    //serial로 전환
#include <cilk\cilk.h>

int _tmain(int argc, _TCHAR* argv[ ])
{
   cilk_for(int i =0; i < 100; i++)
      printf("%d ",i);

   return 0;
}
```

예제 12-14는 #include <cilk\cilk_stub.h>를 추가하여 cilk_for 문이 순차적으로 동작하도록 하였다.

실행 결과

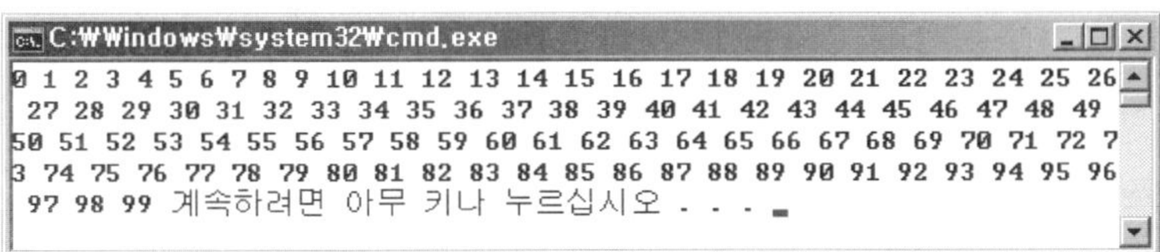

실행 결과를 보면 헤더 파일만 추가하면 프로그램을 실행한 결과가 순차 프로그램의 결과
와 똑같은 것을 알 수 있다.

5.2 Cilk Plus 프로그램 디버깅 순서

대부분 병렬화된 프로그램의 디버그는 순차 프로그램보다 복잡할 수밖에 없는 구조로 되어
있다. Cilk Plus 프로그램의 디버깅은 다음의 순서를 따르는 것을 추천한다.

❶ 순차 프로그램의 디버그와 테스트를 완료해야 한다. 순차 프로그램의 버그는 병렬 프로
그램에서도 발견된다.

❷ 순차 프로그램에서 병목 구간을 확인한다.

❸ 병목 구간을 Cilk Plus 키워드를 사용하여 변경한다.

❹ 병렬화된 코드가 순차 실행한 경우나 1개의 스레드로 실행한 경우와 같은지를 확인한
다. 만약 결과가 다르면 데이터 경합, 결정성의 문제, 록의 문제 등을 확인한다.

디버깅 툴 활용

이 장에서는 병렬 프로그램에서 발생할 수 있는 버그를 찾고 수정하기 위한 디버깅 툴에 대해서 설명한다. 인텔 컴파일러에서 자주 사용되는 디버깅 툴을 사용하여 에러를 탐지하고 성능을 분석하는 방법과 인텔 Parallel Debugger의 사용법을 살펴본다.

01 인텔 Parallel Studio 소개

윈도우 환경에서 가장 많이 사용하는 개발 툴은 당연히 마이크로 소프트의 Visual Studio 시리즈일 것이다. 프로그래머에게 Visual Studio가 매우 편리한 기능을 제공하고 있지만, 병렬 프로그램을 개발하기에는 아직 부족한 부분이 많다. 이런 부족한 부분을 보완해 줄 수 있는 것이 인텔 Parallel Studio이다. 인텔에서는 2008년 Parallel Studio를 출시한 이래로 Visual Studio와 함께 사용할 수 있도록 하였고, 편리한 개발 환경도 제공하고 있다.

인텔 컴파일러(인텔 C++ composer XE 2011)에 자주 사용되는 디버깅 툴은 인텔 Inspector XE 2011과 인텔 Vtune Amplifier XE 2011 두 가지이다.

- 인텔 Inspector XE 2011

메모리 에러와 멀티 스레드의 에러를 검출하는 기능이 있다.

- 인텔 Vtune Amplifier XE 2011

Vtune 성능 분석기와 스레드 프로파일러를 바탕으로 병렬화에 특화된 기능을 제공한다. 병목 구간을 찾을 때 종종 사용된다.

02 에러의 탐지: Inspector XE 2011

인텔 Inspector XE 2011을 통해서 프로그램을 실행할 때 발생하는 에러를 확인해 보자. 메모리 에러는 병렬 프로그램과 순차 프로그램을 따지지 않고 많이 발생하는 에러이다. Inspector XE 2011은 이런 메모리 에러를 탐지할 수 있다. 메모리 에러를 탐지하려면 다음과 같이 설정한다.

❶ 실행파일을 생성한다.
먼저 Visual Studio로 프로그램을 실행하여 실행 파일(exe 파일)을 만든다. 디버그 모드 또는 릴리스 모드 상관없다.

❷ Inspector XE 2011을 선택한다.
[도구] → [Inspector XE 2011] → [New Analysis…]을 선택한다. 또는 프로젝트 이름에서 오른쪽 마우스를 클릭하고 [Inspector XE 2011] → [New Analysis…]를 선택한다.

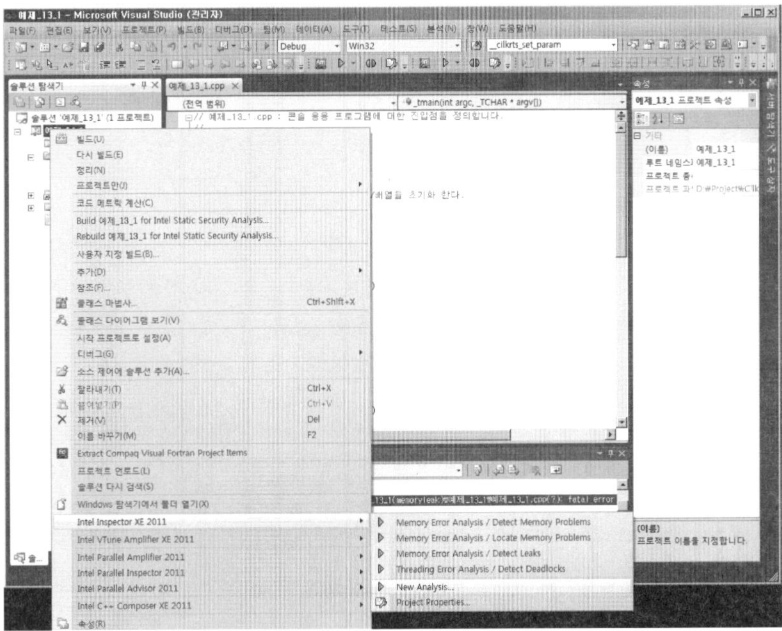

❸ Inspector XE 2011 실행 시 첫 화면

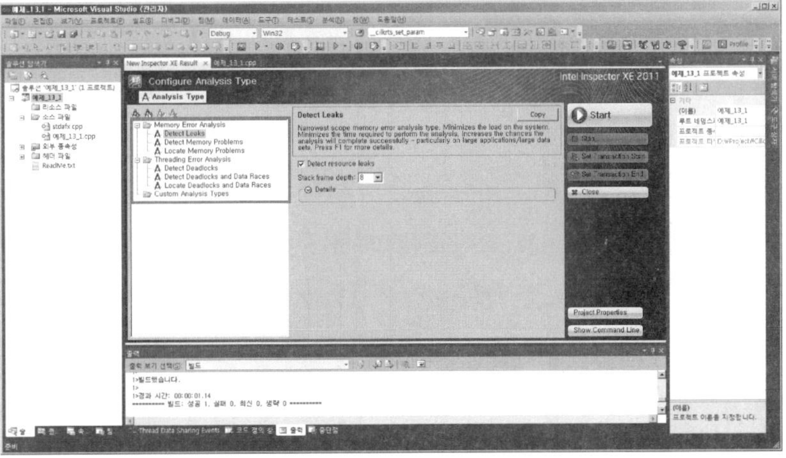

Inspector XE 2011은 Visual Studio 2011에 포함되어 실행되며, 시작 화면에는 Memory Error Analysis와 Thread Error Analysis 그리고 Custom Analysis가 있다. Inspector XE 2011은 메모리 에러와 스레드 에러를 중점적으로 탐지한다. 먼저 메모리 에러에 관해서 확인해 본다.

2.1 메모리 에러 탐지

Memory Error Analysis에는 총 세 가지 종류가 있다.

- Detect Leaks

메모리 누수 유무만을 조사한다. 탐지하는데 시간이 적게 걸리기 때문에 프로그램 전반을 대상으로 사용할 수 있다.

- Detect Memory Problems

메모리 누수와 함께 초기화하지 않은 메모리의 접근과 잘못된 메모리 접근을 탐지한다.

- Locate Memory Problems

Detect Memory Problems 단계 이외에 dangling point에 관한 확인과 메모리 에러에 대한 세부적인 위치까지 알려준다.

예제 13-1을 통해서 Memory Error Analysis의 사용법을 알아보자.

예제 13-1 메모리 누수 프로그램

```
#include <stdio.h>
#include <time.h>

void init(int** pData, int nSize)       //배열을 초기화한다.
{
```

```cpp
    *pData = new int[nSize];     //메모리를 할당한다.
    for(int i =0; i < nSize; i++)
        (*pData)[i] = i;
}
int _tmain(int argc, _TCHAR* argv[ ])
{
    const int MAX_SIZE = 10000000;
    float nBefore, nAter;
    int *pData;
    printf("프로그램 시작");
    init(&pData, MAX_SIZE); //초기화에서 포인터를 넘겨 함수 안에서 메모리를 할당한다.
    nBefore = clock( );
    for(int i =0; i < MAX_SIZE; i++)
    {
        pData[i] = pData[i]+1;
    }
    nAter = clock( );
    printf("pData[MAX_SIZE-1] = %d, \r\n", pData[MAX_SIZE-1] );
    printf("총 소비 시간 = %f 초.\r\n",
                            (float)(nAter - nBefore)/CLOCKS_PER_SEC );
    //delete[ ] pData;  //메모리 해제를 하지 않는다.
    return 0;
}
```

예제 13-1은 init( ) 함수에서 전달받은 포인터 pData에 메모리를 할당하고 일부러 해제하지 않아 메모리 누수를 발생시켰다. Inspector XE 2011을 이용하여 예제 13-1의 메모리 에러를 탐지해 보자. Inspector XE 2011 시작 화면에서 다음의 순서로 실행한다.

❶ Detect Leaks, Detect Memory Problems, Locate Memory Problems 중 하나를 선택하고 오른쪽의 〈Start〉를 누른다.

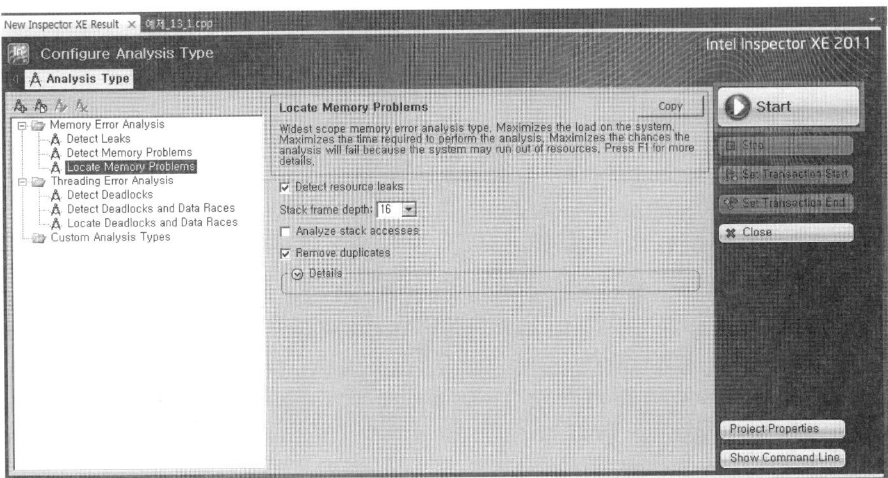

메모리 에러 탐색

여기에서는 [Locate Memory Problems]를 선택하였다.

❷ 메모리 에러를 탐색하는 화면이 나타난다.

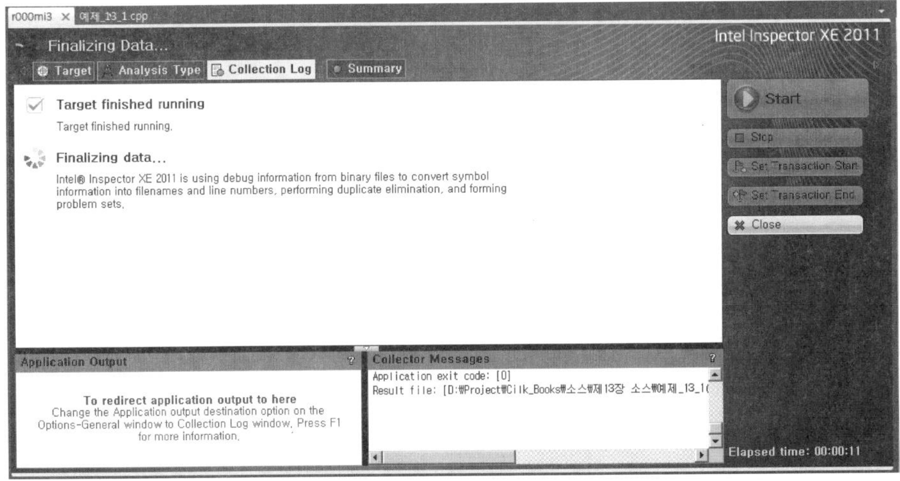

❸ 메모리 누수를 감지한 화면

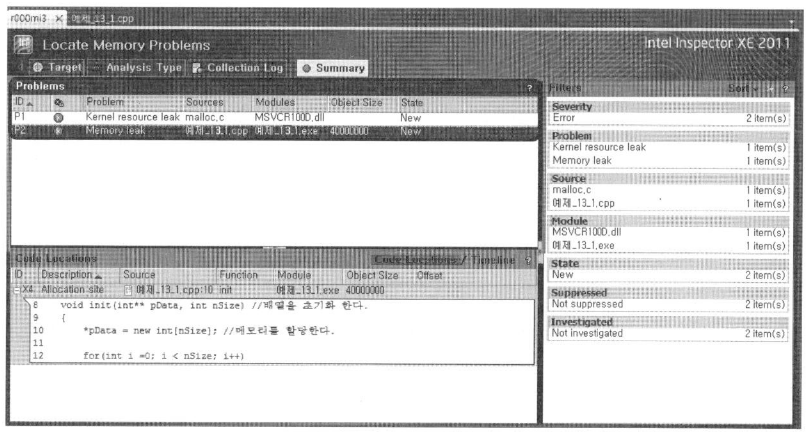

메모리 에러 탐색 결과

메모리의 누수 정보와 위치 정보까지 보여준다. 앞의 그림에서 굵은 사각형으로 표시된
Problems 창에서 메모리 누수가 생긴 위치를 더블 클릭하면 소스 코드에서 메모리 누수가
생긴 정확한 위치까지 확인할 수 있다.

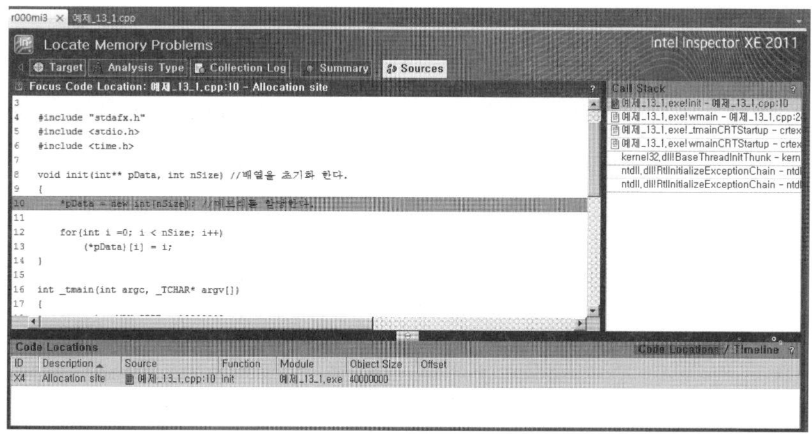

메모리 누수 위치

2.2 스레드 에러 탐지

이번에는 Inspector XE 2011 스레드 에러에 관해서 확인해 본다. Thread Error Analysis 에는 총 세 가지 종류가 있다.

- Detect DeadLocks

데드 록이 일어날 가능성이 있는 부분을 알려준다.

- Detect DeadLocks and Data Race

데드 록과 데이터 경합의 가능성이 있는 부분을 알려준다.

- Locate DeadLocks and Data Race

데드 록과 데이터 경합이 발생한 부분의 자세한 위치 정보를 알려준다. 검출하려 면 상당히 오랜 시간이 필요하다.

스레드 에러를 확인하기 위한 소스는 예제 12-3에서 데이터 경합(Data Race)이 발생한 예 제를 사용하였기 때문에 소스를 따로 표시하지 않았다. 실행 방법은 다음과 같다.

❶ Inspector XE 2011 시작 화면에서 [Thread Error Analysis]를 선택한다. 여기까지는 메모리 에러의 탐지와 같다.

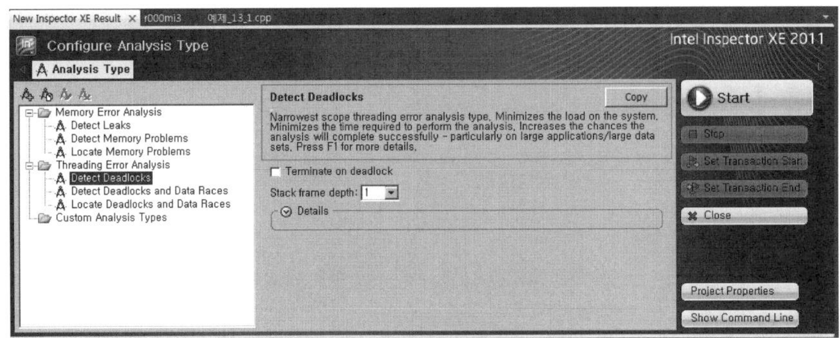

스레드 에러 탐지 시작 화면

❷ 세 개의 탐지 옵션 중 필요로 하는 검출 에러를 선택하고 오른쪽의 〈Start〉를 누른다.

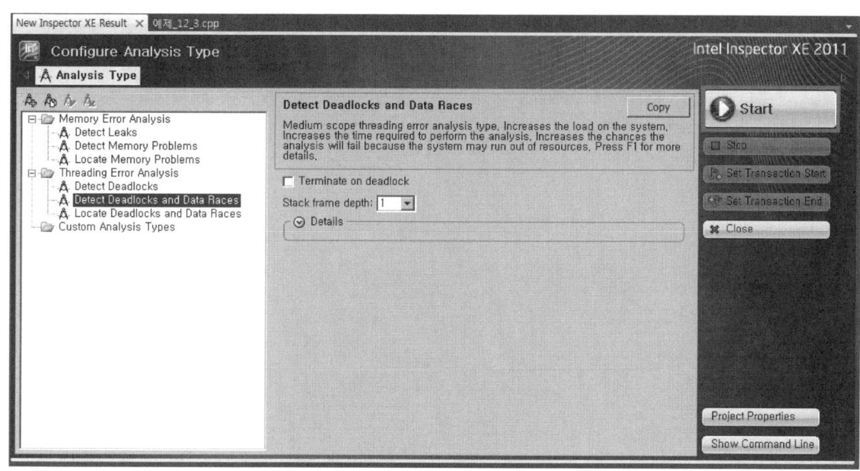

스레드 에러 탐지 시작

여기에서는 [Detect DeadLocks and Data Race]를 선택하였다.

❸ 스레드 에러를 탐색하는 화면이 나타난다.

해당하는 화면은 메모리 에러 화면과 똑같아서 따로 표시하지 않는다.

❹ 스레드 에러를 탐지한 화면이 나타난다.

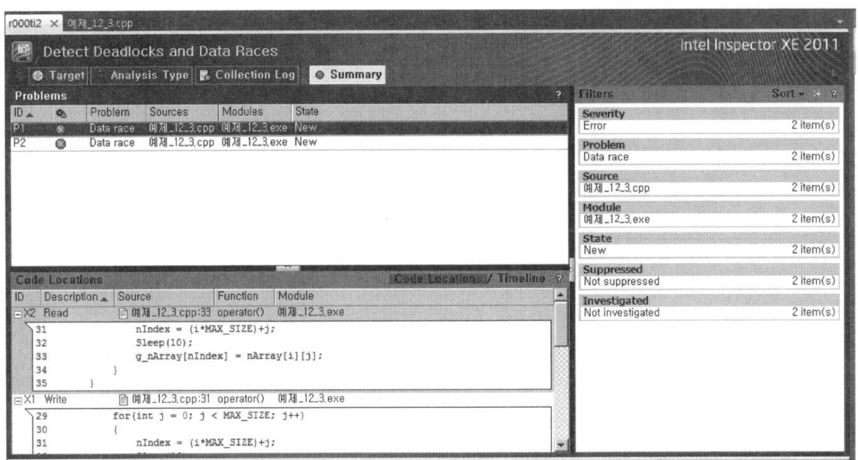

스레드 에러 탐지 결과

Problems 창에 Data race로 표시되며 더블 클릭하면 소스에서 해당하는 위치를 보여준다. 이런 동작 또한 메모리 에러와 똑같이 동작한다.

2.3 사용자 정의 에러 탐지

인텔 Inspector XE 2011에는 사용자가 정의한 에러만을 탐지하도록 설정할 수 있다. 메모리 에러나 스레드 에러에서 사용자가 정의한 내용을 기반으로 에러를 탐지한다. 실행 방법은 다음과 같다.

❶ Inspector XE 2011을 실행한다. 에러의 종류를 선택하고 〈Copy〉를 누른다.

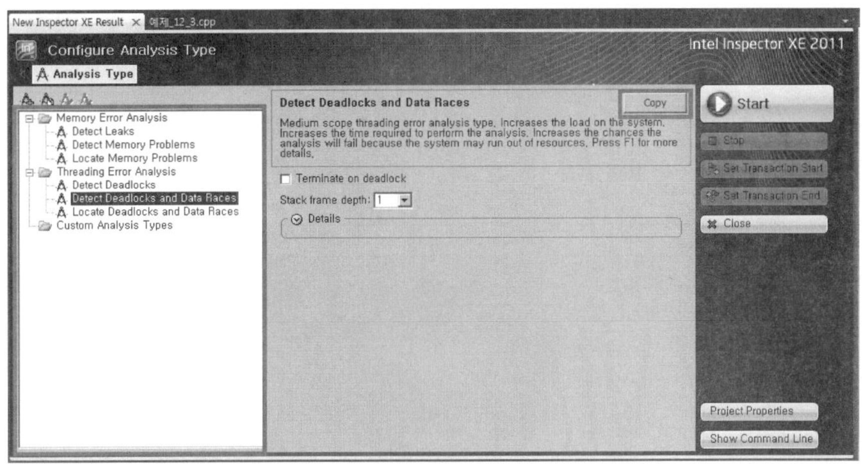

사용자 정의 에러 탐지

베이스로 사용할 에러 탐지를 [Detect DeadLocks and Data Races]로 선택하였다. 다음
에 〈Copy〉를 누르면 선택한 에러 탐지의 기본적인 설정이 나타난다.

❷ 사용자 정의 에러를 설정한다.

필요로 하는 에러를 추가하거나 삭제하고 나서 〈OK〉를 누른다. 여기에서는 데드 록은 검
사하지 않고 데이터 경합만 검사하도록 설정하였다.

❸ 사용자 정의 탐색이 설정되었다.

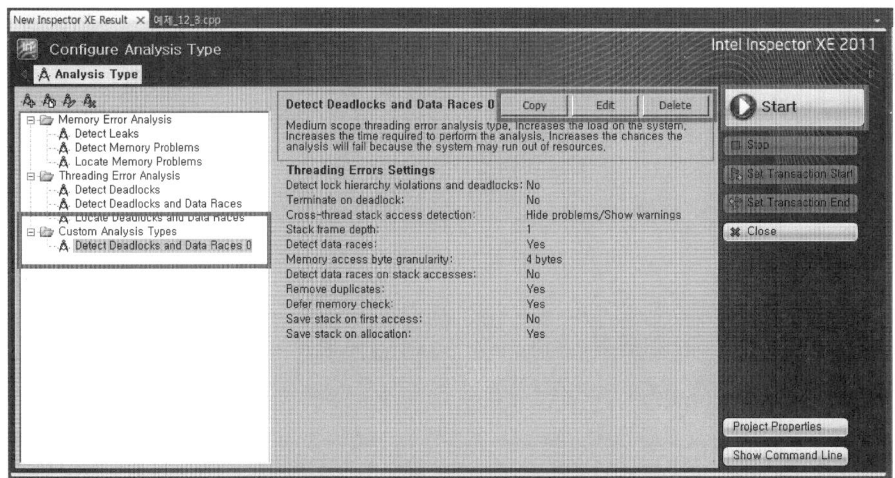

왼쪽 창에 사용자가 정의한 탐색이 나타난다. 이전과 똑같이 〈Start〉를 눌러서 탐지한다.
그리고 Copy, Edit, Delete를 이용하여 사용자 정의 에러를 수정하거나 삭제할 수 있다.

❹ 사용자 정의 탐색 완료

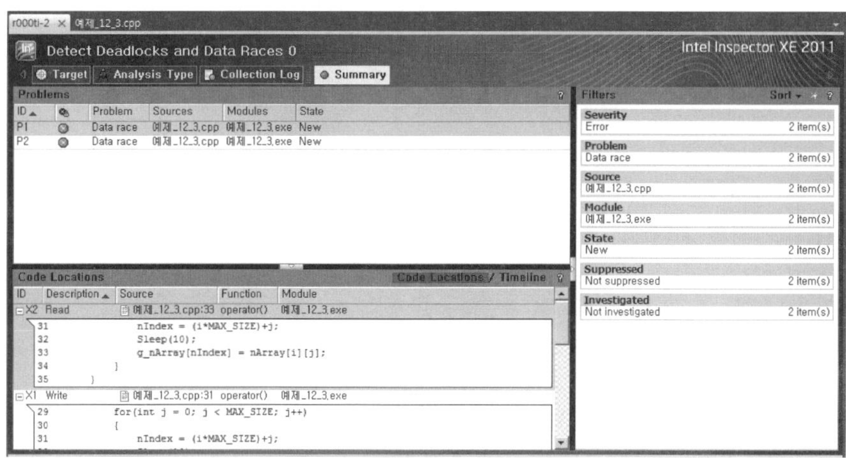

사용자 정의 탐색이 완료되었다. 결과는 이전과 똑같지만 데드 록을 분석하지 않았기 때문에 탐색 속도는 조금 더 빨라진다.

03 성능 분석 : 인텔 Vtune Amplifier XE 2011

버그를 수정하는 것만큼이나 성능을 향상시키는 것도 중요한 문제이다. 프로그램의 성능을 개선하려면 지속적인 튜닝이 필요하다. 인텔 Vtune Amplifier XE 2011은 성능 개선을 위해서 다음과 같은 기능을 제공한다.

- 병목 구간(Hotspots) 탐지

- 동시성(Concurrency) 측정

- 록과 록 대기(Locks and Waits) 측정

각각의 기능에 대해 살펴보도록 하자.

3.1 병목 구간 탐지

순차 프로그램을 병렬 프로그램으로 변환하려면 가장 먼저 병목 구간을 확인해야 한다. 일 반적으로 프로그래머는 병목 구간을 탐지하려고 병목 현상이 의심 가는 부분에 시간을 측정 하는 코드와 로그를 추가하여 측정 시간을 분석한다. 이런 작업은 지루하고 단순한 작업의 연속일 수밖에 없다. 인텔 Vtune Amplifier에서는 이런 작업을 자동으로 실행해 주며 병목 구간 분석을 쉽게 할 수 있다. 예제를 통해 인텔 Vtune Amplifier를 이용해 보자. 예제 13- 2는 병목 현상과 동시성을 확인하기 위해서 로그와 제곱근을 계산하는 프로그램이다.

예제 13-2 Hotspots 분석

```c
#include <math.h>
//#include <cilk\cilk.h>

void InitData(float* pData, int nSize)
{
   //cilk_for(int i =0; i< nSize; i++)
   for(int i =0; i< nSize; i++)
      pData[i] = (float)(i+1);
}

void CalcSqrt(float* pData, int nSize)
{
   //cilk_for(int i =0; i< nSize; i++)
   for(int i =0; i< nSize; i++)
      pData[i] = sqrt(pData[i]);
}

void CalcLog(float* pData, int nSize)
{
   //cilk_for(int i =0; i< nSize; i++)
   for(int i =0; i< nSize; i++)
      pData[i] = log(pData[i]);
}

void PrintData(float* pData)
{
```

```
    printf("Data[0] = %f, Data[1] = %f, Data[2] =%f \r\n", pData[0],
                                          pData[1], pData[2]);
}

int _tmain(int argc, _TCHAR* argv[ ])
{
    const int MAX_SIZE = 10000000;

    float* pData = new float[MAX_SIZE];     //메모리 생성

    InitData(pData,MAX_SIZE);   //초기화
    CalcSqrt(pData,MAX_SIZE);   //루트 계산
    PrintData(pData);           //결과 일부를 출력

    InitData(pData,MAX_SIZE);   //초기화
    CalcLog(pData,MAX_SIZE);    //로그 계산
    PrintData(pData);           //결과 일부를 출력

    delete[ ] pData;            //메모리 해제

    return 0;
}
```

cilk_for 키워드의 주석 처리 전과 후를 비교하여 성능을 측정해 보자. 예제 13-2는 CalcSqrt( ) 함수와 CalcLog( ) 함수에서 가장 높은 병목 현상을 나타낼 것으로 예상할 수 있다. 그리고 초기화 과정에서도 병목 현상이 나타날 것이다. 이제 예제 13-2를 인텔 Vtune Amplifier로 탐지하는 방법을 알아보자.

❶ 인텔 Vtune Amplifier XE 2011을 선택한다.

[도구] → [Intel Vtune Amplifier XE 2011] → [New Analysis…]를 선택한다. 또는 프로젝트 이름에서 오른쪽 마우스를 클릭하고 [Intel Vtune Amplifier XE 2011] → [New Analysis…]를 선택한다.

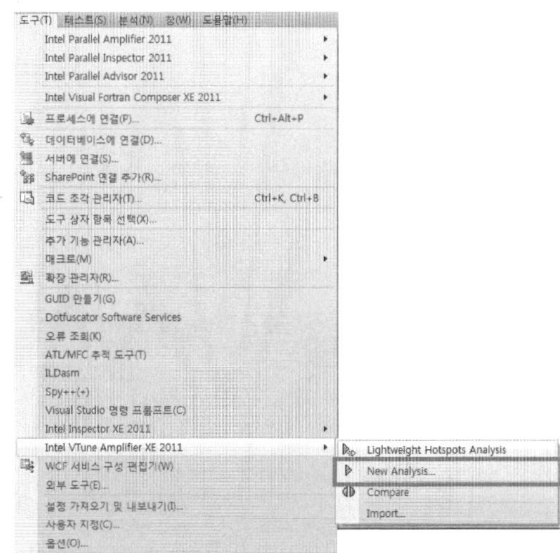

시작 화면

❷ 인텔 Vtune Amplifier XE 2011에서 Hotspots를 선택하여 〈Start〉한다.

실제 인텔 Vtune Amplifier XE 2011을 실행하면 왼쪽 목록에 많은 내용이 나온다. 우리가 사용할 것은 HotSpots, Concurrency, Locks and Waits이다. 그 이외 인텔 Vtune Amplifier XE 2011은 인텔 설명서를 참고하길 바란다.

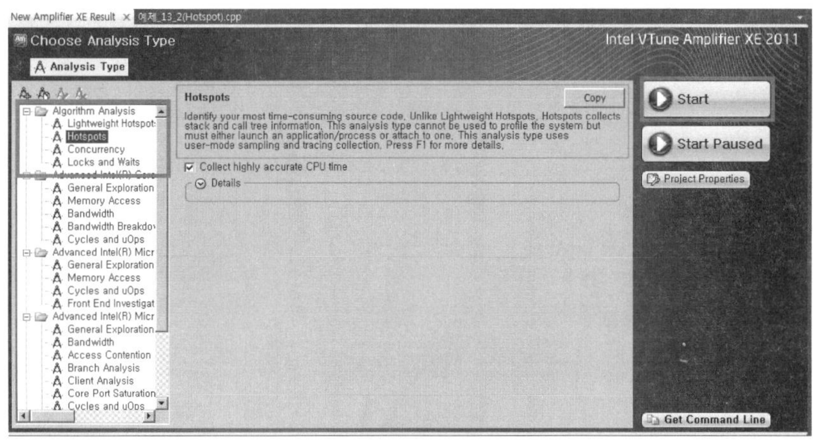

Hotspots 측정 시작

❸ 인텔 Vtune Amplifier XE 2011 실행 화면

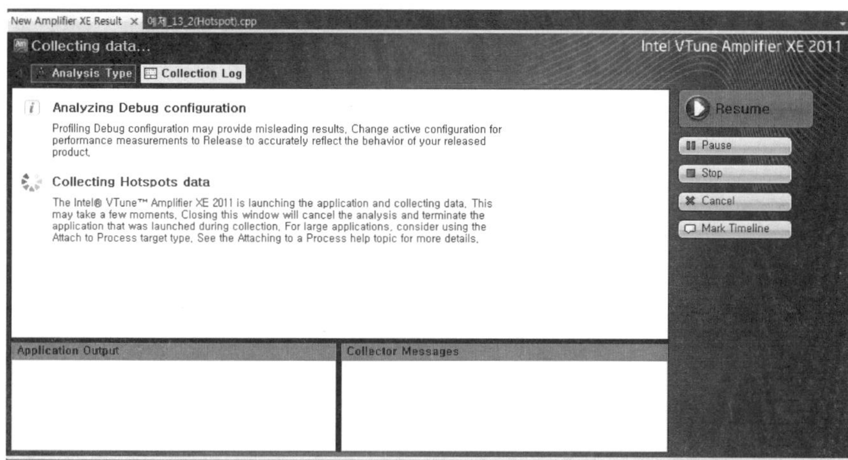

❹ Hotspots 측정 완료 요약 화면

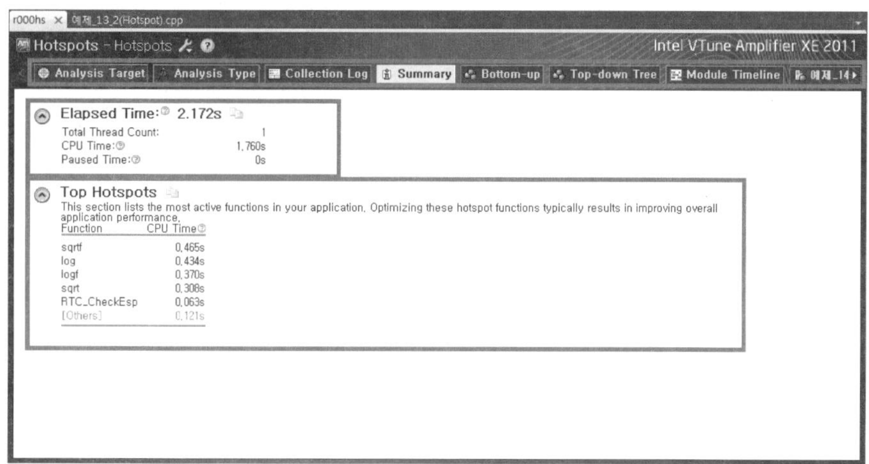

측정이 완료되면 요약 화면에는 시간이 가장 오래 걸린 함수 순으로 표시된다. 그리고 상부의 버튼을 이용하여 상세한 정보를 확인할 수 있다.

❺ Hotspots 측정 완료 Bottom-up 화면

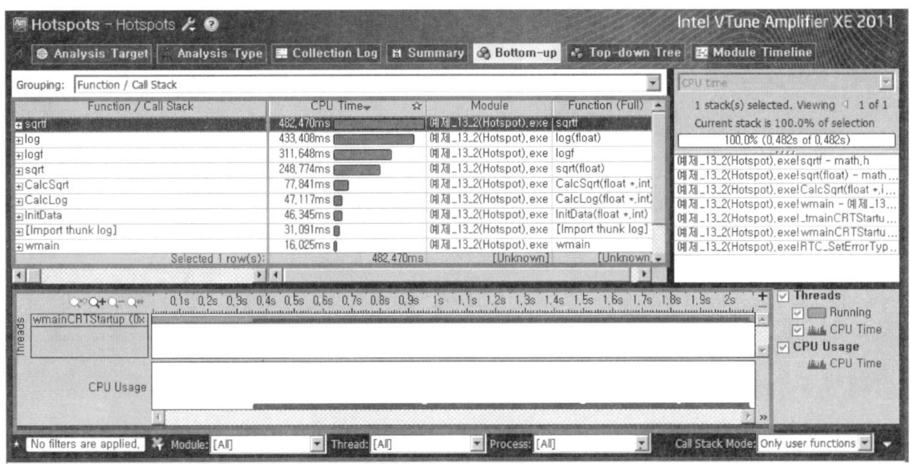

Hotspots Bottom-up 선택

시간이 가장 많이 소비된 함수를 상세하게 보여준다. sqrt( ) 함수와 log( ) 함수를 사용한 경우에 가장 심한 병목 현상이 나타났으며, 앞에서 예상한 결과와 일치한다. 그리고 0.4초에서 2초까지 1개의 CPU로 연산한 것을 확인할 수 있다.

❻ 예제 13-2의 병목 구간을 for 대신 cilk_for 키워드를 사용하여 병렬 처리해 보자.

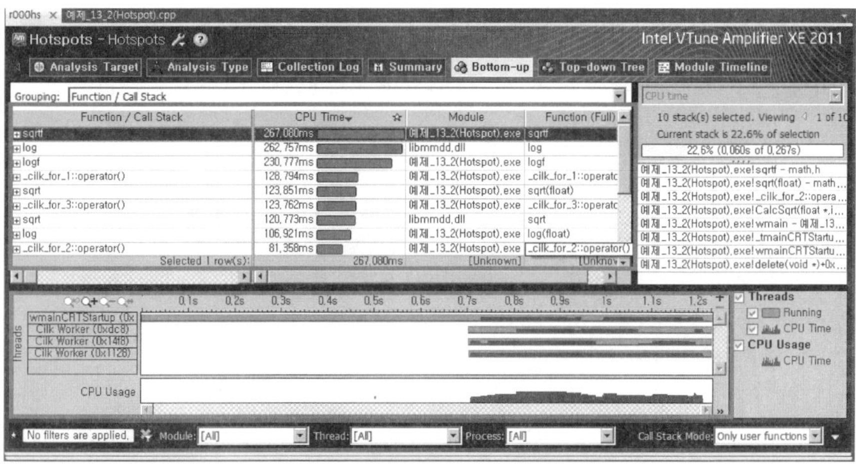

cilk_for 키워드 사용

cilk_for 키워드를 사용하면 처리 시간이 절반가량 준 것을 확인할 수 있다. 또 몇 개의 Cilk Work가 생성되었으며 사용량이 얼마인지도 표시된다. 그리고 0.7초에서 1.2초까지 총 4개의 스레드가 작업을 나누어 실행한 것도 알 수 있다.

3.2 동시성 측정

동시성 측정은 멀티 코어 환경에서 유휴 스레드가 발생하고 있는지를 측정하는 것이다. 모든 코어가 쉬지 않고 작업을 수행한다면 동시성이 높고, 그렇지 않다면 동시성이 낮다.

동시성을 측정하려면 **[도구]** → [Intel Vtune Amplifier XE 2011] → [New Analysis…]를 선택한다. 또는 프로젝트 이름에서 오른쪽 마우스를 클릭하고 [Intel Vtune Amplifier XE 2011] → [New Analysis…] 선택한 후 인텔 Vtune Amplifier XE 2011 시작 화면에서 concurrency를 선택한다. 예제 13-2를 통해 실행 결과를 살펴보자.

cilk_for 키워드를 사용하지 않고 동시성 측정

병렬 처리를 하지 않아 상당히 낮은 동시성을 나타내고 있으며 1개의 스레드에서 모든 작업을 처리하고 있다. concurrency가 1을 넘지 않는다.

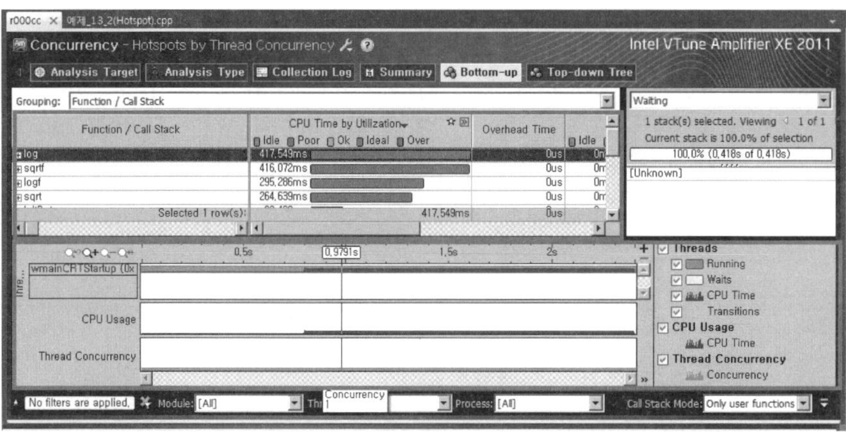

cilk_for 키워드를 사용하고 나서 동시성 측정

작업 시작과 종료를 제외하면 cilk_for 키워드를 사용해도 뜻밖에 동시성이 낮게 분포된 것을 알 수 있다.

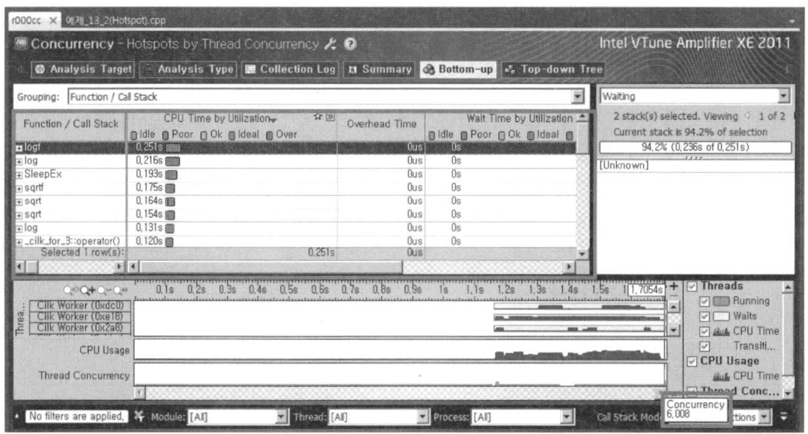

Cilk Plus는 처음 작업을 워커에 배분하면 4개의 워커에 똑같이 나눈다. 하지만 Cilk Plus 에서 워커는 물리적인 스레드 단위가 아니므로 여러 개의 워커는 하나의 스레드에 집중해 서 처리될 수도 있고, 스틸이 일어나서 여러 개의 스레드에서 처리될 수 있다. 그래서 Cilk Plus의 동시성은 인텔 Vtune Amplifier XE 2011을 이용하여 정확하게 측정하기 어렵다.

3.3 록과 록 대기 측정

병렬 프로그램에서 록은 공유 자원의 경쟁 상태를 방지하고 프로그램 진행 순서를 정리하 기 위해서 사용된다. 하지만 록 객체를 잘못 사용하거나 자주 사용하면 프로그램의 효율성 이 떨어진다. 앞 장에서 설명한 바와 같이 Cilk Plus에서는 록 객체를 지원하지 않기 때문 에 록 객체를 사용하려면 TBB나 윈도우 또는 리눅스의 록 객체를 이용해야만 한다. 그래 서 록 객체 사용에 더욱 주의를 기울여야 한다.

록과 록 대기(Locks and Waits)의 측정을 위해서 기존 예제인 예제 12-7을 이용하였다. 록과 록 대기를 측정하려면 **[도구]** → [Intel Vtune Amplifier XE 2011] → [New Analysis…]를 선택한다. 또는 프로젝트 이름에서 오른쪽 마우스를 클릭하고 [Intel Vtune Amplifier XE 2011] → [New Analysis…] 선택한 후 인텔 Vtune Amplifier XE 2011 시 작 화면에서 [Locks and Waits]를 선택한다.

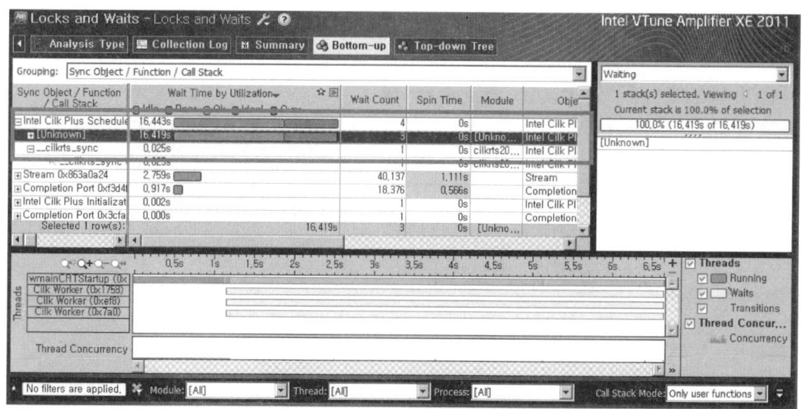

뮤텍스를 사용한 록과 록 대기

Cilk Plus의 스케줄러 안에서 Unkown으로 표시된 부분이 가장 큰 비율을 차지하는 것을 알 수 있다. Cilk Plus에서는 록을 지원하지 않기 때문에 Locks and Waits를 사용하여도 록 객체를 사용한 정확한 위치를 파악하기 어렵다. 하지만 인텔 Vtune Amplifier XE 2011을 사용하면 록 객체를 사용한 Cilk Plus 키워드의 대략적인 위치를 표시해 주고, 대기 시간도 정확하게 측정해 주기 때문에 단순히 timer 관련 함수를 이용하여 대기 시간을 측정하는 것보다 편리하다.

04 인텔 Parallel Debugger의 사용

인텔 Parallel Studio에서는 더 쉬운 병렬 프로그램 디버그를 위해서 Parallel Debugger를 제공한다. 병렬 프로그램에서 가장 많이 발생하는 버그인 데이터 경합 상태를 탐지하거나, 디버깅을 위해 순차 프로그램으로 쉽게 변경할 수 있게 도와준다. Parallel Debugger의 기능은 다음과 같다.

- 경합 상태 탐지
- 함수 재진입 탐지
- 병렬 영역의 순차 실행

각각의 기능에 대해서 알아보자.

인텔 Parallel Debugger를 사용하려면 기본적인 옵션을 설정해 주어야 한다. **[프로젝트]** → [속성] → [구성속성] → [C/C++] → Debug [Intel C++] → [Enable Parallel Debug Checks]에서 [예(/debug::parallel)]를 선택한다.

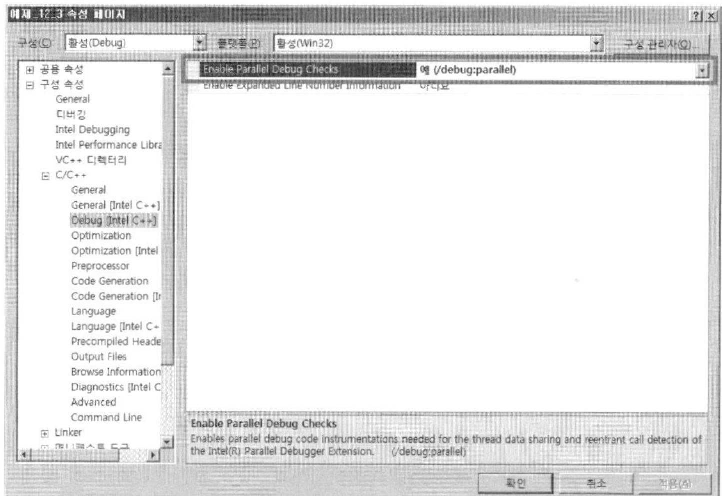

인텔 Parallel Debug 설정 옵션

4.1 경합 상태의 탐지

Parallel Debugger에서는 여러 스레드가 공유 메모리 변수에 접근하여 변경할 때 이벤트를 발생시켜 자동으로 break 상태로 들어간다. 프로그래머는 여러 스레드에서 동시에 공유 메모리 변수에 접근하려 하는 것을 바로 확인할 수 있다.

기존 예제인 예제 12-3(데이터 경합)을 사용하여 디버깅을 시도한다. **[메뉴 바]** → [디버그] → [Intel Parallel Debugger Extension] → [Thread Data Sharing Detection] → [Enable Detection]을 설정한다. 이 기능이 활성화되면 Break on Event가 발생하게 된다. 데이터 경합이 발생한 위치에서 break가 발생하게 된다.

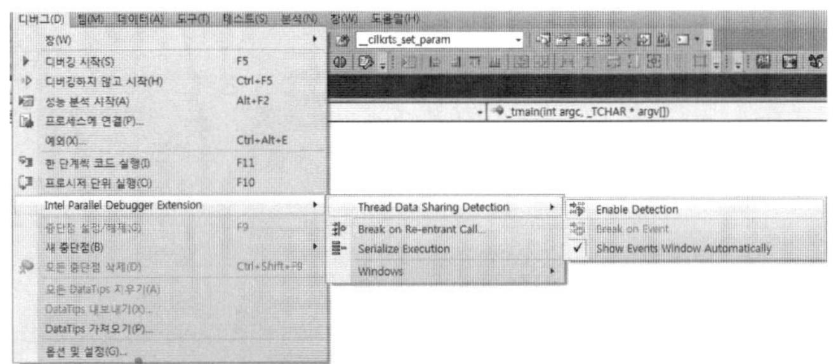

경합 상태 탐지에 대한 설정

이처럼 설정하고 나서 기존 디버깅과 똑같이 디버깅을 시작한다.

경합 상태의 탐지

Thread Data Sharing Events 창을 확인해 보면 변수 nIndex에 여러 개의 스레드가 동시에 접근하여 데이터 경합이 발생한 것을 알 수 있다. 디버그 모드에서 공유 변수에 대한 데이터 경합이 발생하면 자동으로 해당하는 코드를 알려주는 편리한 기능이다.

사용자가 데이터 경합 이벤트를 확인하고 나서, 그 데이터 경합 이벤트는 프로그램 성능에 문제가 없다고 판단해도 디버그 모드로 실행하면 해당하는 지점에 계속해서 break 이벤트가 발생하게 된다. 이럴 때는 이벤트를 발생시킨 변수에 대해서 필터링을 할 수 있다.

Thread Data Sharing Events 창에서 무시하고자 하는 객체를 선택하여 마우스 오른쪽 버튼을 클릭하고 **[Add Filter]** → [To this Data Object]를 선택한다.

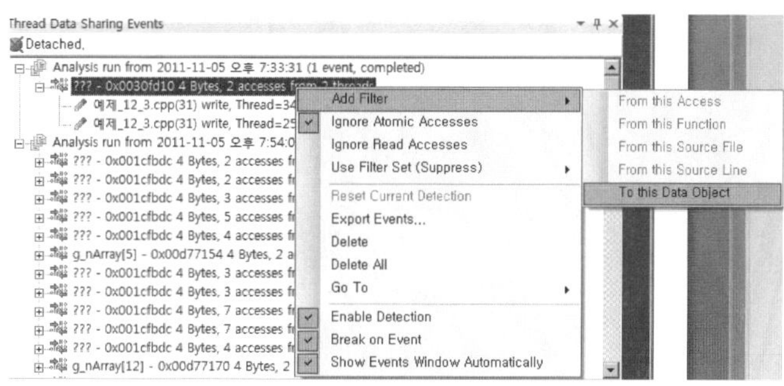

Thread Data Sharing Events에서 필터링 기능 설정

하부 객체를 지정하여 필터링하는 네 가지 옵션도 제공한다.

- **From this Access**   이 접근만을 제외한다.
- **From this Function**   이 함수로부터 접근을 제외한다.
- **From this Source File**   이 원시 파일로부터 접근을 제외한다.
- **From this Source Line**   이 소스 라인으로부터 접근을 제외한다.

4.2 함수의 재진입 탐지

여러 스레드가 하나의 함수를 동시에 호출하게 되면 공유 메모리 변수에 대한 경합 상태가 발생할 가능성이 상당히 커진다. 하나의 스레드에서 사용 중인 함수를 다른 스레드가 동시에 진입하여 함수를 사용하면 재진입 이벤트가 발생한다. 이런 상황이 발생하게 되면 Parallel Debugger는 자동으로 디버그 모드를 중단하고 사용자에게 알려준다. 설정은 다음과 같다. **[메뉴 바]** → [디버그] → [Intel Parallel Debugger Extension] → [Break On Re-entrant Call]을 선택한다.

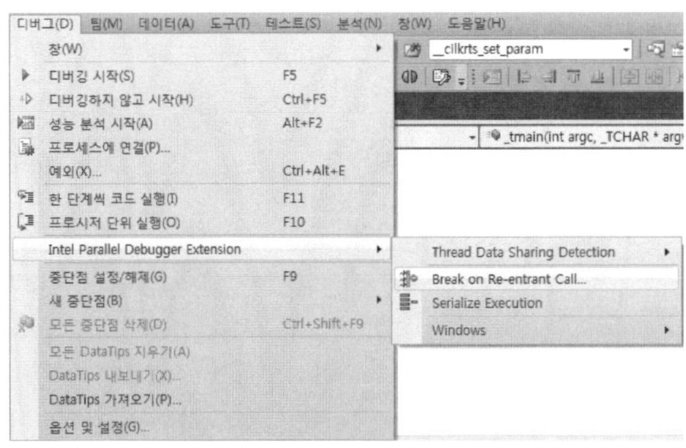

함수 재진입 탐지 설정

예제 13-3 함수의 재진입

```c
#include <stdio.h>
#include <cilk\cilk.h>
#include <cilk\cilk_api.h>

static int nCount;

void func( )
{
    for(int i =0; i< 10; i++)
        nCount++;

    printf("작업 = %d\r\n",__cilkrts_get_worker_number( ));
}

int _tmain(int argc, _TCHAR* argv[ ])
{
    nCount = 0;
```

```
cilk_for(int i =0; i< 100; i++)
    func( );

return 0;
}
```

예제 13-3은 func( ) 함수에 대해서 재진입을 시도하도록 간단하게 구현한 예제이다. func( ) 함수는 여러 개의 스레드에 의해서 동시에 호출된다. 그리고 이에 따라 nCount 변수는 경합 상태에 놓이게 된다. 해당하는 예제에서는 함수 재진입이 직관적으로 보이지만 실제 프로젝트에서 이런 문제는 찾기가 굉장히 어렵다. 재진입을 탐지하려면 함수 주소에 **{,,실행파일.exe}실행함수**를 입력해야 한다.

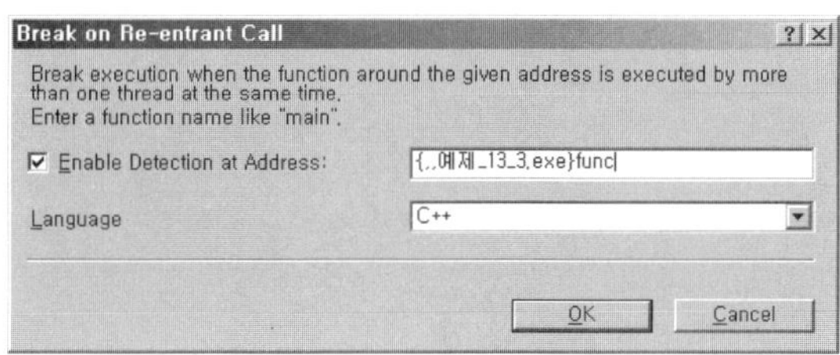

함수 재진입 주소 설정

이러한 함수 재진입 주소 설정은 버전에 따라 OpenMP만 지원하고 Cilk Plus는 아직 지원하지 않을 수 있다.

4.3 병렬 영역의 순차 실행

일반적인 버그는 병렬 프로그램과 순차 프로그램 모두 똑같이 나타난다. 일반적인 버그가 병렬 프로그램에서 발생했을 때 전통적인 디버깅 방식을 이용하게 되면 브레이크 포인터가 스레드 간에 넘나들게 되어 버그를 수정하기 어렵다. 이때 간단한 옵션 설정만으로 병렬 프로그램을 순차 프로그램으로 변환할 수 있다.

인텔 Parallel Studio로 작성된 병렬 프로그램은 구조 변경이나 스레드를 1개로 실행하는 코드를 작성하지 않아도 순차 프로그램과 같이 실행할 수 있도록 도와준다. 순차 실행으로 변경을 설정하는 방법은 다음과 같다.

[**메뉴 바**] → [디버그] → [Intel Parallel Debugger Extension] → [Serialize Execution]을 선택한다.

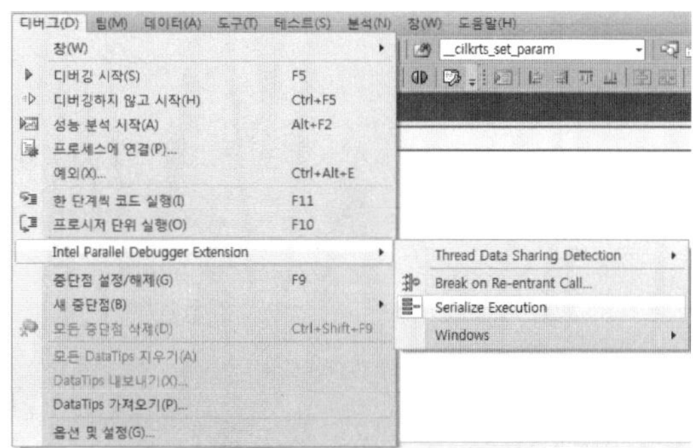

콘솔 프로그램으로 [**디버그**] → [디버깅 시작]으로 실행하면 정보가 남지 않기 때문에 변화되는 것을 확인하기 어렵다. 그래서 MFC의 트레이스 기능을 이용하려고 프로젝트를 MFC로 작성하였다.

예제 13-4 순차 실행으로 변환

```c
#include <math.h>
#include <cilk\cilk.h>

/* 중간 생략 */

void C예제_13_4Dlg::OnBnClickedButton1( )
{
#pragma grainsize = 5;      //순차적 실행을 좀 더 쉽게 확인한다.
    TRACE("\r\n");
    cilk_for(int i =0; i <100; i++)
        TRACE("%d ",i);
}
```

작업 분할 크기(grainsize)를 5로 변경하여 병렬로 실행되는 것과 순차적으로 실행되는 것을 좀 더 쉽게 확인하도록 하였다(**[디버그]** → [디버깅 시작]으로 실행).

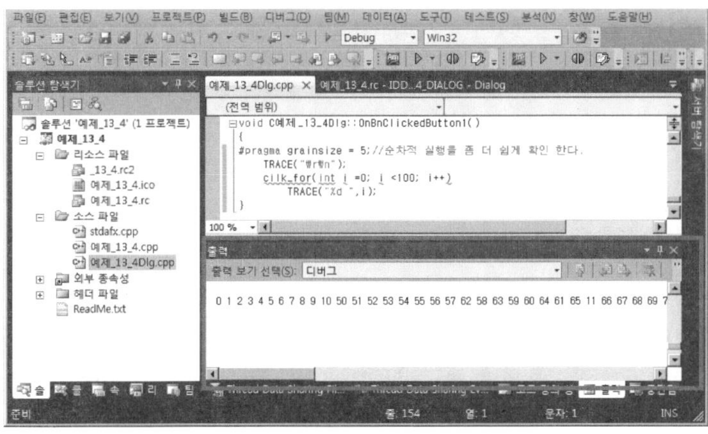

병렬로 실행한 결과

병렬 처리로 실행되어 TRACE로 출력된 결과가 순차적이지 않다. 앞에서 설명한 순차 실행으로 변환하여 실행해 보자.

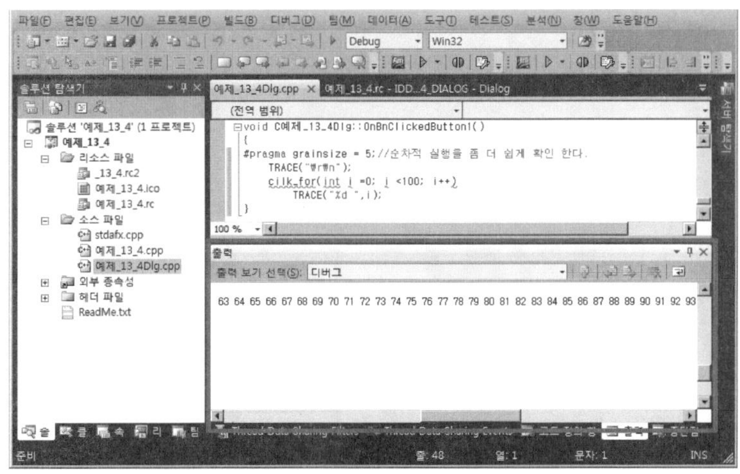

순차 실행 옵션을 설정하여 실행

371

Cilk Plus에서는 cilk_stub.h 헤더 파일을 이용하여 순차적 실행으로 변경할 수 있지만, 코드를 수정해야 한다. cilk_stub.h 헤더 파일은 Cilk Plus 프로젝트를 순차 프로그램으로 변화시켜 버리기 때문에 메인 스레드만 생성된다. 하지만 순차 실행(Serialize Execution) 옵션을 사용하게 되면 Cilk Plus의 병렬성은 유지하면서 순차적으로 동작하기 때문에 디버그를 위해서는 순차 실행 기능을 활용하는 것을 더 권장한다.

Etc.